高等职业教育汽车类专业新型活页工作手册式系列教材

系列教材主编：戚文革　邹玉清

汽车底盘构造与检修

吕国成　全晓龙◎编著

中国铁道出版社有限公司
CHINA RAILWAY PUBLISHING HOUSE CO., LTD.

内 容 简 介

本书为贯彻国务院印发的“职教 20 条”文件精神，落实“新型活页式、工作手册式”职业教育教材的要求而编写。它是依据学生中心、能力本位、成果导向等理论，充分考虑“1+X”证书要求，融专业教育、课程思政、创新教育于一体，充分体现职业教育是“学习如何工作的教育”的本质要求，面向学生学习，校企双元合作开发的新型活页式、工作手册式能力本位教材。

全书共十二个项目，二十二个任务，包括汽车底盘的传动、转向、行驶和制动系统的机械检修内容。

书中配备视频、动画等电子资源二维码，并配套开发了教学工作页和助教课件等教学资源。

本书适合作为高等职业院校和其他职业学校汽车类专业学生的教材，也可作为有关人员的岗位培训教材。

图书在版编目（CIP）数据

汽车底盘构造与检修 / 吕国成，全晓龙编著 . —北京：中国铁道出版社有限公司，2022. 2（2024.12重印）
高等职业教育汽车类专业新型活页工作手册式系列教材
ISBN 978-7-113-28693-4

Ⅰ.①汽… Ⅱ.①吕… ②全… Ⅲ.①汽车 - 底盘 - 构造 - 高等职业教育 - 教材②汽车 - 底盘 - 车辆修理 - 高等职业教育 - 教材 Ⅳ.① U472.41

中国版本图书馆 CIP 数据核字 (2021) 第 261883 号

书　　名：**汽车底盘构造与检修**
QICHE DIPAN GOUZAO YU JIANXIU
作　　者：吕国成　全晓龙

策　　划：尹　鹏　　编辑部电话：（010）63560043
责任编辑：钱　鹏　绳　超
封面设计：刘　颖
责任校对：孙　玫
责任印制：赵星辰

出版发行：中国铁道出版社有限公司（100054，北京市西城区右安门西街 8 号）
网　　址：https://www.tdpress.com/51eds
印　　刷：北京联兴盛业印刷股份有限公司
版　　次：2022 年 2 月第 1 版　2024 年 12 月第 2 次印刷
开　　本：880 mm×1 230 mm 1/16　印张：14.5　字数：390 千
书　　号：ISBN 978-7-113-28693-4
定　　价：62.00 元

编审委员会

作者简介

吕国成，副教授，现任吉林电子信息职业技术学院汽车工程学院汽车制造教研室主任，从事高职教育一线教学 12 年，现主要教授汽车底盘相关课程。主持完成省级教研课题 3 项，市厅级教研课题 3 项。主编教材 2 部，参编教材 6 部。发表论文 14 篇，其中核心论文 4 篇。2016 年吉林省高等院校（应用型暨职业院校）微课教学比赛获得二等奖。

全晓龙，高级工程师，一汽大众汽车销售服务有限公司技术支持专家兼技术培训师，中国职业院校技能大赛（汽车技术）裁判长，国家长白山技能名师。

序

自从2019年国务院发布的《国家职业教育改革实施方案》提出“倡导使用新型活页式、工作手册式教材”之后，教材建设就成为职业教育改革的热词，2020年国家教材建设奖的设立极大地提升了教材的地位，更是将教材建设推到了职业教育改革的浪尖潮头。

教材里有什么？

这是必须明确的一件事。

是不是知识本位教材里有知识而能力本位教材里有能力呢？答案是明确的，无论知识本位教材还是能力本位教材，教材里都只有知识。

区别何在？

知识本位教材是将学科知识从命题概念出发，在空间上按照演绎逻辑进行组织、呈现的。

能力本位教材是将工作知识从具体事物出发，在时间上按照归纳逻辑进行组织、呈现的。

知识本位教材的功能是培养学生演绎推理能力，目的是发现更多知识，探索未知领域。

能力本位教材的功能是培养学生归纳推理能力，目的是处理具体事务，解决现实问题。

这是一个大概的区分，但这是一个直指本源的区分，这一内在逻辑的区别决定了职业教育与普通教育教材类型的基因差异。

职业教育教材应该“长什么样，内容如何呈现，具备什么功能”，是由职业教育类型属性决定的，职业教育就是“学习如何工作的教育”，那么教材就应该呈现“工作原貌”，只有将“工作原貌”呈现出来，才能够实现学习“如何工作”的目的。抓住了这一根本性的问题，就能将职业教育教材与普通教育教材彻底区别开来。

怎样呈现“工作原貌”呢？

任何一项工作都是由六个要素构成的，即工作对象、工作内容、工作手段、工作组织、工作产品和工作环境。

工作六要素所对应的知识，即工作对象知识、工作内容知识、工作手段知识、工作组织知识、工作产品知识和工作环境知识。

对于一项工作，如果将工作六要素知识寻找并罗列出来，合辑成册，是不是可以看作职业教育的教材呢？

按照教材里只有“知识”和职业教育就是“学习如何工作的教育”这两条标准判断，显然这一合辑成册的书无疑就是职业教育的教材。

继续深入分析，工作六要素知识两种有价值的排列方式，一种是并列排列，将六要素知识平铺在纸上就可以了，这是工作六要素知识的静态呈现——这种排列方式并不鲜见，如常见的机械设计手册等。

如果将工作六要素里的工作内容知识按照其在工作中出现的时间顺序排列就会发现，这构成了一项具体工作的职业行动体系，其他五个工作要素知识构成了支撑这个职业行动得以进行下去的职业知识，按照这一逻辑，我们发现工作六要素知识可以如图 1 排列，这样排列的好处就是将工作要素知识的内在联系通过职业行动建立起来了，使工作六要素动态呈现出来，不仅能够更好地表达了“工作原貌”，更是表达了“工作逻辑”，使学习者更易理解“工作本身”以及实现学习“如何工作”这一目的。

职业行动 = 工作内容知识序化	职业知识 = 其余工作五要素知识
1	工作对象知识 工作手段知识 工作组织知识 工作产品知识 工作环境知识
2	
⋮	
n	

图 1　工作六要素知识时序逻辑

仅此还是不够的，职业教育教材不仅要呈现工作要素知识，表达“工作逻辑”，还要服务于学生学习这一根本要求，因此，职业教育教材必须按照认知规律和职业成长规律选取和呈现工作要素知识。

认知规律通常表述为从“从低级到高级，从简单到复杂”，什么是“低级和高级”“简单和复杂”呢？布鲁姆的教育目标分类是我们可以依据的一个科学原理。

本耐、德莱福斯、劳耐尔对职业能力成长规律的研究成果得到了普遍的认同，从初学者 / 新手—生手—熟手—能手—专家 / 高手的职业能力成长的过程中，使我们得以窥见职业教育与普通教育互为起点与终点的正好相反的学习过程。

综上所述，工作要素知识以静态或者动态方式按照认知规律、职业成长规律排列，构成职业教育教材的知识种类与排列的基本的序化逻辑。

本系列教材是以工作要素知识的动态形式，按照认知规律和职业成长规律选取工作内容来组织、呈现工作原貌的。

教材以活页装订、留白处理、多元目录索引、职业行动与职业知识左右对应排版、知识表格化处理，全书用色块区分不同内容等手段，表达重点清晰醒目，并配以二维码视频动画资源，极大地方便了检索查阅，充分体现自主学习功能和手册性质。

同时，以标语彰显、主题镶嵌和星火相融三种方式将创新教育以及课程思政融于专业教育始终，使教材具备了“专业、创新、思政”三育融合的内容与功能。

采用镶嵌、替换方式将“1+X”融入相关内容之中，满足职业技能等级鉴考评定需求。每一个学习项目设置一个迁移性学习考核项目，满足了学分银行学习成果认证需要。

吉林电子信息职业技术学院在汽车专业群、机械专业群、冶金专业群系统开展的提高育人有效性的教学改革中，从 2016 年开始尝试“活页式、工作手册式”教材编写与教学实践，取得了良好效果。

是为序。

戚文革

2021 年 8 月 20 日

前　言

职业教育教材建设进入了新时代。2019年国务院发布的《国家职业教育改革实施方案》（简称“职教20条”）开篇就明确了职教与普教的类型区别，更是第一次以国家文件的高度对教材形式提出了具体要求。“职教20条”第（九）条“……建设一大批校企‘双元’合作开发的国家规划教材，倡导使用新型活页式、工作手册式教材并配套开发信息化资源。”这背后的逻辑是什么？职业教育教材建设必须思考：新型活页式、工作手册式教材的内涵是什么？职业教育教材如何体现“新型”“活页式”“工作手册式”三个关键要素？“新型活页式、工作手册式”教材须具备什么样的功能？

本书着重把握新型活页式、工作手册式教材的深刻内涵和承载的功能，遵循能力本位、学生中心、成果导向等职业教育基本规律，将专业教育、创新教育、课程思政以及“1+X”融为一体，教材功能指向职业能力培养，充分体现职业教育类型特征。

职业教育是“学习如何工作的教育”。因此，本书将完整展现职业活动的工作原貌作为第一原则，将工作内容序化为职业活动，构成职业行动体系，辅以支撑职业行动的职业知识。为了清晰表达工作原貌，在具体版面设计上，采用横版排版，一页纸分为左右对称两部分，左侧为职业行动，右侧为支撑职业行动得以开展的职业知识。

具体表现：页面左侧为序化的职业行动——作业准备、拆卸、检修、安装，形成职业行动体系，作为教材结构逻辑；页面右侧为支撑职业行动的技术标准、规范、要求、原则、方法、原理等理论知识、技术理论知识、技术实践知识以及经验性知识，其中以技术实践知识为主，并进行表格化处理以方便查阅，体现手册式特征。

全书共十二个项目，二十二个任务，包括了汽车底盘的传动、转向、行驶和制动系统的机械检修内容。书中配备视频、动画等电子资源二维码，并配套开发了教学工作页和助教课件等教学资源。

每个项目包含四部分内容：第一部分是项目概述，包括项目描述、项目要求、学习目标和学习载体；第二部分是项目实施，包括职业行动、职业知识和任务测评；第三部分是学习考评，包括考评项目、实施准备、验证方法与标准和考评报告；第四部分是课程思政，包括页脚标语、拓展阅读。

本书编写紧紧围绕新型活页式、工作手册式教材本质特征，具备如下特点：

1. 体现能力本位功能，突出职业能力培养

将项目或任务的工作内容序化为完整的工作过程，建立工作六要素（工作对象、工作内容、工作手段、工作组织、工作产品、工作环境）之间的内在联系，展示工作原貌，在完成职业活动过程中不断积淀职业能力。

2. 体现学生中心思想，以方便学生学习为第一原则

活页装订方便学生增添新知识、新技能以及学习心得，页面留白处理方便学生学习记录，多元目录索引方便学生学习查阅。

3. 体现成果导向教育思想，满足学分银行认证要求

“职教20条”第（八）条指出要“加快推进职业教育国家‘学分银行’建设，从2019年开始，探索建立职业教育个人学习账号，实现学习成果可追溯、可查询、可转换”。学习成果认定是学分银行实施的基础，为此，本书每一个项目最后，都设计了一个学习成果认定考核方案，供师生参考选择。

4. 适应“1+X”证书制度，内容选取参考职业技能等级标准

在“1”的基础上，针对职业要求进行拓展和补充，将汽车职业技能等级标准有关内容及要求有机融入教材中，实现课证融通。

5. 体现“专业＋思政＋创新”时代要求，实现三育融合

本书每个项目的页脚采用蕴含思政元素和创新元素的标语式语句，寓教于警示励志语言——标语彰显式。本书选定汽车底盘主要系统和零部件进化史作为创新和思政主题，按此主题选取编辑十二个拓展阅读，每个项目一个进化史，寓教于故事之中——主题镶嵌式。每个任务拓展训练中紧密结合任务内容通过思维导图将思政元素和创新元素融入其中，寓教于水乳交融之中——星火相融式，实现了在专业教育中突出“人的底色”与创新素质的培养目标。

6. 辅以信息化数字资源，教材内容立体呈现

本书配套开发设计了教学工作页、教学课件、任务工单、习题作业及视频动画等数字资源，方便师生学习查阅。

7. 图文并茂，职业知识表格化处理，突出“手册式”功能

本书编写时选用了大量图例，文字力求简练、通俗，内容简明扼要，职业知识表格化处理，表达直接易懂，便于快速查阅。

8. 增加新技术、新工艺、新规范，增强教材时效性

本书在选用学习载体和学习内容时，充分考虑既成熟可靠，又代表现阶段我国汽车行业发展的最新成就的汽车底盘新技术，增强了教材的时效性。

9. 校企双元合作开发，充分融入职业要素

本书由吉林电子信息职业技术学院吕国成与一汽大众汽车销售服务有限公司全晓龙共同编著，实现校企双元合作开发。

本书共十二个项目，吕国成编写了项目一～项目八，全晓龙编写了项目九～项目十二。

本书由北京中汽恒泰教育科技有限公司总工程师、中国汽车工程学会技术总监、中国技能大赛新能源汽车关键技术大赛和全国职业院校技能大赛高职组汽车检测与维修赛项专家组组长弋国鹏主审，参加审稿的还有哈尔滨美通汽车销售服务有限公司车间主管李晓松和吉林神华汽车销售服务有限责任公司高级培训师凌晓峰。参加审稿的各位老师对全书进行了认真细致的审阅，并提出了宝贵的意见和建议，在此表示衷心的感谢！

由于编著者水平所限，书中难免有疏漏之处，恳请广大读者批评指正。

编著者

2021年10月

目　录

视频 / 动画

项目一　检修离合器

一、项目描述

完成2007款丰田卡罗拉1.6 L手动GL型轿车离合器检修作业。

二、项目要求

依据2007款丰田卡罗拉1.6 L手动GL型轿车维修手册和汽车运用与维修“1+X”职业技能等级证书（中级）标准相关要求，正确使用工具，安全规范地完成如下检修作业：

（1）检修离合器总成；

（2）检修离合器操纵机构。

三、学习目标

（1）正确描述离合器的功用；

（2）准确识别离合器的主要部件；

（3）熟练说明离合器的工作过程；

（4）规范拆装离合器的总成及其操纵机构；

（5）规范检测离合器总成各主要部件的参数；

（6）规范检查和调整离合器踏板位置与自由行程；

（7）养成自觉遵守技术标准和要求规定、规范操作、安全、环保、“5S”[①]作业的好习惯；

（8）坚定“我以祖国为荣，我为祖国增光彩”的人生追求。

（9）养成发现痛点解决问题的思维习惯。

① 5S指整理、整顿、清扫、清洁、素养，下同。

四、学习载体

2007款丰田卡罗拉1.6 L手动GL型轿车离合器总成及操纵机构如下图所示。

离合器总成及操纵机构示意图

离合器是一种根据驾驶员意愿来连接或脱开通往变速器动力传递的机械装置，安装在发动机与变速器之间，是汽车传动系统的关键部件。其主要功用是切断和接合发动机的动力输出。

学习笔记

任务一　检修离合器总成

职业行动

步骤一：作业准备

1. 作业场地

选择带有消防设施的作业场地。

2. 设备设施

2007 款丰田卡罗拉 1.6 L 手动 GL 型轿车或离合器总成、实训台架、举升机、工具车、零件车、维修手册等。

3. 工量辅具（见表 1-1-1）

表 1-1-1　检修离合器工量辅具

套筒扳手组合套具	百分表及磁性表座	刀口尺
塞尺	游标卡尺	扭力扳手

4. 耗材

干净抹布、手套。

职业知识

相关技术要求

项目	要求
离合器飞轮总成端面跳动量	小于 0.1 mm
离合器从动盘铆钉深度	大于 0.3 mm
离合器从动盘跳动量	小于 0.8 mm
离合器盖磨损标准	深度小于 0.5 mm，宽度小于 0.6 mm
离合器压盘平面度	小于 0.2 mm

离合器的安装位置

离合器位于发动机和手动变速器之间

少年兴则国兴，少年强则国强。

步骤二：拆卸离合器总成

（1）安全拆下发动机和变速器。

（2）将飞轮锁止装置安装到发动机壳体上，确保飞轮锁止可靠，如图 1-1-1 所示。

（3）使用内六角套筒扳手和棘轮扳手对角拧松离合器壳体上的固定螺栓，如图 1-1-2 所示。

图 1-1-1　安装飞轮锁止装置

图 1-1-2　拆卸固定螺栓

（4）取下六颗固定螺栓，如图 1-1-3 所示，并扶稳离合器总成，防止脱落。

（5）均匀施力，双手取下离合器总成、摩擦片，如图 1-1-4 所示。

图 1-1-3　取下固定螺栓

图 1-1-4　取下离合器

离合器的功用、类型

功用

- 保证汽车平稳起步；
- 保证变速器换挡平顺；
- 防止传动系统过载

离合器接合，传递动力

类型

膜片弹簧离合器	周布弹簧离合器
飞轮　膜片弹簧　离合器盖	飞轮　螺旋弹簧　离合器盖　从动盘
单盘式离合器	多盘式离合器

学习笔记

1-1　离合器基本功用

学习笔记

步骤三：检修离合器从动盘组件

（1）检查铆钉是否松动，使用小锤敲击从动盘，若声音沙哑，说明铆钉松动，铆紧或更换即可。

（2）检查从动盘表面是否有油污或被烧蚀，磨损是否均匀，严重时需更换。

（3）检查从动盘的磨损程度，使用游标卡尺测量铆钉的深度，如图 1-1-5 所示，最小深度为 0.3 ～ 0.5 mm，超过极限值需要更换。

（4）检查从动盘的厚度，使用游标卡尺测量从动盘的厚度并记录数据，超过极限值应及时更换。

（5）检查从动盘端面跳动量，使用百分表测量并记录数据，如图 1-1-6 所示，最大值为 0.5 ～ 0.8 mm，超过极限值需要校正或更换。

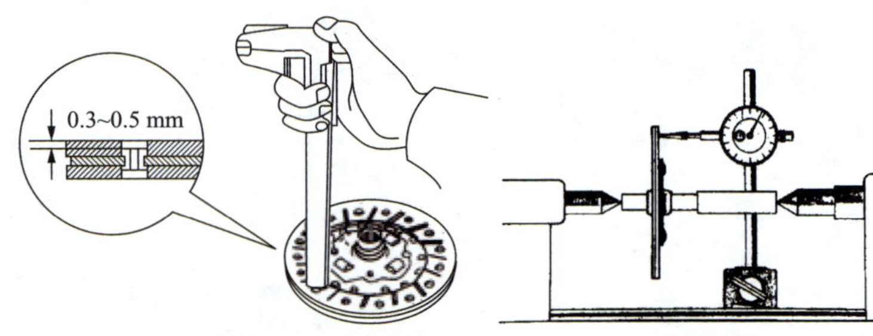

图 1-1-5　测量从动盘铆钉深度　　图 1-1-6　测量从动盘端面跳动

（6）将从动盘装到输入轴上，检查滑动状态及旋转方向的松动。如滑动不良应予以清洗；如松动明显，应更换从动盘或输入轴，或同时更换两者。

离合器的组成

组成

- 飞轮：发动机的动力输出部件，同时是离合器的主动件，用螺栓与发动机的曲轴固定在一起。
- 压盘：离合器的重要组成部分，能够使从动盘压到飞轮上，传递发动机的动力。
- 离合器盖：通过螺钉固定在飞轮后断面上，由钢板冲压而成，与压紧弹簧、分离杠杆、压盘组装成一个整体。
- 从动盘：位于压盘和发动机飞轮之间。离合器传递动力是靠从动盘摩擦片和主动部分的摩擦作用来实现的。
- 膜片弹簧：离合器的压紧装置，其兼具压紧弹簧和分离杠杆的作用

飞轮　从动盘　压盘　传动片　膜片弹簧　离合器盖　分离叉　变速器输入轴

前支撑环　后支撑环　支撑销　分离轴承

少年兴则国兴，少年强则国强。

步骤四：检修离合器压盘组件

（1）目视检查压盘面是否变形，是否有裂纹和烧蚀，严重时需要及时更换。

（2）目视检查压盘端面磨损是否均匀，严重时需要及时更换。

（3）检查压盘平面度，使用刀口尺和塞尺测量，平面度应不超过 0.2 mm，如图 1-1-7 所示。

（4）检查膜片弹簧的磨损程度，用游标卡尺测量膜片弹簧内端磨损的深度和宽度，如图 1-1-8 所示，宽度极限值为 5 mm，深度极限值为 0.6 mm，若超过上述极限值，则应更换膜片弹簧。

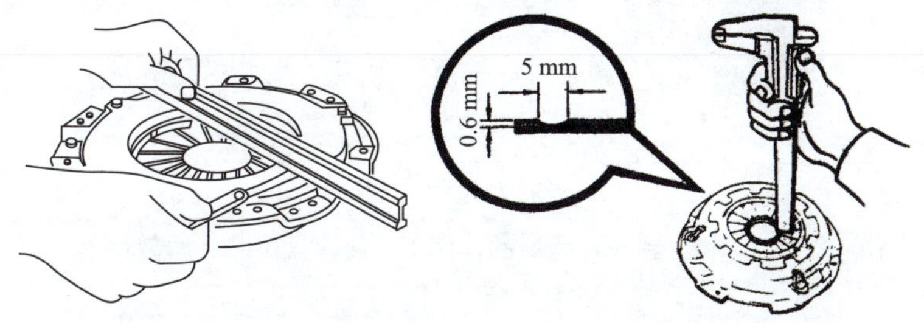

图 1-1-7　测量压盘平面度

图 1-1-8　测量膜片弹簧磨损深度和宽度

（5）检查离合器盖。离合器盖与飞轮的接合平面的平面度公差应符合规定值 0.5 mm。如有翘曲、裂纹或变形，应更换新件。

（6）目视检查飞轮的磨损情况，检查飞轮端面磨损或烧蚀。

（7）检查飞轮的变形情况，必要时应进行端面跳动量的检查。若不在规定范围内，应进行修理或更换。

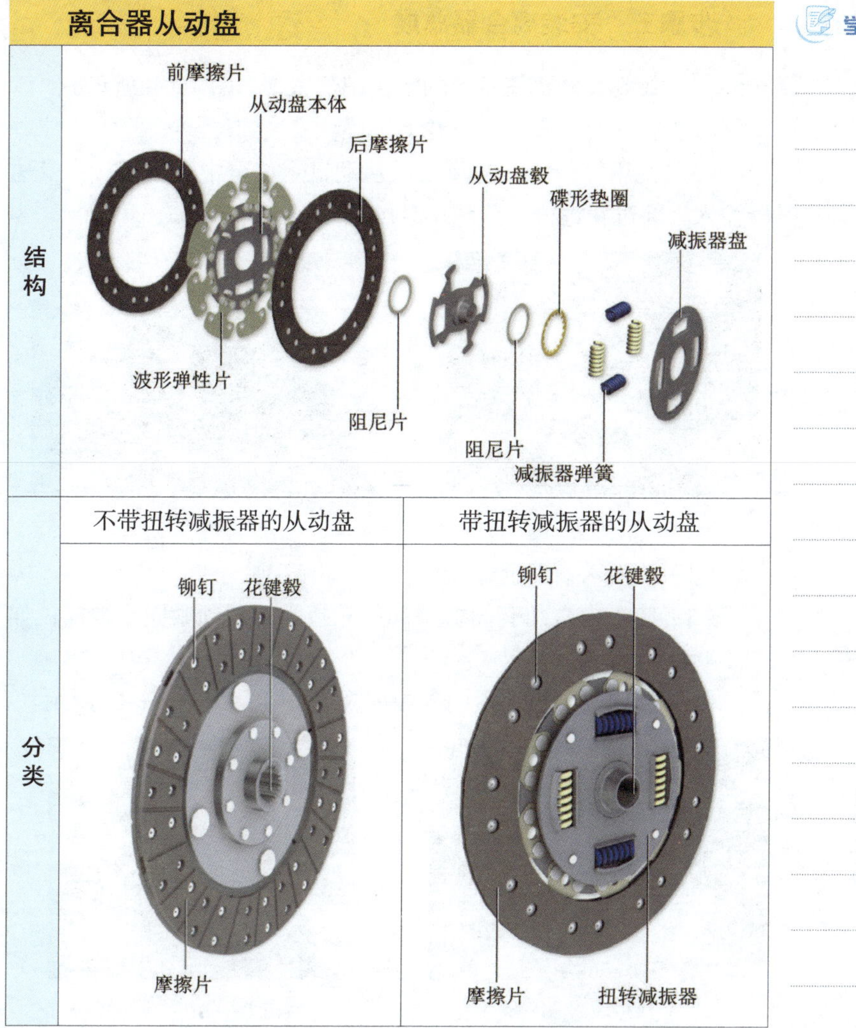

学习笔记

学习笔记

步骤五：安装离合器总成

（1）找到发动机飞轮上的定位销位置，如图 1-1-9 所示。

（2）将离合器安装到飞轮上，确认安装到位。

（3）使用定位工具将离合器从动盘定位至中心位置，将变速器输入轴穿过花键槽，如图 1-1-10 所示。

图 1-1-9　定位销位置

图 1-1-10　输入轴穿过花键槽

（4）放入六颗固定螺栓。

（5）使用内六角套筒扳手和棘轮扳手对角预紧固定螺栓，如图 1-1-11 所示。

（6）选用扭力扳手紧固螺栓至规定力矩，如图 1-1-12 所示。

图 1-1-11　预紧螺栓

图 1-1-12　紧固螺栓

（7）取下定位装置。

（8）拆下飞轮定位专用工具。

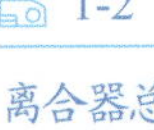
1-2

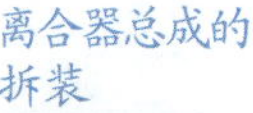
离合器总成的拆装

1-3

离合器工作原理

离合器工作原理

分离过程

踩下离合器踏板，通过联动机构，带动分离叉推动分离轴承，压向膜片弹簧，使压盘、从动盘和飞轮三者分离，动力中断

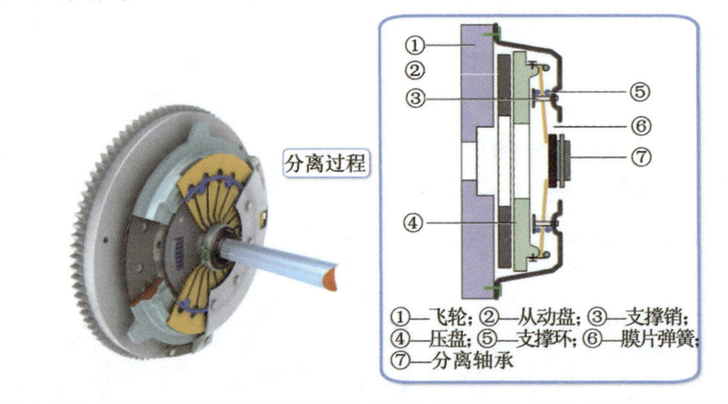

接合过程

抬起离合器踏板，在膜片弹簧的作用下，使压盘压向从动盘和飞轮，三者接合，发动机的动力传给变速器

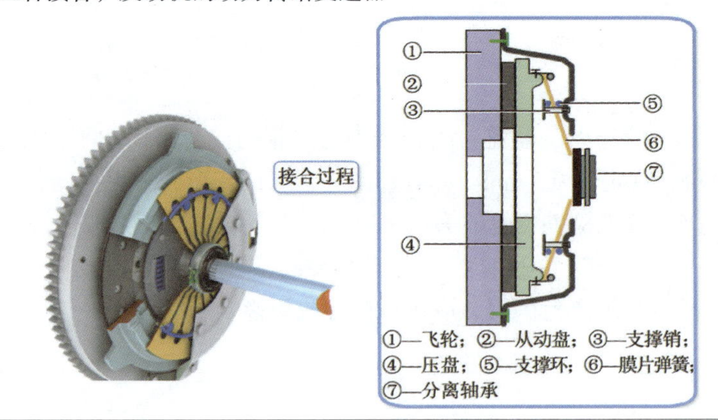

少年兴则国兴，少年强则国强。

学习笔记

任务测评

一、知识测评

确定本任务关键词，按重要程度进行关键词排序并举例解读。

根据自己对重要信息捕捉、排序、表达、创新和划分权重能力进行自评，满分 100 分（见表 1-1-2）。

表 1-1-2　检修离合器总成知识测评表

序号	关键词	举例解读	评分自定
1			
2			
3			
4			
5			
总分			

二、能力测评

对表 1-1-3 所列作业内容，操作规范即得分，操作错误或未操作即零分。

表 1-1-3　检修离合器总成能力测评表

序号	能力点	配分	得分
1	拆装离合器总成	20	
2	检查从动盘铆钉深度	20	
3	检查从动盘端面跳动量	20	
4	检查离合器压盘平面度	20	
5	检修飞轮端面跳动量	20	
总分		100	

三、素养测评

对表 1-1-4 所列素养点，做到即得分，未做到即零分。

表 1-1-4　检修离合器总成素养测评表

序号	素养点	配分	得分
1	设备和工具安全检查	20	
2	车辆安全防护	20	
3	工具清洁、校准、存放	20	
4	工量辅具、零部件、油水液体“三不落地”	20	
5	工位“5S”	20	
总分		100	

四、拓展训练

（1）请列举出在检修离合器总成过程中易出现的问题，分析产生问题的原因并制定解决问题的措施（满分 20 分）。

（2）现有一辆 2014 款卡罗拉 1.6 L 手动变速器轿车，行驶过程中离合器分离不彻底，初步判断为离合器从动盘损坏。试制定检修流程并进行检修（满分 30 分）。

（3）从 1891 年摩擦式汽车离合器的诞生，到 1948 年液力变矩器的出现，再到 1948 年液力变矩器的出现，再到各种智能控制技术不断应用于汽车工业，汽车离合器技术始终伴随着汽车工业的发展而发展。离合器使用中的痛点，指引着汽车研发工程师们一路前行，每一次迭代和改进都是伟大的进步，同时也是汽车人自强不息精神的体现。

学习笔记

请按图 1-1-13 所示思维导图格式，总结检修离合器总成的学习过程，并列举至少 3 个自己学习和生活自强的事例，认真找出学习和生活中 3 个痛点，看能不能解决（满分 50 分）。

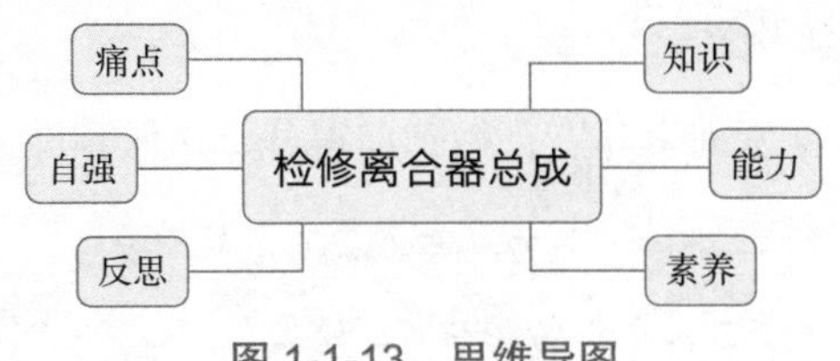

图 1-1-13　思维导图

学习笔记

任务二　检修离合器操纵机构

职业行动

步骤一：作业准备

1. 作业场地

选择带有消防设施的作业场地。

2. 设备设施

2007 款卡罗拉 1.6 L 手动 GL 型轿车离合器操纵机构或台架、举升机、工具车、零件车、维修手册等。

3. 工量辅具（见表 1-2-1）

表 1-2-1　检修离合器操纵机构工量辅具

套筒扳手组合套具	钢直尺
十字螺丝刀	卡扣拆卸专用工具

4. 耗材

干净抹布、手套。

职业知识

相关技术要求

离合器踏板高度	130 ～ 140 mm
离合器踏板自由行程	6.0 ～ 12.0 mm

离合器操纵机构的功用

- 离合器操纵机构是驾驶员借以使离合器分离和接合的一套机构，它起始于离合器踏板，终止于分离轴承。
- 离合器操纵机构的功用是将外力传递给离合器使之分离，回位机构又可使离合器柔性接合

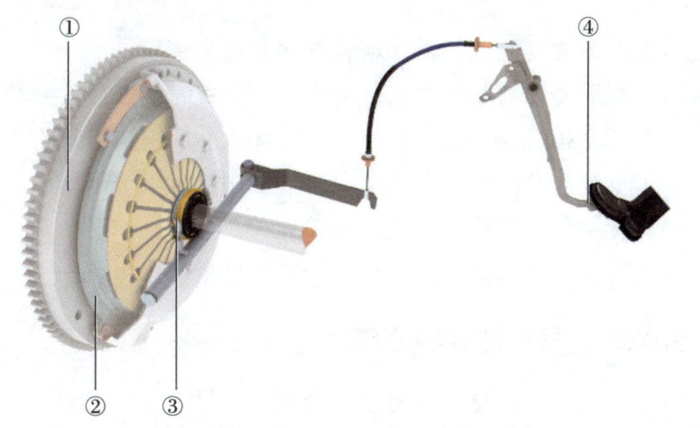

①—离合器主动部分；②—离合器踏板；③—离合器从动部分；④—分离轴承

1-4

离合器操纵机构功用

学习笔记

步骤二：检查机械系统是否失效或卡滞

（1）反复踩下或抬起离合器踏板。

（2）目视观察离合器接合和分离状态。

（3）判断是否有失效部件或运动卡滞现象，如有，进行维修或更换。

步骤三：检查液压系统是否渗漏或有空气渗入

（1）检视储液罐、进油管、主缸、工作缸外部是否有渗漏迹象。

（2）检查油管紧固螺栓是否松动。

（3）检查管路是否有裂纹、老化现象。

（4）反复踩下或抬起离合器踏板。

（5）感觉软绵无力，则说明系统内有空气。

步骤四：排去离合器液压系统空气

（1）拆下放气螺栓，将塑料管连接至放气螺栓。

（2）踩下离合器踏板数次，并在踩下踏板时松开放气螺栓。

（3）离合器油不在外流时，拧紧放气螺栓，然后松开离合器踏板。

（4）重复前两步操作，直至离合器油中的空气全部排出。

（5）拧紧放气螺栓，安装放气螺栓盖。

（6）检查并确认离合器管路中的空气已全部排出。

步骤五：检查总泵和分泵

（1）目视检查总泵、分泵是否漏油。

（2）反复踩下踏板，检查总泵、分泵是否有卡滞或压力不足现象。

（3）目视检查总泵、分泵是否有损伤、变形或腐蚀。

机械式离合器操纵机构

杆系传动式

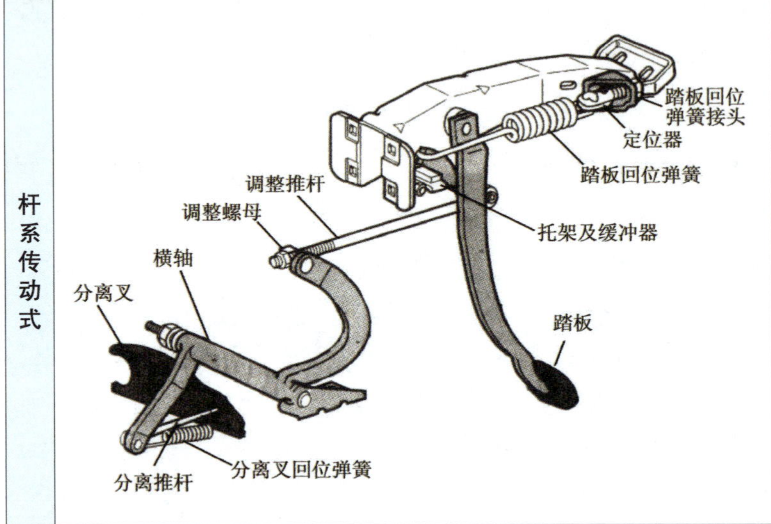

绳索式

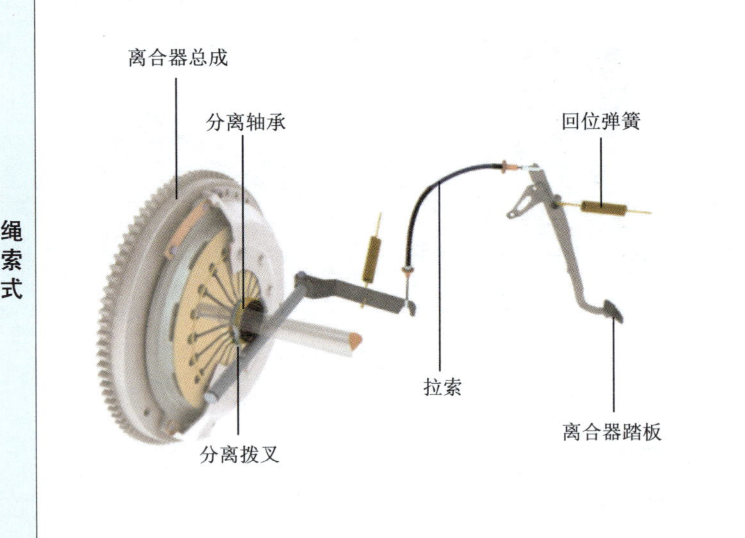

科学没有国界，科学家却有祖国。

学习笔记

步骤六：检查分离杠杆、分离叉和分离轴承

（1）检查分离杠杆端面磨损情况。

（2）检查分离叉支承衬套的磨损情况。

（3）从手动传动桥上拆下带离合器分离轴承的离合器分离叉，然后从分离叉上拆下分离轴承和卡子，检查分离叉磨损情况，如图 1-2-1 所示。

（4）旋转离合器分离轴承总成的滑动部件，检查并确认离合器分离轴承总成移动平稳且无异常阻力，如图 1-2-2 所示。

图 1-2-1 检查分离叉磨损情况

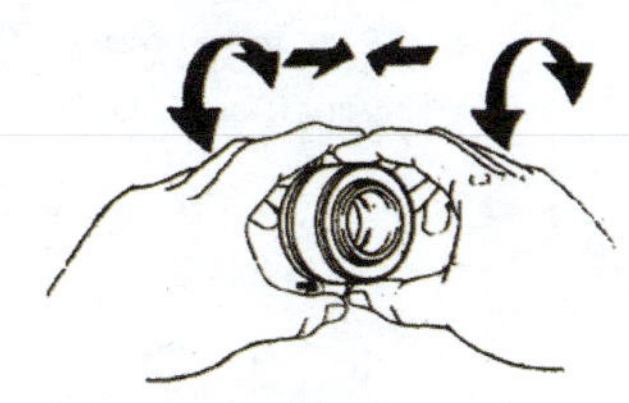

图 1-2-2 检查分离轴承

（5）检查离合器分离轴承总成是否损坏或磨损，如有必要，更换离合器分离轴承总成。

步骤七：检查与调整离合器踏板位置

（1）拉紧驻车制动器操纵杆，并将变速杆置于空挡位置。

（2）使用一字螺丝刀取下转向柱下护罩。

（3）用手取下主驾驶室地毯。

（4）使用钢直尺垂直于地板，测量离合器踏板工作行程，记录检测数据，并与标准数据进行对比，若检测数据不符合标准数据，则需要调整离合器踏板位置。

液压式离合器操纵机构

- 液压式离合器操纵机构主要由离合器主缸（又称总泵）、液压管路和离合器工作缸（又称分泵）组成。
- 离合器分离时，主、副油封之间的油腔通过补偿孔与储液罐相连接。工作缸接受主缸传递过来的液压油，推动活塞向左移动，传递给挺杆、分离拨叉、分离轴承，实现离合器分离。
- 离合器接合时，松开离合器踏板，膜片弹簧内端通过分离轴承、分离拨叉等推动分泵和总泵活塞返回到原始位，压力腔与储液罐之间可以通过补偿孔进行容积补偿

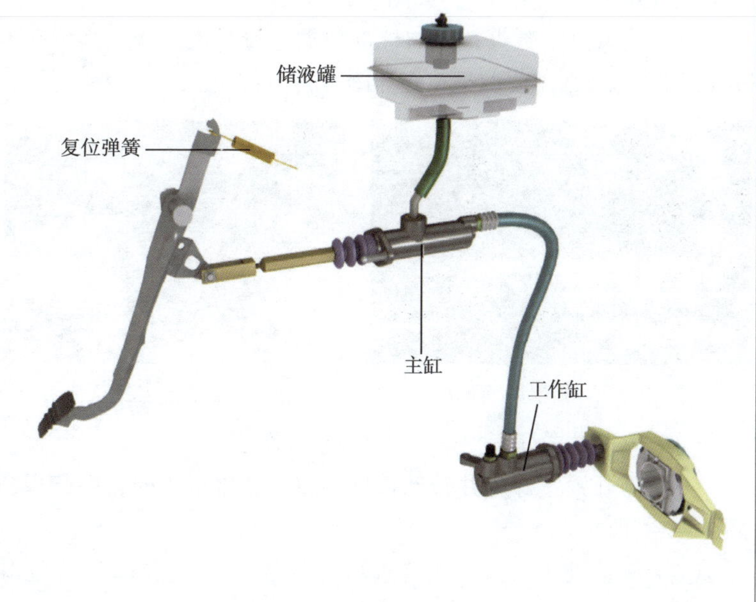

学习笔记

（5）选用 12 mm 开口扳手，松开离合器推杆锁止螺母。

（6）选用 8 mm 开口扳手，转动离合器推杆以调整离合器位置。

（7）调整到位后，再一次检查离合器踏板高度，以保证其在规定范围内。

（8）调整结束后紧固离合器推杆锁紧螺母。

步骤八：检查与调整离合器踏板自由行程

（1）在上一步骤基础上测量离合器踏板自由行程。

（2）使用钢直尺垂直于地板，用手轻轻按压离合器踏板，直至开始感觉到离合器阻力，如图 1-2-3 所示。

（3）读取测量数据，并与标准数据进行对比。若检测数据不符合标准数据，则需要调整离合器踏板自由行程，如图 1-2-4 所示。

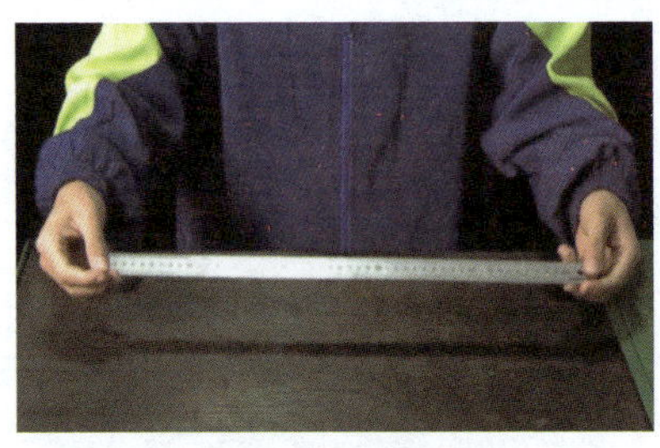

图 1-2-3　测量用钢直尺

图 1-2-4　调整离合器踏板自由行程

（4）取下转向柱下护罩，如图 1-2-5 所示。

（5）松开锁紧螺母并转动推杆，直至获得正确的自由行程，如图 1-2-6 所示。

（6）调整到位后再一次检查离合器踏板自由行程，以保证其在规定范围内。

（7）调整结束后紧固离合器推杆锁紧螺母。

1-5

离合器踏板行程

离合器踏板行程

<table>
<tr><td>概念</td><td>• 离合器踏板自由行程：是指踩压离合器踏板直到分离轴承压紧膜片弹簧的距离。
• 离合器踏板工作行程：消除自由间隙后，继续踩下离合器踏板，将会产生分离间隙，此过程所对应的离合器踏板行程是工作行程。
• 离合器踏板总行程：自由行程加上工作行程就是总行程</td></tr>
<tr><td>调整方法</td><td>• 机械式离合器操纵机构离合器踏板行程调整方法：一般是通过分离叉拉杆调整螺母来调整拉杆长度，或通过改变钢索长度来进行调整。通过旋转钢索外套上的调整螺母改变钢索长度来调整离合器踏板的自由行程。钢索伸长则自由行程增大，反之减小。
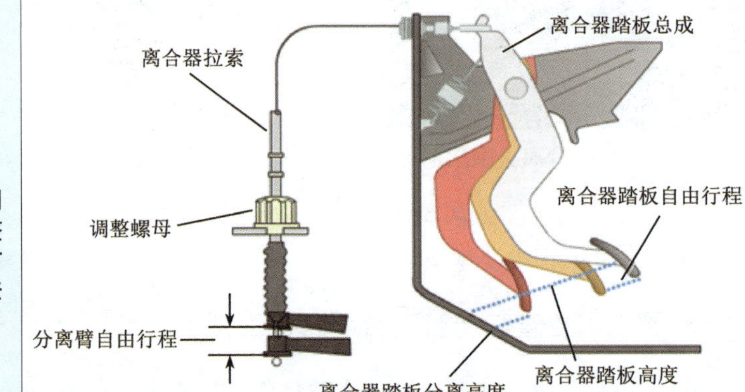

• 液压式离合器操纵机构离合器踏板行程调整方法：液压式离合器操纵机构离合器踏板自由行程一般是主缸活塞与推杆之间、分离杠杆内端与分离轴承之间两部分间隙之和在离合器踏板上的反映，因此离合器踏板自由行程的调整实际上就是这两处间隙的调整，调整时先调整主缸活塞与推杆的间隙，有的通过调整螺母调整推杆伸出长度，有的通过离合器踏板臂与推杆相连的偏心装置调整推杆伸出长度</td></tr>
</table>

科学没有国界，科学家却有祖国。

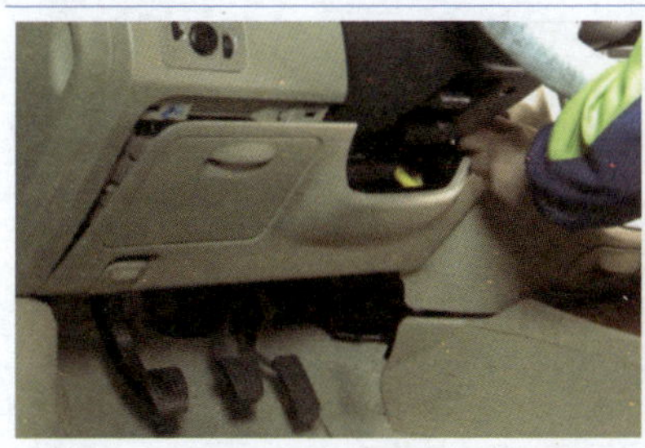

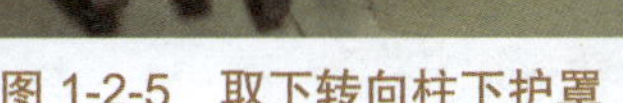

图 1-2-5　取下转向柱下护罩

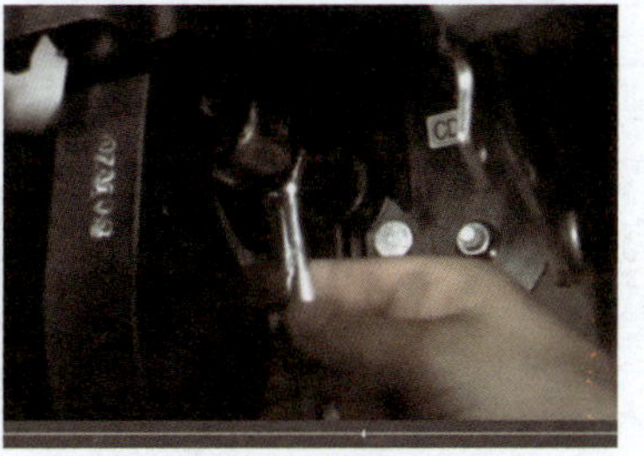

图 1-2-6　调整自由行程

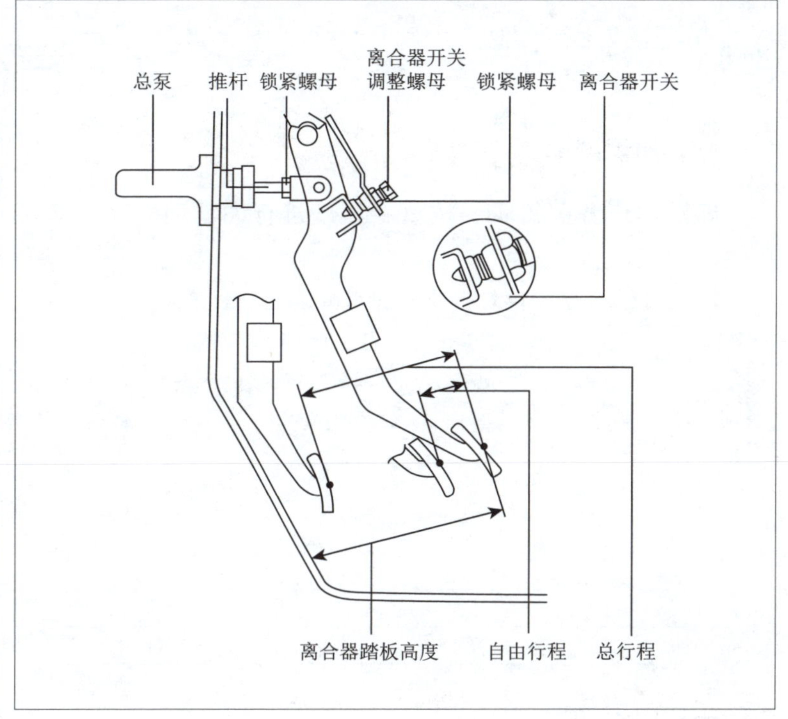

学习笔记

1-6

检查与调整离合器踏板位置

学习笔记

任务测评

一、知识测评

确定本任务关键词，按重要程度进行关键词排序并举例解读。

根据自己对重要信息捕捉、排序、表达、创新和划分权重能力进行自评，满分 100 分（见表 1-2-2）。

表 1-2-2　检修离合器操纵机构知识测评表

序号	关键词	举例解读	评分自定
1			
2			
3			
4			
5			
总分			

二、能力测评

对表 1-2-3 所列作业内容，操作规范即得分，操作错误或未操作即零分。

表 1-2-3　检修离合器操纵机构能力测评表

序号	能力点	配分	得分
1	检修机械操纵机构	20	
2	检修液压操纵机构	20	
3	检修分离机构	20	
4	检查与调整离合器踏板位置	20	
5	检查与调整离合器踏板自由行程	20	
总分		100	

三、素养测评

对表 1-2-4 所列素养点，做到即得分，未做到即零分。

表 1-2-4　检修离合器操纵机构素养测评表

序号	素养点	配分	得分
1	设备和工具安全检查	20	
2	车辆安全防护	20	
3	工具清洁、校准、存放	20	
4	工量辅具、零部件、油水液体“三不落地”	20	
5	工位“5S”	20	
总分		100	

四、拓展训练

（1）请列举出在检修离合器操纵机构过程中易出现的问题，分析产生问题的原因并制定解决问题的措施（满分 20 分）。

（2）现有一辆 2014 款卡罗拉 1.6 L 手动变速器轿车，行驶过程中离合器分离不彻底，初步判断为离合器踏板自由行程过大造成的。试制定检修流程并进行检修（满分 30 分）。

（3）翻开汽车离合器的发展史，外国的科学家和技术人员几乎垄断了离合器的进化史，建立了离合器专利壁垒，但我国的汽车人迎难而上，克服种种困难，国产离合器技术水平与质量正不断接近国外先进水平，我们一定行——相信不久的将来，事实会证明我们今天的誓言。

科学没有国界，科学家却有祖国。

请按图 1-2-7 所示思维导图格式，总结检修离合器操纵机构的学习过程，并选择 2 款国产离合器，分析一下其中的技术创新之处，并列举出自己最接地气的技能报国行为（满分 50 分）。

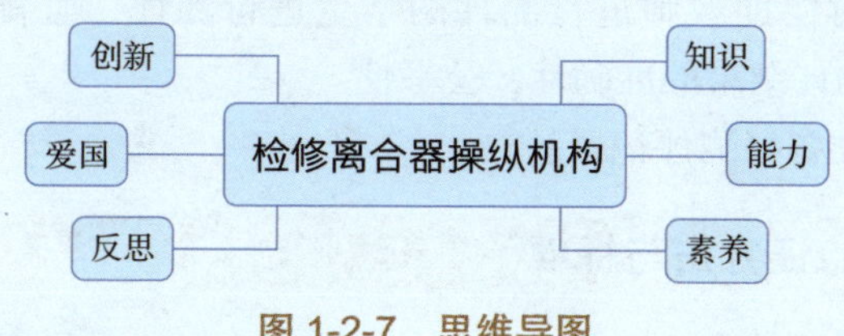

图 1-2-7　思维导图

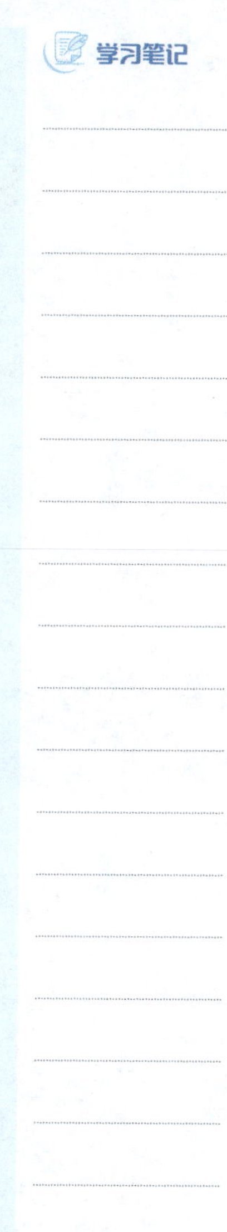

学习笔记

学习考评

一、考评项目

请制定出 2019 款别克凯越 1.6 L 手动变速器轿车离合器总成及操纵机构的检修计划并实施，完成考评报告。

二、实施准备

1. 学生准备

学生按照教学进度计划，已经完成了以下学习任务并达到了 75 分以上，可进行该学习考评的实施。

（1）理解并掌握学习考评需要的相关知识和方法，得分大于 75 分。

（2）运用学习考评需要的相关知识和方法进行作业，得分大于 75 分。

（3）按时、按质、按量完成相应作业，得分大于 80 分。

（4）具有自觉遵守技术标准和要求规定、规范操作、安全、环保、“5S”作业、团结协作的好习惯，得分大于 80 分。

（5）能制定 2019 款别克凯越 1.6 L 手动变速器轿车离合器总成及操纵机构的检修方案。

2. 教师准备

（1）在安排学生实施学习考评前，通过课堂问题研讨、作业、实训、考核及其他方式，确认学生已经具备了实施学习考评所需的知识、技能和素养，并确保学生在安全状态下独立进行。

（2）对协助教师进行测评的学生进行测评、监督方法的培训，确保测评结果的准确性、公平性。

（3）准备好测评记录。

三、验证方法与标准

（1）每位测评人员负责对 2 名学生进行定点、全过程的监控和测评。

（2）详细记录学生在实施学习考评过程中的相关信息、数据、结果、操作方法、完成时间，以及出现错误、事故等情况。

（3）学习考评的作业过程和数据记录等，要求在 90 min 内完成，如果时间不足，可在即将结束时，口述剩余部分的作业方法。

（4）考评内容及评分标准见下表。

考评内容及评分标准

评分项	得分条件	评分标准	配分	得分
职业素养能力	（1）能进行工位 5S 操作（5 分）。 （2）能进行设备和工具安全检查（3 分）。 （3）能进行工具清洁、校准、存放操作（3 分）。 （4）能进行三不落地操作（4 分）	依据得分条件进行评分	15	

续表

评分项	得分条件	评分标准	配分	得分
专业技能操作能力	（1）能够拆卸离合器总成（7分）。 （2）能够检查从动盘铆钉深度（7分）。 （3）能够检查从动盘端面跳动量（6分）。 （4）能够检查离合器压盘平面度（7分）。 （5）能够检修飞轮端面跳动量（6分）。 （6）能够安装离合器总成（7分）。 （7）能够检查操纵机构（5分）。 （8）能够测量和调整离合器踏板（5分）	依据得分条件进行评分	50	
信息查询处理能力	（1）能正确使用维修手册查询资料（2分）。 （2）能在规定时间内查询所需资料（3分）。 （3）能正确记录所查询资料章节页码（2分）。 （4）能正确记录所需维修信息（3分）	依据得分条件进行评分	10	
工具选择使用能力	（1）能正确选用维修工具（2分）。 （2）能正确使用维修工具进行拆装（2分）。 （3）能正确使用游标卡尺（2分）。 （4）能正确使用专用工具（2分）。 （5）能熟练使用办公软件（2分）	依据得分条件进行评分	10	

续表

评分项	得分条件	评分标准	配分	得分
分析判断能力	（1）能判断离合器从动盘是否可以继续使用（5分）。 （2）能判断离合器操纵机构是否可以继续使用（5分）	依据得分条件进行评分	10	
表单填写能力	（1）语句通顺（2分）。 （2）无错别字（1分）。 （3）无抄袭（2分）	依据得分条件进行评分	5	
总计			100	

四、考评报告

说明：考评分为理论考评和实操考评，理论考评根据项目要求以及考评模板格式制定项目实施方案，方案经教师审核合格后，方可进行实操考评。考评报告模板详见附录A。

学习笔记

拓展阅读——汽车离合器进化史

燃油发动机需要借助离合器的接合功能起动汽车；车辆行驶中自由换挡要由离合器分离功能来实现。早期在很多小型车设计结构中并没有离合器的接合功能，车辆是借助人力推动而起动的。

第一代离合器的工作原理来自早期工业化社会使用机械装置的工厂。通过对带式变速器的类推，人们将一种平面传动带引入汽车中。通过带轮的张紧作用，传动带将发动机的输出转矩传递到驱动齿轮上，当通过调节滚轮来使传动带松弛时，传动带打滑，就相当于离合器的分离。由于传动带磨损太快，又改进安装了一个与驱动带轮同样尺寸的惰轮，通过扳动杠杆，可以将传动带从惰轮转到驱动轮上。

此传动装置的缺点：一方面是效率低下，容易磨损，尤其是在雨天传递动力不足时；另一方面是要求变速器增加挡位以应对不断提高的发动机转矩，这就促使工程师们不断地探索更好的方法以取代此离合器。

一、摩擦式离合器

1889 年戴姆勒的钢轮汽车配备了一个锥形盘离合器。这个可以自由移动的锥形盘位于变速器轴上，与曲轴上带锥形凹槽的飞轮可以牢牢地接合。螺旋弹簧将锥形盘压入飞轮锥形凹槽里，离合器接合；踩下离合器踏板，通过分离套筒、弹簧将此锥形盘拉回，从而分离离合器，中断动力传输。其优点是可以自动调节，变速器输入轴上不受应力；缺点是太重。一方面，摩擦片磨损太快，更换太复杂，之后在皮革摩擦片中设计了压紧弹簧销或传动片以做改进。另一方面，飞轮和离合器锥盘体积太大，因而其惯性力矩较大，导致换挡时分离离合器比其要求的分离过程要慢很多。

到第一次世界大战末期，金属摩擦片才开始普及起来。通过不断改进从而让离合器维护简化了，并降低了离合器被卡住的次数。由于结构简单，锥形盘离合器在整个 20 世纪 30 年代一直占主流地位。问题存在进步就不会停止，英国人研发的单盘离合器就淘汰了锥形盘和多盘离合器。随着发动机转速的不断增加，离合器变得越来越重。除此以外，用来作用于分离杠杆的分离轴承一直处在受压状态下，使其和离合器外罩很容易发生磨损，尤其是在发动机高转速时换挡，会很快地磨损。

二、膜片弹簧离合器

为了解决上述这些系统性的不足，人们便开发出了膜片弹簧离合器。膜片弹簧离合器诞生于 1936 年通用汽车的研究实验室里，并于 20 世纪 30 年代后期在美国大批量生产。在欧洲，20 世纪 50 年代中期应用在一些单一的欧洲车型上。保时捷 356 和宝马 700 是第一批配备了膜片弹簧离合器的德国制造的汽车。膜片弹簧离合器大批量生产始于 1965 年的欧宝 Rekord 车型。到 20 世纪 60 年代末，几乎所有的汽车制造商都采用膜片弹簧离合器。

让离合器自动化的不同尝试使离合器的操作越来越简单。在 1918 年，Wolseley 最先提出了电磁离合器的概念。在 20 世纪 30 年代早期，法国 Cotal 公司生产了一种用在豪华轿车上的带电磁离合器的、有预选择器的变速器。但由于来自自动变速器中液力变矩器的强大竞争力，上述离合器都没有获得大规模的应用。

思考

请走访 4S 店和我国离合器制造厂家并查阅相关资料，写一篇 500 字短文，介绍一下当代最新技术水平的离合器以及我国汽车离合器的发展史。

项目二　检修手动变速器

一、项目描述

完成 2007 款丰田卡罗拉 1.6 L 手动 GL 型轿车手动变速器检修作业。

二、项目要求

依据 2007 款丰田卡罗拉 1.6 L 手动 GL 型维修手册和汽车运用与维修“1+X”职业技能等级证书（中级）标准相关要求，正确使用工具，安全规范地完成如下检修作业：

（1）检修手动变速器传动机构；

（2）检修手动变速器操纵机构。

三、学习目标

（1）准确识别手动变速器总成及操纵机构的主要部件；

（2）正确描述手动变速器的功用；

（3）熟练说明手动变速器的工作过程；

（4）规范拆装和分解手动变速器总成；

（5）正确检修手动变速器各组件；

（6）规范调整手动变速器的操纵机构；

（7）养成自觉遵守技术标准和要求规定、规范操作、安全、环保、“5S”作业的好习惯；

（8）坚持把爱国情怀融入不断提高自己的行动中。

四、学习载体

2007 款丰田卡罗拉 1.6 L 手动 GL 型轿车手动变速器总成及操纵机构如下图所示。

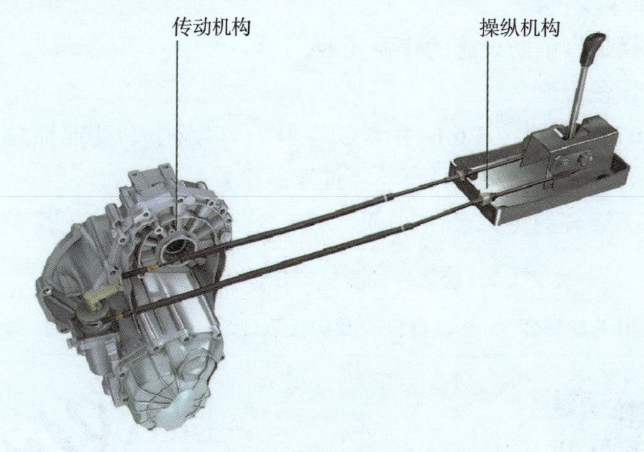

手动变速器总成及操纵机构示意图

手动变速器是手动挡汽车传动系统的核心部件。由于发动机的转矩和转速变化范围较小，变速器的主要功用是满足汽车行驶的各种工况，匹配发动机的动力输出。

学习笔记

学习笔记

任务一　检修手动变速器传动机构

职业行动

步骤一：作业准备

1. 作业场地

选择带有消防设施的作业场地。

2. 设备设施

2007 款卡罗拉 1.6 L 手动 GL 型轿车以及手动变速器总成、实训台架、举升机、工具车、零件车、维修手册等。

3. 工量辅具（见表 2-1-1）

表 2-1-1　检修手动变速器传动机构工量辅具

常用工具一套	百分表及磁性表座	卡簧钳
扭力扳手	游标卡尺	橡胶锤

4. 耗材

干净抹布、手套。

职业知识

相关技术要求

项目	要求
变速器输出轴五挡齿轮径向间隙	0.01 ～ 0.06 mm
变速器其他挡位齿轮径向间隙	0.01 ～ 0.05 mm
变速器输入轴弯曲度极限	0.02 mm
换挡拨叉与接合套之间的间隙	0.20 ～ 0.40 mm

变速器的安装位置

手动变速器通过离合器与发动机相连，同时将动力通过驱动桥与半轴传递给车轮

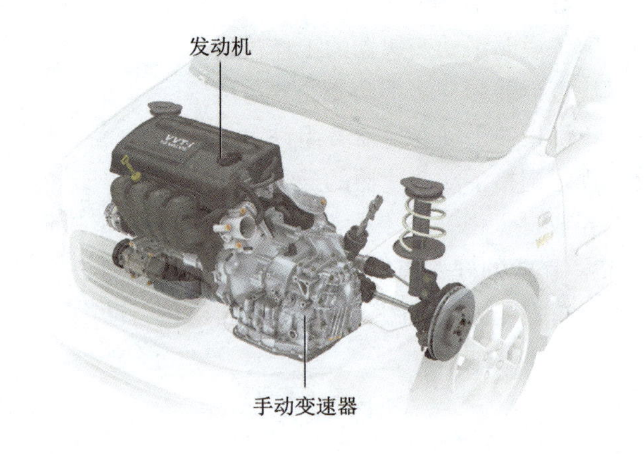

步骤二：分解手动变速器总成

（1）选用合适的套筒和棘轮扳手，对角拧松变速器换挡机构固定螺栓。

（2）用手旋出固定螺栓并取下，取下变速器换挡机构，如图 2-1-1 所示。

（3）使用套筒、接杆和指针式扭力扳手对角拧松变速器后端盖固定螺栓，旋出固定螺栓并取下，取下变速器后端盖，如图 2-1-2 所示。

图 2-1-1　取下变速器换挡机构

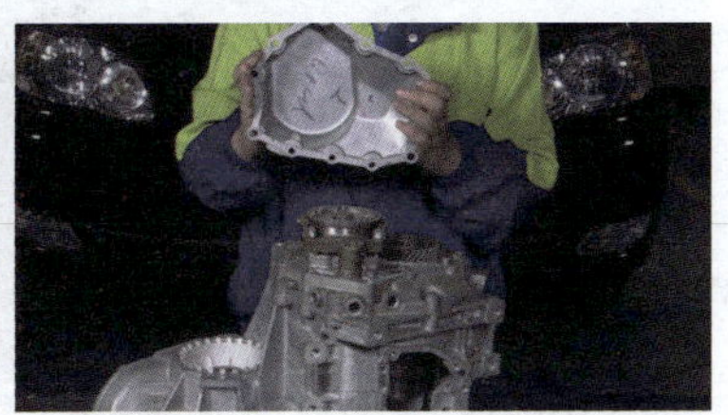

图 2-1-2　取下变速器后端盖

（4）选用合适的内六角扳手拧松五挡换挡拨叉机构固定螺栓，旋出固定螺栓，取下五挡换挡拨叉机构，如图 2-1-3 所示。

（5）使用套筒、接杆和指针式扭力扳手对角拧松变速器壳体固定螺栓。

（6）使用橡胶锤轻击输入轴，使变速器齿轮机构与壳体分离。

（7）取出变速器齿轮机构，如图 2-1-4 所示。

图 2-1-3　取下五挡换挡拨叉机构

图 2-1-4　取出变速器齿轮机构

变速器功用

- 实现变速变矩：变速器通过改变传动比，扩大驱动轮转矩和转速的变化范围，以适应经常变化的行驶条件，同时使发动机在有利的工况下工作。
- 实现汽车倒驶：由于内燃机是不能反向旋转的，利用变速器的倒挡，实现汽车的倒向行驶。
- 中断动力传递：利用变速器的空挡，中断动力传递，使发动机能够起动和怠速运转，满足汽车暂时停车或滑行的需要

手动变速器类型

两轴式手动变速器	三轴式手动变速器
两轴式手动变速器多应用在发动机前置前驱的汽车上 （图注：输入轴、输出轴）	三轴式手动变速器多应用在发动机前置后驱的汽车上 （图注：输入轴、中间轴、输出轴）

学习笔记

2-1

变速器功用

学习笔记

（8）使用卡簧钳拆卸五挡同步器卡簧，取下五挡同步器、五挡同步器锁环及五挡输出轴齿圈，如图 2-1-5 所示。

（9）以同样的方法拆卸五挡输入轴齿圈。

（10）取出三、四挡拨叉锁销，取出三、四挡换挡轴和换挡拨叉，如图 2-1-6 所示。

图 2-1-5　拆卸五挡同步器卡簧

图 2-1-6　取下三、四挡换挡轴

（11）取出五挡拨叉连杆。

（12）同样的方法取出一、二挡锁销，取出一、二挡换挡轴和换挡拨叉，如图 2-1-7 所示。

（13）取出倒挡拨叉锁销，取出倒挡换挡轴和换挡拨叉。

（14）取出输入轴，如图 2-1-8 所示。

图 2-1-7　取下一、二挡换挡轴

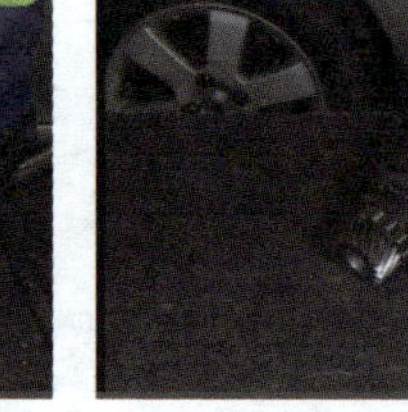

图 2-1-8　取出输入轴

（15）取出输出轴和倒挡惰轮。

（16）取出输入轴滚动轴承。

手动变速器的组成

传动机构	• 功用：实现扭矩、转速等数值大小和方向的改变。 • 组成：各种齿轮、轴、轴承、锁片等 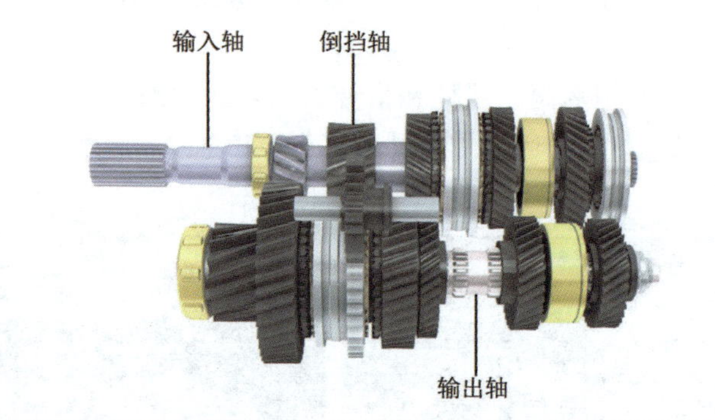
操纵机构	• 功用：实现挡位的变换。 • 组成：拨叉、拨叉轴、换挡同步器等 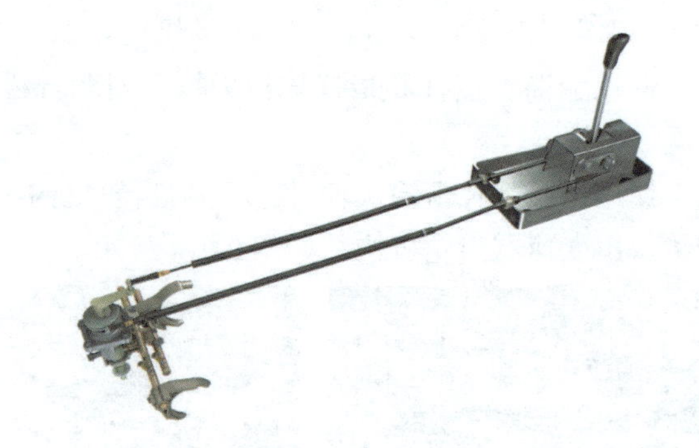

步骤三：分解手动变速器齿轮轴

（1）取出一、二挡止推卡环及锁片。

（2）取下输入轴滚轮轴承，如图 2-1-9 所示。

（3）取出止推片及平面轴承。

（4）取出一挡输出齿圈、滚针轴承，如图 2-1-10 所示。

（5）取出一、二挡同步器，分离上下两侧锁环，如图 2-1-11 所示。

（6）取出二挡输出齿圈、滚针轴承。

（7）取出三、四挡止推卡环及锁片。

（8）取出三挡输出齿圈、滚针轴承。

（9）取出三、四挡同步器，分离上下两侧锁环。

（10）取出四挡输出齿圈，如图 2-1-12 所示。

图 2-1-9　分解滚轮轴承

图 2-1-10　分解一挡齿轮

图 2-1-11　分解一、二挡同步器

图 2-1-12　分解四挡输出齿圈

手动变速器的组成（续）

壳体

- 功用：安装和支撑变速器各零部件及总成。
- 组成：变速器盖、轴承座壳体、变速器外壳、差速器盖等

差速器盖　变速器外壳　轴承座壳体　变速器盖

手动变速器的工作原理

变速变矩原理

普通齿轮式变速器是利用不同齿数的齿轮啮合传动实现转速和转矩改变的

主动齿轮　从动齿轮　（a）减速传动

主动齿轮　从动齿轮　（b）增速传动

学习笔记

步骤四：分解同步器

（1）取下三、四挡两侧同步器锁环，取下两侧卡簧，如图 2-1-13 所示。

（2）分离接合套和花键毂。

（3）取出 3 块同步器滑块，如图 2-1-14 所示。

（4）以同样的方法拆卸一、二挡同步器。

图 2-1-13　取下同步器锁环

图 2-1-14　取出同步器滑块

步骤五：组装同步器

（1）对齐安装位置，将接合套安装在花键毂上，如图 2-1-15 所示。

（2）将 3 块同步器滑块安装到相应的卡槽内。

（3）安装两侧卡簧、安装两侧锁环，如图 2-1-16 所示。

（4）以同样的方法安装一、二挡同步器。

图 2-1-15　组装接合套

图 2-1-16　安装锁环

手动变速器的工作原理（续）

变向原理	两轴式手动变速器在输入轴与输出轴之间加装了一倒挡轴和倒挡齿轮（也称为惰轮），就可使输出轴转向改变，从而使汽车能倒向行驶 

两轴式手动变速器各挡位动力传递路线

各挡位说明	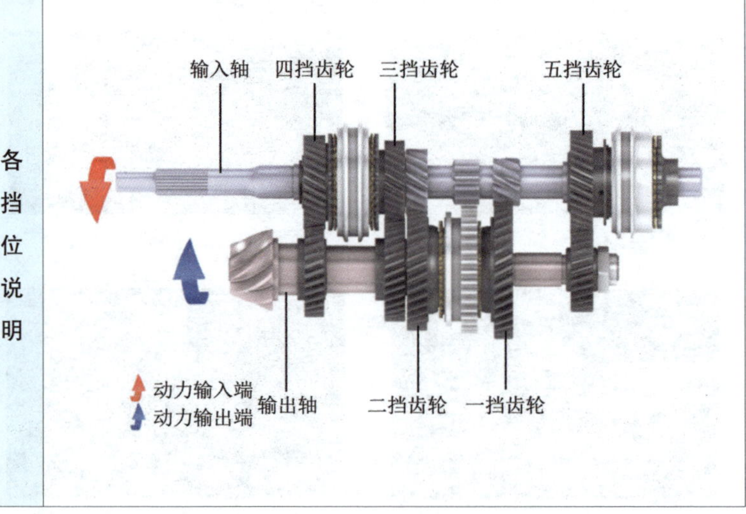

 2-2

两轴式变速器动力传递路线

为什么我的眼里常含泪水，因为我对这土地爱得深沉。

学习笔记

步骤六：测量各挡位输出轴齿轮的径向间隙

（1）将磁性表座在变速器固定架上安装牢固，调节支撑杆位置。

（2）将百分表在支撑杆上安装到位。

（3）调节百分表位置，让活动量杆与五挡齿轮测量点垂直接触，并预压 2 ~ 3 mm 固定。

（4）调整表盘，将指针与表盘零刻线对齐，如图 2-1-17 所示。

（5）径向拨动输出轴五挡齿轮，观察百分表跳动量，如图 2-1-18 所示。

（6）记录数据，实测输出轴五挡齿轮径向间隙 0.03 mm。

（7）将百分表从表座上拆卸下来，清洁干净。

（8）拆卸百分表表座。

（9）使用同样的方法测量其他挡位齿轮的径向间隙。

图 2-1-17　指针与表盘零刻线对齐

图 2-1-18　拨动输出轴五挡齿轮

两轴式手动变速器各挡位动力传递路线（续）

一挡动力传递路线	输入轴—输入轴一挡齿轮—输出轴一挡齿轮— 一、二挡同步器—输出轴 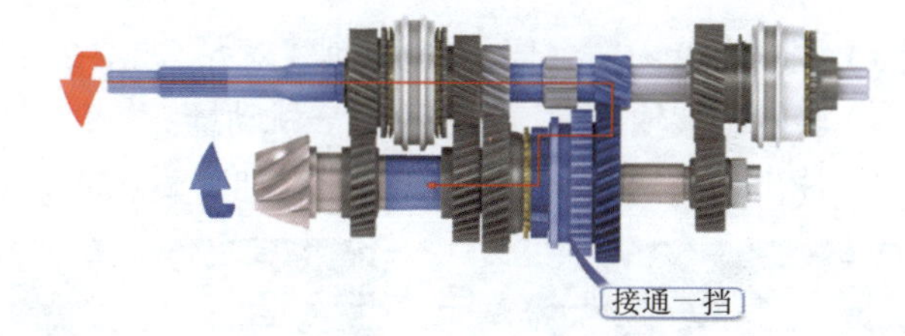
二挡动力传递路线	输入轴—输入轴二挡齿轮—输出轴二挡齿轮— 一、二挡同步器—输出轴 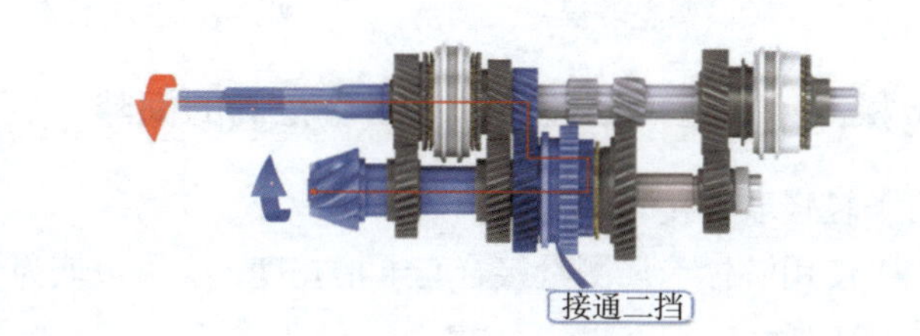
三挡动力传递路线	输入轴—三、四挡同步器—输入轴三挡齿轮—输出轴三挡齿轮—输出轴 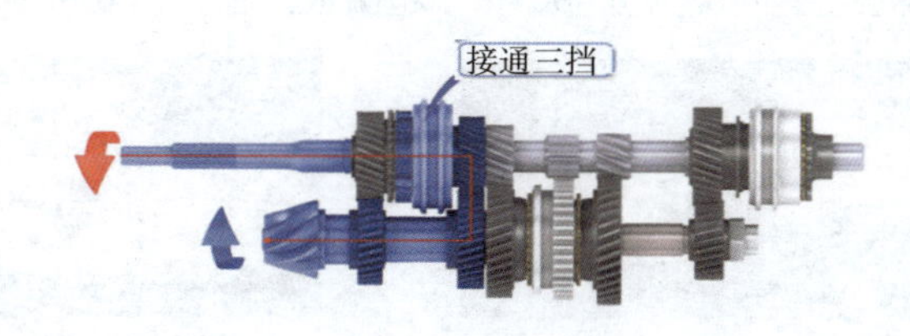

学习笔记

步骤七：检查输入轴弯曲度

（1）将磁性表座安装在钢质桌面上，安装百分表。

（2）让活动量杆与输入轴测量点垂直接触，并预压 2 ～ 3 mm 固定。

（3）调整表盘，让指针与表盘零刻线对齐，如图 2-1-19 所示。

（4）轻轻旋转输入轴，观察百分表跳动量。

（5）读出跳动量为 0.02 mm，正常，如图 2-1-20 所示。

图 2-1-19　调整表盘

图 2-1-20　读数

步骤八：检查换挡拨叉和接合套之间的间隙

（1）轻轻取下接合套和换挡拨叉。

（2）使用游标卡尺测量接合套卡槽宽度，实测数值为 7 mm，如图 2-1-21 所示。

（3）再次使用游标卡尺测量换挡拨叉厚度，实测数值为 6.40 mm，如图 2-1-22 所示。

（4）计算间隙为 0.60 mm，超出极限值，需要维修。

图 2-1-21　测量接合套卡槽宽度

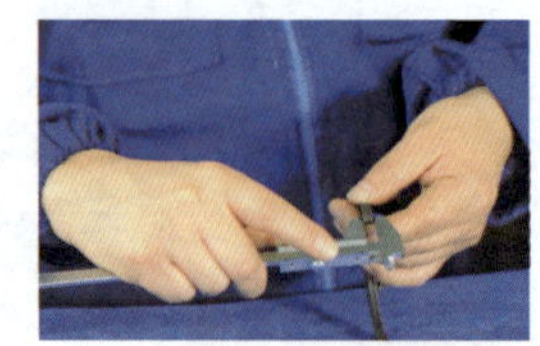

图 2-1-22　测量换挡拨叉厚度

两轴式手动变速器各挡位动力传递路线（续）	
四挡动力传递路线	输入轴—三、四挡同步器—输入轴四挡齿轮—输出轴四挡齿轮—输出轴 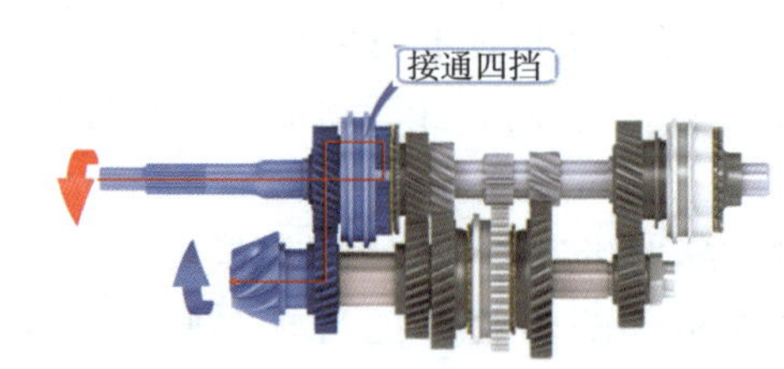
五挡动力传递路线	输入轴—五挡同步器—输入轴五挡齿轮—输出轴五挡齿轮—输出轴 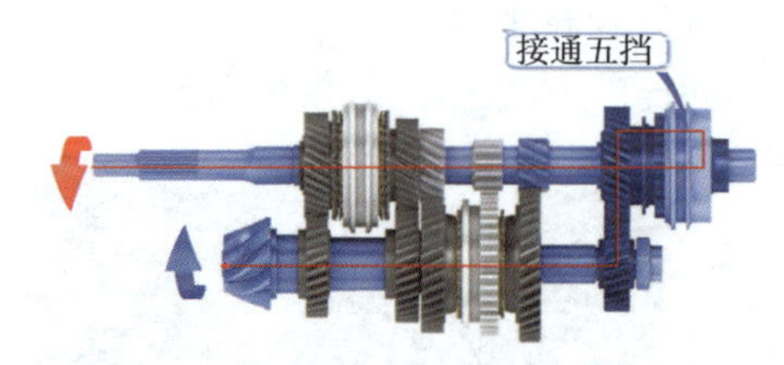
倒挡动力传递路线	输入轴—输入轴倒挡齿轮—倒挡惰轮—输入轴倒挡齿轮—输出轴 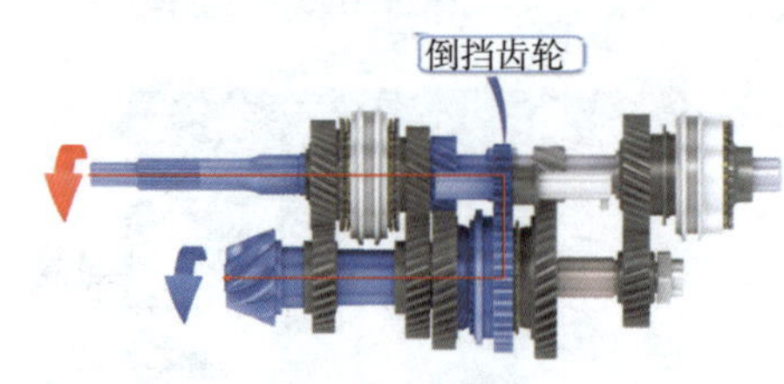

为什么我的眼里常含泪水，因为我对这土地爱得深沉。

步骤九：组装输出轴

（1）安装四挡输出齿圈，如图 2-1-23 所示。

（2）安装三、四挡同步器，如图 2-1-24 所示。

（3）安装止推片，安装三挡滚针轴承、输出齿圈。

（4）安装止推卡环及锁片。

（5）安装二挡滚针轴承、输出齿圈。

（6）安装一、二挡同步器，如图 2-1-25 所示。

（7）安装止推片，安装一挡滚针轴承、输出齿圈。

（8）安装止推片及平面轴承，如图 2-1-26 所示。

（9）安装输入轴滚轮轴承。

（10）安装止推卡环及锁片。

图 2-1-23　安装四挡输出齿圈

图 2-1-24　安装三、四挡同步器

图 2-1-25　安装一、二挡同步器

图 2-1-26　安装止推片及平面轴承

手动变速器的换挡方式

直齿滑动齿轮式	接合套式换挡	同步器式换挡
特点：通过移动齿轮直接换挡，由拨叉移动齿轮与另一轴上的齿轮进入啮合或退出啮合。由于直齿轮传动冲击大，噪声大，承载能力低。所以，这种换挡装置应用越来越少	特点：利用移动套在花键毂上的接合套与传动齿轮上的接合齿圈相啮合或退出来进行换挡。由于其接合齿短，换挡时拨叉移动量小，故操作轻便，使换挡冲击减小，换挡元件的寿命延长	特点：在接合套式换挡装置的基础上加装了同步元件而构成的一种换挡装置，可以保证在换挡时使接合套与待啮合齿圈迅速达到同步。该装置可消除换挡时的冲击，并使换挡操纵简单，因而得到广泛应用
齿轮 拨叉	齿轮　接合套 拨叉轴	齿轮　摩擦环 接合套

学习笔记

学习笔记

2-3

变速器总成的分解

2-4

同步器功用

2-5

锁环式惯性同步器结构

2-6

锁环式惯性同步器工作原理

步骤十：组装变速器

（1）啮合输出轴和输入轴。

（2）安装倒挡齿轮，并将输入轴和输出轴安装到底板上。

（3）将倒挡齿轮啮合到位。

（4）安装倒挡拨叉、倒挡轴、锁止销。

（5）安装三、四挡拨叉、换挡轴、锁止销，如图 2-1-27 所示。

（6）安装五挡拨叉连杆。

（7）安装一、二挡拨叉、换挡轴、锁止销。

（8）组合五挡同步器。

（9）安装五挡输入齿圈。

（10）安装五挡滚针轴承及输出入齿圈。

（11）安装锁止卡簧。

（12）安装五挡同步器。

（13）安装输出轴卡簧，如图 2-1-28 所示。

图 2-1-27　安装换挡轴

图 2-1-28　安装输出轴卡簧

（14）对齐安装孔将变速器传动机构安装到壳体内。

（15）使用橡胶锤轻击壳体四周，确保安装到位。

（16）旋入壳体固定螺栓，均匀旋紧，如图 2-1-29 所示。

（17）使用套筒、接杆、扭力扳手将螺栓紧固至规定力矩。

换挡同步器

功用	• 使接合套与待啮合的齿圈迅速同步，缩短换挡时间。 • 防止在同步前啮合而产生换挡冲击	
分类	锁环式同步器	锁销式同步器
	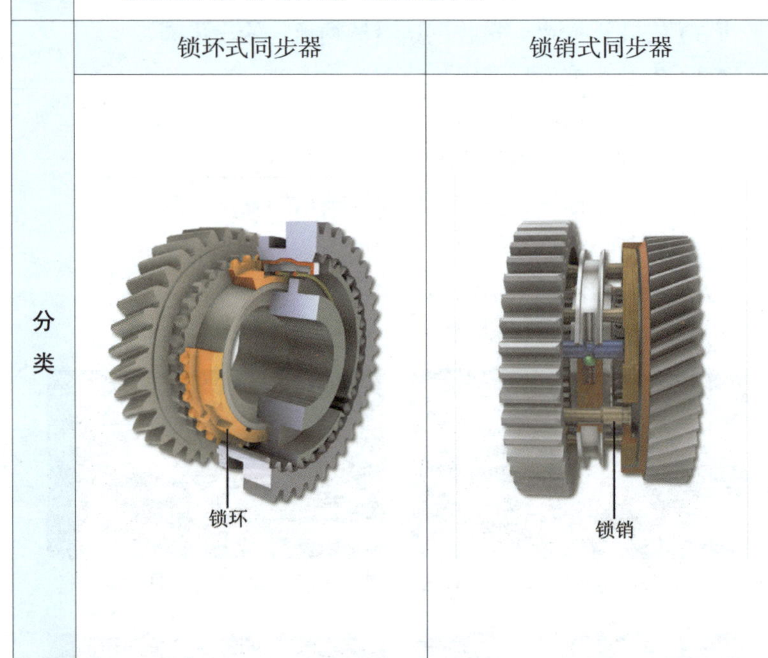	

为什么我的眼里常含泪水，因为我对这土地爱得深沉。

（18）将五挡拨叉安装到位，如图 2-1-30 所示。

图 2-1-29　拧紧固定螺栓

图 2-1-30　安装五挡拨叉

（19）对角旋入固定螺栓，使用内六角扳手紧固，如图 2-1-31 所示。

（20）安装变速器后端盖，如图 2-1-32 所示。

（21）安装换挡机构。

图 2-1-31　使用内六角扳手紧固螺栓

图 2-1-32　安装变速器后端盖

锁环式同步器	
结构	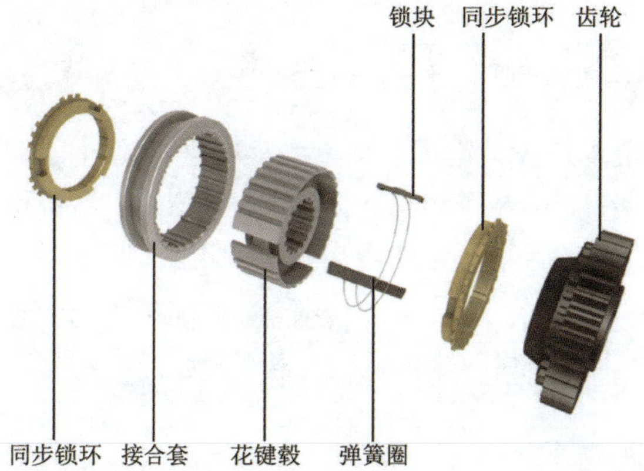 锁块　同步锁环　齿轮 同步锁环　接合套　花键毂　弹簧圈
工作原理	锁环式同步器是依靠摩擦作用实现同步的。它可以从结构上保证接合套与待接合的花键齿圈在达到同步之前不可能接触，以避免齿间冲击和发生噪声 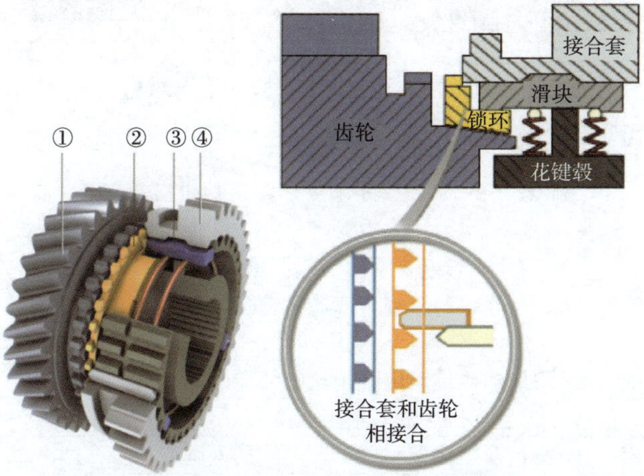 接合套　滑块　齿轮　锁环　花键毂 ①　②　③　④ 接合套和齿轮相接合 ①—齿轮；②—锁环；③—滑块；④—接合套

学习笔记

学习笔记

任务测评

一、知识测评

确定本任务关键词，按重要程度进行关键词排序并举例解读。根据自己对重要信息捕捉、排序、表达、创新和划分权重能力进行自评，满分 100 分（见表 2-1-2）。

表 2-1-2　检修手动变速器传动机构知识测评表

序号	关键词	举例解读	评分自定
1			
2			
3			
4			
5			
总分			

二、能力测评

对表 2-1-3 所列作业内容，操作规范即得分，操作错误或未操作即零分。

表 2-1-3　检修手动变速器传动机构能力测评表

序号	能力点	配分	得分
1	分解与组装手动变速器总成	20	
2	分解与组装变速器齿轮轴	20	
3	分解与组装同步器	15	
4	测量各挡位输出轴齿轮的径向间隙	15	
5	检查输入轴弯曲度	15	
6	检查换挡拨叉和接合套之间的间隙	15	
总分		100	

三、素养测评

对表 2-1-4 所列素养点，做到即得分，未做到即零分。

表 2-1-4　检修手动变速器传动机构素养测评表

序号	素养点	配分	得分
1	设备和工具安全检查	20	
2	车辆安全防护	20	
3	工具清洁、校准、存放	20	
4	工量辅具、零部件、油水液体“三不落地”	20	
5	工位“5S”	20	
总分		100	

四、拓展训练

（1）请列举出在检修手动变速器传动机构过程中易出现的问题，分析产生问题的原因并制定解决问题的措施（满分 20 分）。

（2）现有一辆 2014 款卡罗拉 1.6 L 手动变速器轿车，行驶过程中挂挡困难，初步判断为变速器传动机构损坏。试制定检修流程并进行检修（满分 30 分）。

（3）纵观变速器技术的进化史，每一种变速器形式的改变和进步背后，都是工程师们对汽车的热爱和不断学习的结果。古语说：“三人行必有我师。”虚心向别人学习已经成为改变和提高自己的重要途径。

请按图 2-1-33 所示思维导图格式，总结检修手动变速器传动机构的学习过程，并列举出至少 2 个自己虚心向别人学习的事例。同

为什么我的眼里常含泪水，因为我对这土地爱得深沉。

时，搜集 1 个手动变速器故障现象，利用鱼骨图分析故障原因，并做成 500 字的案例（满分 50 分）。

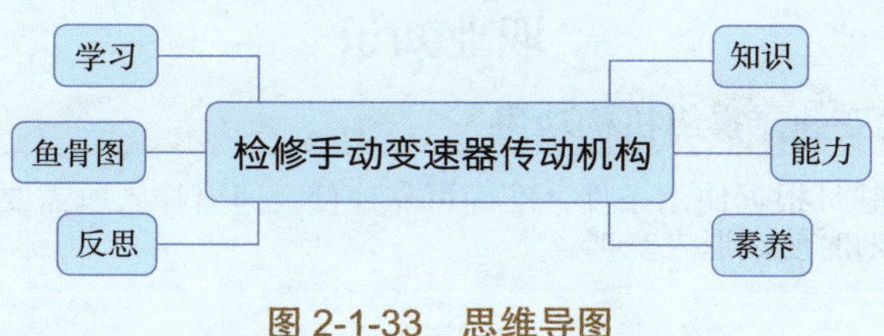

图 2-1-33　思维导图

学习笔记

任务二 检修手动变速器操纵机构

职业行动

步骤一：作业准备

1. 作业场地

选择带有消防设施的作业场地。

2. 设备设施

2007 款卡罗拉 1.6 L 手动 GL 型轿车以及手动变速器操纵机构总成、举升机、工具车、零件车、维修手册等。

3. 工量辅具（见表 2-2-1）

表 2-2-1 检修手动变速器操纵机构工量辅具

常用工具一套	螺丝刀	卡扣拆卸专用工具

4. 耗材

干净抹布、手套。

步骤二：拆卸换挡操纵机构

（1）用手分离变速杆防尘罩固定锁扣，取出防尘罩。

（2）按照维修手册选用 12 mm 套筒、棘轮扳手拆卸主副驾驶座椅（见图 2-2-1），取出时小心操作，防止碰触其他部位。

职业知识

手动变速器操纵机构功用

保证驾驶员根据使用条件，准确可靠地使变速器挂入所需要的挡位工作，并可随时使之退入空挡

手动变速器操纵机构类型

直接操纵式	远距离操纵式
• 特点：结构紧凑、操纵方便，布置简单。 • 应用：发动机前置后驱的汽车上或货车上 变速杆 拨叉轴 拨块 拨叉	• 特点：加装了辅助传动机构，靠拉索或杠杆完成换挡。 • 应用：大多数轿车上均采用该类型 变速杆 换挡杆接合器 外换挡杆 内换挡杆

读书是学习，使用也是学习，而且是更重要的学习。

学习笔记

（3）按照维修手册规定，选用十字螺丝刀拆卸前后地板控制台两侧固定螺钉，取下控制台，如图 2-2-2 所示。

图 2-2-1　拆卸座椅

图 2-2-2　取下控制台

（4）用手拆卸变速杆止动卡箍，然后取下变速杆手柄（见图 2-2-3）。

（5）选用 10 mm 套筒、接杆、棘轮扳手，依次拆卸前地板控制台支架固定螺栓，取下固定金属锁片。

（6）选用 12 mm 套筒、接杆、棘轮扳手，拆卸变速杆卡箍固定螺栓。

（7）用手将变速杆与连杆总成分离，并拆下变速杆固定卡箍。

（8）用手取下换挡波纹管和海绵垫片。

（9）用手将变速杆壳体与变速杆从主副驾驶中间向后取出（见图 2-2-4）。

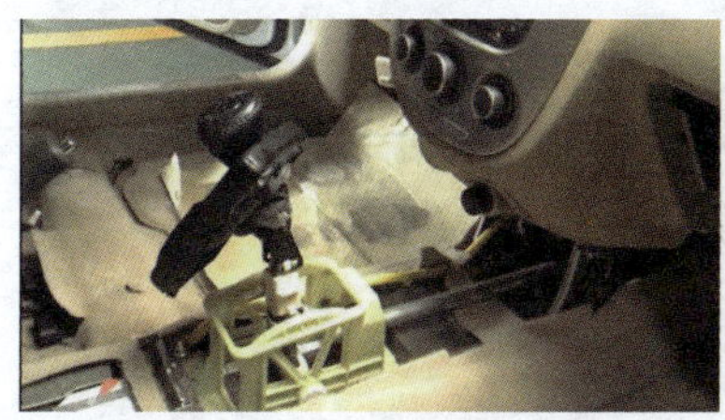

图 2-2-3　取下变速杆手柄

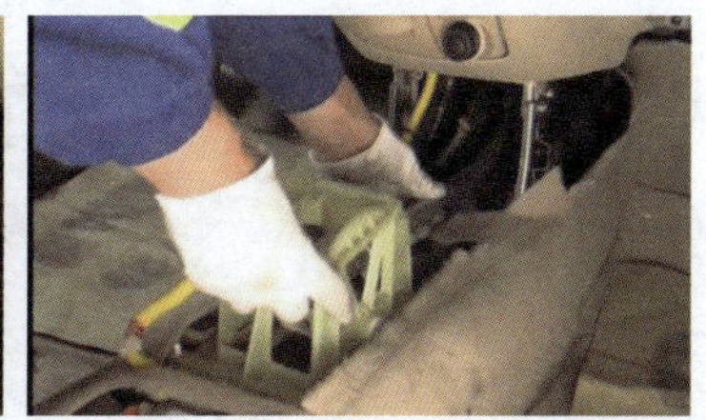

图 2-2-4　取出变速杆壳体和变速杆

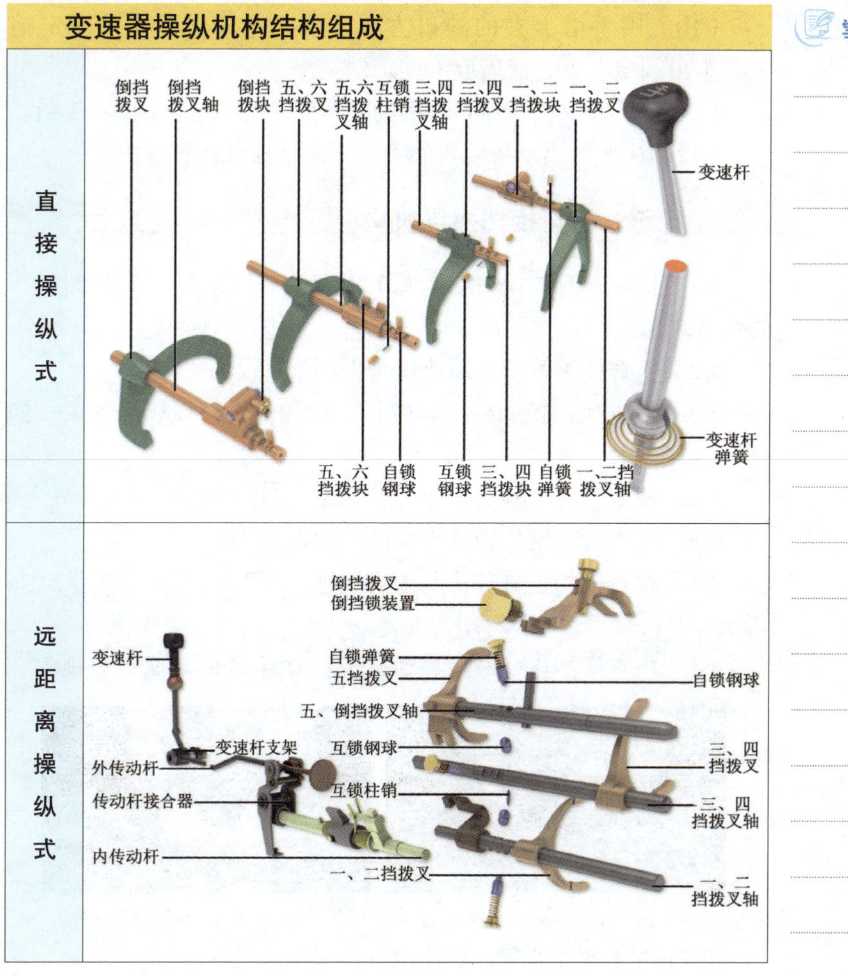

学习笔记

（10）用手沿卡夹的缺口方向，从变速杆与万向节固定销上，推出固定卡夹，然后取下固定销。

（11）分离连杆与万向节，拆卸换挡摇臂连杆总成上固定轴销。

（12）从变速驱动桥后支架上取下换挡摇臂连杆总成。

步骤三：检查换挡操纵机构

（1）检查所有螺栓、螺母、螺钉是否有螺纹损坏、变形、断裂、腐蚀等现象。

（2）检查波纹管、海绵垫块是否污染、损坏。

（3）检查换挡控制杆是否变形，锁扣是否有损坏等现象，如图 2-2-5 所示。

（4）检查所有卡箍是否变形、断裂、锈蚀。

（5）检查所有定位销是否腐蚀、磨损、变形。

（6）检查换挡连杆球头是否有锈蚀、变形、磨损，如图 2-2-6 所示。

（7）检查换挡连杆球销晃动是否有卡滞、松旷和腐蚀等现象。

图 2-2-5　检查换挡控制杆

图 2-2-6　检查换挡连杆球头

（8）拆下变速器盖，以便检查内部操纵机构。

（9）检查换挡轴是否弯曲。

（10）检查换挡拨叉是否磨损严重或变形。

（11）检查定位锁止装置，主要检查自锁和互锁定位槽和定位钢球磨损情况，定位弹簧弹力情况，如有异常，需要更换。

换挡锁止机构	
自锁装置	功用：对各挡拨叉轴进行轴向定位锁止，以防止其自动产生轴向移动而造成自动挂挡或自动脱挡 弹簧座 自锁弹簧 壳体 自锁钢球 三、四挡拨叉轴 一、二挡拨叉轴 五、倒挡拨叉轴
互锁装置	功用：阻止两个拨叉轴同时移动，防止同时挂入两个挡位 互锁钢球 互锁柱销

读书是学习，使用也是学习，而且是更重要的学习。

步骤四：调整换挡操纵机构

（1）将变速杆挂至一挡和二挡中间位置，用螺丝刀穿过变速杆上调整孔和换挡壳体上调整孔，固定变速杆。

（2）拧紧拉杆卡箍固定螺栓。

（3）取下固定变速杆的螺丝刀。

（4）将变速杆依次挂入各个挡位，确保换挡正常。

（5）如果不能换挡或换挡困难，重复以上步骤直至正常为止。

步骤五：安装换挡操纵机构

（1）安装换挡连杆总成。

（2）安装换挡壳体及拉杆，如图 2-2-7 所示。

（3）安装波纹管和海绵垫块。

（4）安装止动卡箍。

（5）安装换挡控制台，如图 2-2-8 所示。

（6）安装座椅。

（7）安装防尘罩。

图 2-2-7　安装换挡壳体及拉杆

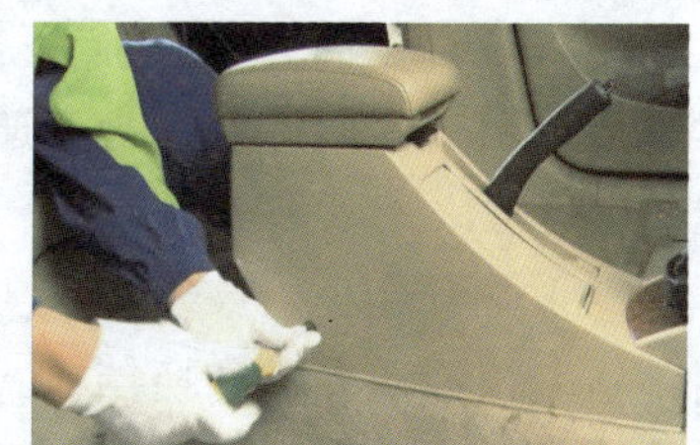

图 2-2-8　安装换挡控制台

换挡锁止机构（续）

倒挡锁	功用：防止汽车在前进中因误挂倒挡而造成极大的冲击，使零件损坏，并防止在汽车起步时误挂倒挡而造成安全事故 互锁销　互锁钢球　一、二挡拨叉轴 倒、五挡拨叉轴　三、四挡拨叉轴　倒挡锁装置

学习笔记

2-7

拆卸与检查换挡操纵机构

2-8

自锁装置原理

2-9

互锁装置原理

学习笔记

任务测评

一、知识测评

确定本任务关键词，按重要程度进行关键词排序并举例解读。

根据自己对重要信息捕捉、排序、表达、创新和划分权重能力进行自评，满分 100 分（见表 2-2-2）。

表 2-2-2　检修手动变速器操纵机构知识测评表

序号	关键词	举例解读	评分自定
1			
2			
3			
4			
5			
总分			

二、能力测评

对表 2-2-3 所列作业内容，操作规范即得分，操作错误或未操作即零分。

表 2-2-3　检修手动变速器操纵机构能力测评表

序号	能力点	配分	得分
1	拆卸换挡操纵机构	20	
2	检查与调整变速杆	20	
3	检查换挡机构	20	
4	检查定位锁止机构	20	
5	安装换挡操纵机构	20	
总分		100	

三、素养测评

对表 2-2-4 所列素养点，做到即得分，未做到即零分。

表 2-2-4　检修手动变速器操纵机构素养测评表

序号	素养点	配分	得分
1	设备和工具安全检查	20	
2	车辆安全防护	20	
3	工具清洁、校准、存放	20	
4	工量辅具、零部件、油水液体“三不落地”	20	
5	工位“5S”	20	
总分		100	

四、拓展训练

（1）请列举出在检修手动变速器操纵机构过程中易出现的问题，分析产生问题的原因并制定解决问题的措施（满分 20 分）。

（2）现有一辆 2014 款卡罗拉 1.6 L 手动变速器轿车，行驶过程中挂挡困难，初步判断为变速器操纵机构损坏。试制定检修流程并进行检修（满分 30 分）。

（3）翻开变速器技术发展史，从手动机械传动到自动电气控制，从齿轮传动方式和换挡方式的变化，无不彰显了人类伟大智慧的结晶。汽车先贤经过了一百多年的努力，变速器才有了今天这个样子。当你坐在舒适的轿车里徜徉在天地间，你是否感受到这一切无不来自伟大的创造，背后一定有坚持不懈的付出和持续的创新改变，我们不仅要感受创造劳动的伟大，更要学习这种精神。

读书是学习，使用也是学习，而且是更重要的学习。

学习笔记

请按图 2-2-9 所示思维导图格式，总结检修手动变速器操纵机构的学习过程，并列举出 5 个自己保持坚持不懈精神的事例，同时搜集 1 个手动变速器故障现象，利用流程图分析故障原因，并做成 500 字的案例（满分 50 分）。

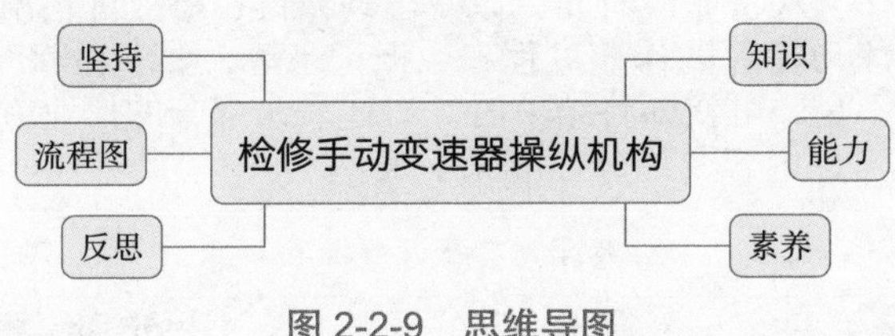

图 2-2-9　思维导图

学习笔记

学习考评

一、考评项目

请制定出 2019 款别克凯越 1.6 L 轿车手动变速器传动机构及操纵机构的检修计划并实施，完成考评报告。

二、实施准备

1. 学生准备

学生按照教学进度计划，已经完成了以下学习任务并达到了 75 分以上，可进行该学习考评的实施。

（1）理解并掌握学习考评需要的相关知识和方法，得分大于 75 分。

（2）运用学习考评需要的相关知识和方法进行作业，得分大于 75 分。

（3）按时、按质、按量完成相应作业，得分大于 80 分。

（4）具有自觉遵守技术标准和要求规定、规范操作、安全、环保、“5S”作业、团结协作的好习惯，得分大于 80 分。

（5）能制定 2019 款别克凯越 1.6 L 手动变速器传动机构及操纵机构的检修方案。

2. 教师准备

（1）在安排学生实施学习考评前，通过课堂问题研讨、作业、实训、考核及其他方式，确认学生已经具备了实施学习考评所需的知识、技能和素养，并确保学生在安全状态下独立进行。

（2）对协助教师进行测评的学生进行测评、监督方法的培训，确保测评结果的准确性、公平性。

（3）准备好测评记录。

三、验证方法与标准

（1）每位测评人员负责对 2 名学生进行定点、全过程的监控和测评。

（2）详细记录学生在实施学习考评过程中的相关信息、数据、结果、操作方法、完成时间，以及出现错误、事故等情况。

（3）学习考评的作业过程和数据记录等，要求在 90 min 内完成，时间不足，可在即将结束时，口述剩余部分的作业方法。

（4）考评内容及评分标准见下表。

考评内容及评分标准

评分项	得分条件	评分标准	配分	得分
职业素养能力	（1）能进行工位 5S 操作（5 分）。 （2）能进行设备和工具安全检查(3 分)。 （3）能进行工具清洁、校准、存放操作（3 分）。 （4）能进行三不落地操作（4 分）	依据得分条件进行评分	15	
专业技能操作能力	（1）能够分解手动变速器总成（7 分）。 （2）能够分解变速器齿轮轴（7 分）。 （3）能够分解和组装同步器（6 分）。 （4）能够检查变速器各挡位齿轮轴径向间隙（7 分）。 （5）能够检查输入轴弯曲度（6 分）。 （6）能够测量拨叉轴与接合套之间的间隙（7 分）。 （7）能够组装齿轮轴和变速器总成（5 分）。 （8）能够拆装和调整换挡操纵机构（5 分）。	依据得分条件进行评分	50	

学习笔记

续表

评分项	得分条件	评分标准	配分	得分
信息查询处理能力	（1）能正确使用维修手册查询资料（2分）。 （2）能在规定时间内查询所需资料（3分）。 （3）能正确记录所查询资料章节页码（2分）。 （4）能正确记录所需维修信息（3分）	依据得分条件进行评分	10	
工具选择使用能力	（1）能正确选用维修工具（2分）。 （2）能正确使用维修工具进行拆装（2分）。 （3）能正确使用游标卡尺（2分）。 （4）能正确使用专用工具（2分）。 （5）能熟练使用办公软件（2分）	依据得分条件进行评分	10	
分析判断能力	（1）能判断手动变速器传动机构是否可以继续使用（5分）。 （2）能判断手动变速器操纵机构是否可以继续使用（5分）	依据得分条件进行评分	10	
表单填写能力	（1）语句通顺（2分）。 （2）无错别字（1分）。 （3）无抄袭（2分）	依据得分条件进行评分	5	
总计			100	

四、考评报告

说明：考评分为理论考评和实操考评，理论考评根据项目要求以及考评模板格式制定项目实施方案，方案经教师审核合格后，方可进行实操考评。考评报告模板详见附录A。

学习笔记

学习笔记

拓展阅读——汽车变速器进化史

汽车的动力是由发动机产生的，而发动机发出的动力通过离合器、变速器、传动轴等传递到车轮。变速器可以改动传动比，降速增扭，倒向行驶。在发动机熄火的情况下，利用空挡中断动力传递，且便于汽车起动、怠速、换挡和动力输出。

近百年，变速器经历了用变速杆改变链条的传动比→手动变速器→自动变速器的发展过程。

一、变速杆链条组合

世界上第一辆汽油汽车由德国工程师卡尔·本茨和戈特利布·戴姆勒于 1886 年同时宣告制成。前者制造的是三轮汽车，后者制造的是四轮汽车。在三轮汽车中，汽油机发动以后，动力经齿轮和链条传至后轴，后轴系两个半轴，中间装有差速器，有利于车辆转弯。前轮架位于一个叉形结构架上，类似现代自行车的前叉装置，上面有转向手柄，用来操纵车辆转弯。这辆车上还装有变速杆，用来改变链条的传动比，使车速快慢自如。

二、手动变速器

手动变速器是靠驾驶员直接操纵换挡手柄换挡，为汽车最初普遍采用。在 20 世纪 60 年代，大部分的汽车变速器只有 3 个挡位，只有高速挡具备同步器。驾驶车辆时，驾驶人必须有很好的技术，才能平顺地换挡。发展至今，大多数手动变速器搭载有 5 挡，甚至 6挡速率。低挡速率对节约燃料有好处，加快速度时需要变到高速挡。

三、自动变速器

手动变速器的汽车在行车过程中，驾驶员通常需要频繁换挡，这加重了驾驶员的负担，分散了驾驶员的注意力，换挡平顺取决于驾驶员的熟练程度，不利于行车安全并降低了乘坐舒适性。

自动变速器的发展经历了一个漫长过程，技术进步一直没有停止。从 1930 年液力偶合器应用于汽车传动，1950 年液力变矩器和行星齿轮自动变速器诞生，1960 年代中期出现了电控半自动（SAMT）变速器；1970 年代出现带有闭锁离合器的液力变矩器，SAMT 发展成熟；1980 年代增加了行星齿轮挡位和驻车锁止（P）系统，并采用电子控制；1990 年代出现了智能化 AMT，将 AMT 的控制同 ECU、ABS、ASR 的控制相结合，实现动力传动系统一体化控制。截止到目前，自动变速器越来越成为主流，主要有自动液力变速器（AT）、机械无级变速器（CVT）、AMT 机械式自动变速器（AMT）和双离合器变速器（DCT）4 种。

典型的 AT 主要由液力变矩器、行星齿轮传动机构和控制系统组成，装有 AT 的汽车起步性能较好，换挡的平顺性较好，但燃油经济性较差。

CVT 控制系统经历了液压控制、半电子控制和全电子控制三个阶段。CVT 真正实现了无级变速，具有传动比连续、动力传递平稳、操纵方便等优点，并在大多数情况下使得发动机工作在最佳状态，从而保证了较高的动力性和燃油经济性，并降低了汽车的排放。大多数 CVT 的扭矩传递能力有限，这是技术攻关难点。

AMT 既有自动液力变速器能自动变速的优点，又有普通齿轮变速器传动效率高、价格低的优点。但是 AMT 在换挡过程中存在动力中断、换挡品质较差、舒适性较差等缺陷。AMT 的市场主要分布在欧洲，主要应用在货车、城市客车、越野车以及一些经济型轿车和赛车上。

DCT 克服了 AMT 换挡过程动力中断、换挡品质差的缺陷，其换挡平顺，汽车的燃油经济性好，动力性好，是目前比较完美的变速传动技术。但是 DCT 的结构和控制机构复杂，造价较高，目前主要应用于高级轿车上。

思考

变速器技术的进化史，就是一部人类不断创新实践的历史，也是人类追求美好生活的历史。请利用所学知识，深入国产车企调查，深度挖掘现有变速器的技术难点，从某一点突破，提出你自己的创新思维，解决现有问题。

学习笔记

项目三　检修驱动桥

一、项目描述

完成2007款丰田卡罗拉1.6 L手动GL型轿车驱动桥检修作业。

二、项目要求

依据2007款丰田卡罗拉1.6 L手动GL型轿车维修手册和汽车运用与维修“1+X”职业技能等级证书（中级）标准相关要求，正确使用工具，安全规范地完成如下检修作业：

（1）检修主减速器；

（2）检修差速器。

三、学习目标

（1）准确识别驱动桥总成的主要部件；

（2）正确描述主减速器和差速器的功用；

（3）熟练说明差速器的工作过程；

（4）规范拆装前驱动桥总成；

（5）准确检测驱动桥总成各主要部件的参数；

（6）正确检修驱动桥故障；

（7）养成自觉遵守技术标准和要求规定、规范操作、安全、环保、“5S”作业的好习惯；

（8）体验奉献与服务带来的快乐感。

四、学习载体

2007款丰田卡罗拉1.6 L手动GL型轿车驱动桥如下图所示。

驱动桥结构示意图

对于采用发动机前置前桥驱动形式的汽车，一般将变速器和驱动桥两个动力总成合为一体，布置在一个壳体内，变速器输出轴也就是主减速器的输入轴，称此种桥为变速驱动桥。

学习笔记

学习笔记

任务一　检修主减速器

职业行动

步骤一：作业准备

1. 作业场地

选择带有消防设施的作业场地。

2. 设备设施

2007 款卡罗拉 1.6 L 手动 GL 型轿车以及驱动桥总成、主减速器实训台架、举升机、工具车、零件车、维修手册等。

3. 工量辅具（见表 3-1-1）

表 3-1-1　检修主减速器工量辅具

常用工具一套	百分表及磁性表座	卡簧钳
扭力扳手	游标卡尺	橡胶锤

4. 耗材

清洁剂、红丹、干净抹布、手套。

职业知识

相关技术要求

主减速器从动齿轮齿隙	0.13 ～ 0.18 mm
主减速器从动齿轮端面跳动量	最大值 0.07 mm

驱动桥的功用

- 将变速器传来的发动机转矩通过主减速器和差速器传给驱动轴和车轮，实现降低转速、增大转矩、改变动力传递方向。
- 通过差速器实现两侧车轮差速行驶，保证在转弯时内外侧车轮以不同转速转动

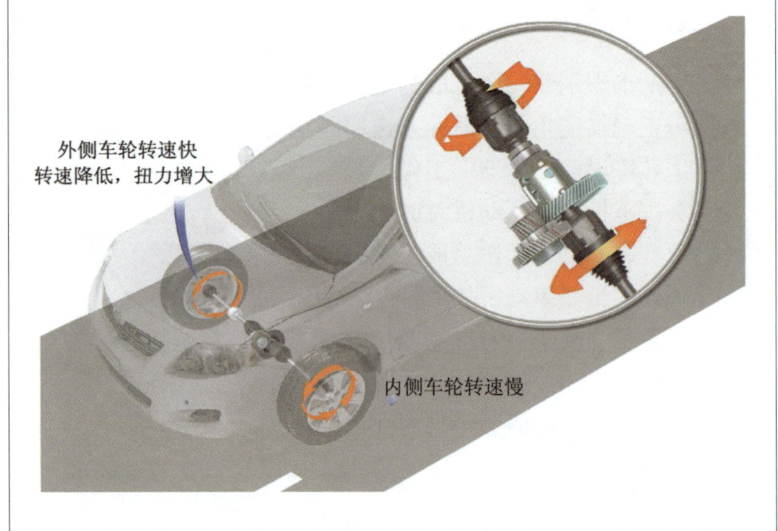

3-1

驱动桥功用

　人的生命是有限的，我要把有限的生命投入到无限的为人民服务中去。

学习笔记

步骤二：拆卸主减速器

（1）拆卸变速器，将其固定在支架上，拆下轴承支座和后盖。

（2）取下车速里程表的传感器。

（3）锁住传动轴，拆下紧固螺栓。

（4）取下传动轴。

（5）取下车速里程表的主动齿轮导向器和齿轮。

（6）拆下主减速器盖。

（7）从变速器壳体上取下差速器。

（8）用夹具将变速器壳固定在台钳上，拆下从动齿轮的紧固螺栓。

（9）取下从动锥齿轮。

步骤三：检查主减速器从动齿圈偏摆

（1）将组装好的磁性百分表座吸附在工作台上。

（2）安装百分表，并将百分表垂直放在主减速器从动齿圈外圈上，如图 3-1-1 所示。

（3）轻轻调整百分表，使大指针对准零刻线。

（4）轻轻转动主动轴法兰盘，读取从动锥齿轮振动量，如图 3-1-2 所示。

（5）检查完成，拆卸百分表及表座。

图 3-1-1　安装百分表

图 3-1-2　转动主动轴法兰盘

驱动桥组成

- 对于前置后驱汽车而言，驱动桥是传动系统的最后一个总成，发动机的动力传到驱动桥后，首先传到主减速器，在这里将转矩放大并降低转速后，经差速器分配给左右半轴，最后通过半轴外端的凸缘传到驱动车轮的轮毂。驱动桥的主要零部件都装在驱动桥的桥壳中。桥壳由主减速器壳和半轴套管组成。
- 驱动桥一般由主减速器、差速器、半轴和桥壳组成。对于前置前驱汽车而言，主减速器和差速器通常和变速器构成一个整体，统称为变速驱动桥

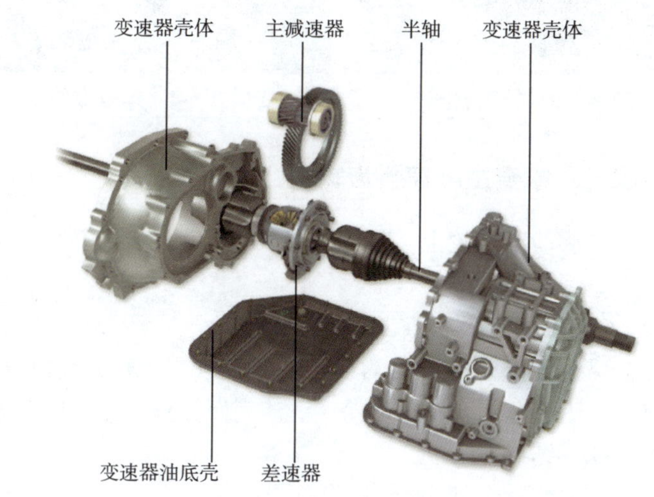

学习笔记

步骤四：检查主减速器从动齿圈间隙

（1）将组装好的磁性百分表座吸附在差速器外壳上。

（2）安装百分表，调整使引脚与齿圈面的末端垂直。

（3）轻轻转动齿圈，并测量间隙，如图 3-1-3 所示。

（4）读取数值，测量结果为 0.15 mm，间隙值在标准范围内，如图 3-1-4 所示。

（5）检查完成，拆卸百分表及表座。

图 3-1-3　转动齿圈

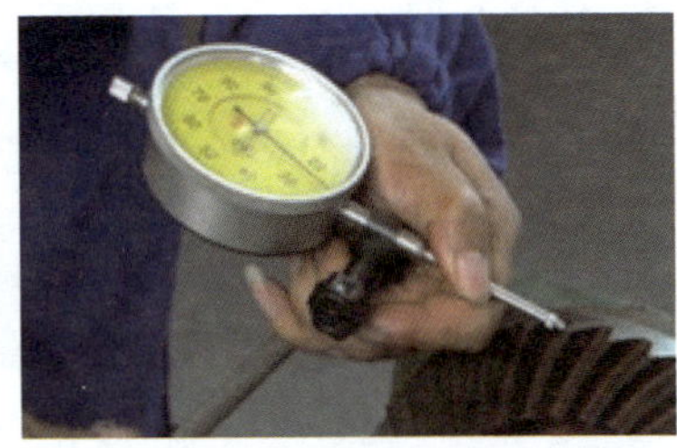

图 3-1-4　读取数值

步骤五：检查主减速器齿轮啮合印记

（1）在从动锥齿轮上，每隔 120° 均匀涂抹红丹，如图 3-1-5 所示。

（2）转动法兰盘，检查齿圈啮合情况。

（3）观察发现，各齿轮均沾染红丹，痕迹明显，表明啮合正常。

（4）使用清洁剂，旋转齿轮，清洁表面红丹，并擦拭干净，如图 3-1-6 所示。

（5）使用润滑油润滑从动锥齿轮。

驱动桥分类

类型	说明
整体式	其驱动桥壳为一刚性的整体，两端通过悬架与车架连接。行驶时左右驱动轮不能相互独立地跳动，整个车桥和车身会随着路面的凸凹变化而发生倾斜 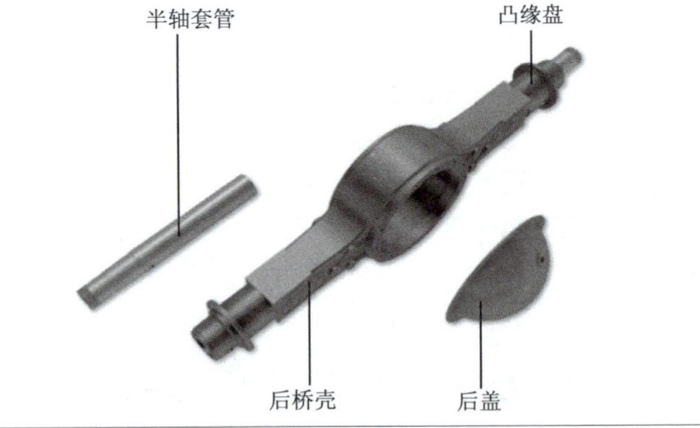
断开式	其主减速器固定在车架上，驱动桥壳制成分段并用铰链连接，半轴也分段并用万向节连接。驱动桥两端分别用悬架与车架连接。车身不会随车轮跳动，提高了行驶平顺性和通过性 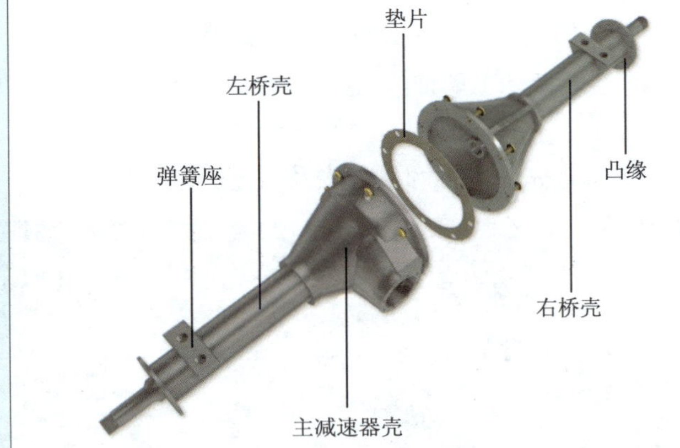

人的生命是有限的，我要把有限的生命投入到无限的为人民服务中去。

图 3-1-5　均匀涂抹红丹

图 3-1-6　清洁表面红丹

步骤六：安装主减速器

（1）在变速器输出轴上装上所有齿轮、轴承及同步器。

（2）计算输出轴的调整垫片厚度。

（3）将从动锥齿轮加热至 120 ℃，并将其装在差速器壳上，安装时用两个螺纹销作导向。

（4）装上新的从动锥齿轮螺栓，并用 70 N·m 的力矩交替旋紧。

（5）将轴承支座架在变速器壳体上，并用新的衬垫。

（6）装上变速器后盖。

（7）将差速器装在差速器壳体上。

（8）将主减速器盖装在壳体上，用 25 N·m 的力矩旋紧螺栓。

（9）装上车速里程表的主动齿轮和导向器。

（10）装上车速里程表的传感器。

（11）装上一个半轴凸缘，用錾子将它锁住，装上螺栓，用 20 N·m 的力矩旋紧。

（12）装另一个半轴凸缘。

主减速器组成和类型

组成	单级主减速器主要由主减速器主动齿轮、从动齿轮、轴承、油封等组成 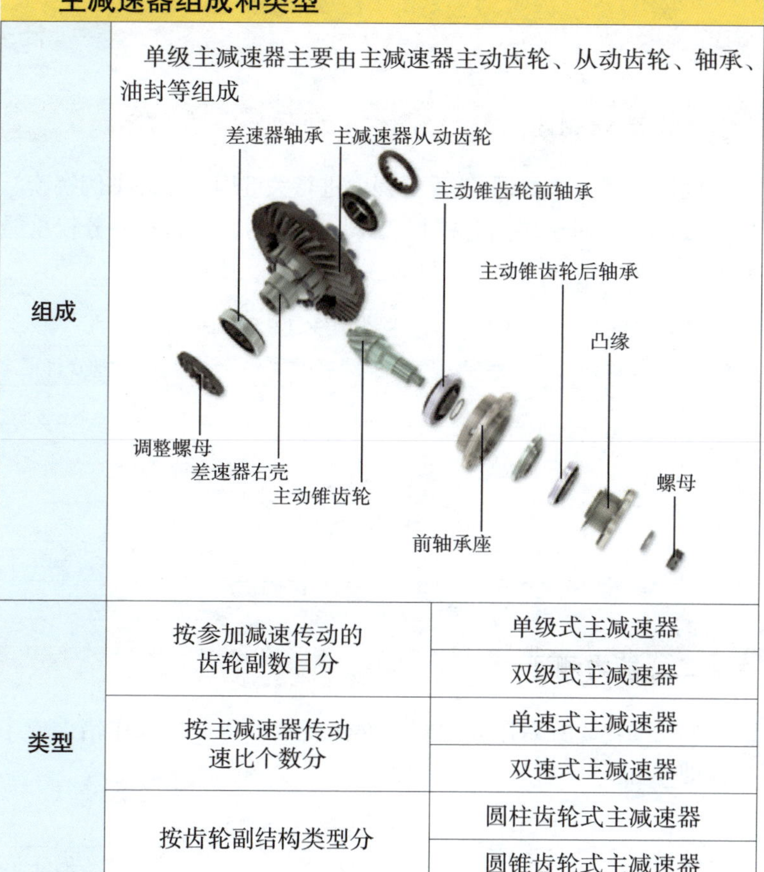	
类型	按参加减速传动的齿轮副数目分	单级式主减速器
		双级式主减速器
	按主减速器传动速比个数分	单速式主减速器
		双速式主减速器
	按齿轮副结构类型分	圆柱齿轮式主减速器
		圆锥齿轮式主减速器

学习笔记

3-2

主减速器的检修

学习笔记

任务测评

一、知识测评

确定本任务关键词，按重要程度进行关键词排序并举例解读。

根据自己对重要信息捕捉、排序、表达、创新和划分权重能力进行自评，满分 100 分（见表 3-1-2）。

表 3-1-2　检修主减速器知识测评表

序号	关键词	举例解读	评分自定
1			
2			
3			
4			
5			
总分			

二、能力测评

对表 3-1-3 所列作业内容，操作规范即得分，操作错误或未操作即零分。

表 3-1-3　检修主减速器能力测评表

序号	能力点	配分	得分
1	拆卸主减速器	20	
2	检查主减速器从动齿圈偏摆	20	
3	检查主减速器从动齿圈间隙	20	
4	检查主减速器齿轮啮合印记	20	
5	安装主减速器	20	
总分		100	

三、素养测评

对表 3-1-4 所列素养点，做到即得分，未做到即零分。

表 3-1-4　检修主减速器素养测评表

序号	素养点	配分	得分
1	设备和工具安全检查	20	
2	车辆安全防护	20	
3	工具清洁、校准、存放	20	
4	工量辅具、零部件、油水液体“三不落地”	20	
5	工位“5S”	20	
总分		100	

四、拓展训练

（1）请列举出在检修主减速器过程中易出现的问题，分析产生问题的原因并制定解决问题的措施（满分 20 分）。

（2）现有一辆 2014 款卡罗拉 1.6 L 手动变速器轿车，行驶过程中驱动桥有异响，初步判断为主减速器损坏。试制定检修流程并进行检修（满分 30 分）。

（3）翻开汽车传动系统进化史，我们不难发现，小小齿轮承载了无穷的力量，勾勒出机械运动优美的曲线。每一次小小的技术进步，都是千百次试验和迭代的结果。伟大的汽车工程师们不怕困难、无私的奉献精神一直鼓舞着我们前行。

请按图 3-1-7 所示思维导图格式，总结检修主减速器的学习过程，列举 2 款国产主减速器迭代创新的过程，写成 500 字介绍

人的生命是有限的，我要把有限的生命投入到无限的为人民服务中去。

短文。同时，搜集1个主减速器故障现象，利用故障树分析故障原因，并做成500字的案例（满分50分）。

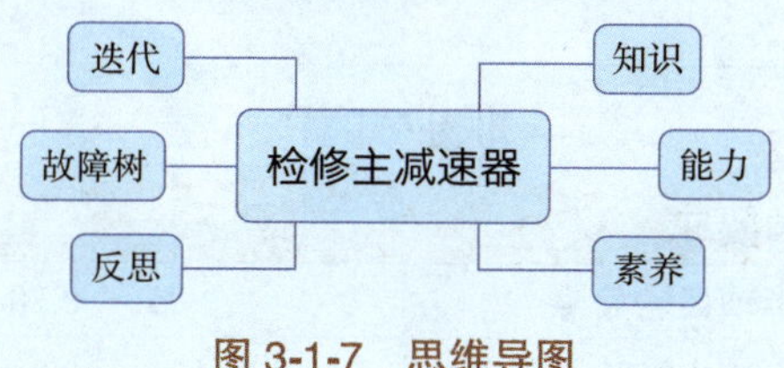

图 3-1-7　思维导图

学习笔记

人的生命是有限的，我要把有限的生命投入到无限的为人民服务中去。

任务二　检修差速器

职业行动

步骤一：作业准备

1. 作业场地

选择带有消防设施的作业场地。

2. 设备设施

2007 款卡罗拉 1.6 L 手动 GL 型轿车以及驱动桥总成、差速器实训台架、举升机、工具车、零件车、维修手册等。

3. 工量辅具（见表 3-2-1）

表 3-2-1　检修差速器工量辅具

常用工具一套	百分表及磁性表座	橡胶锤
螺丝刀	卡簧钳	铜棒

4. 耗材

干净抹布、手套。

职业知识

相关技术要求

差速器半轴齿轮齿隙	0.05 ～ 0.20 mm
差速器行星齿轮止推垫圈厚度	不小于 0.94 mm

差速器功用和使用条件

- 作用：将主减速器传来的动力传给左、右半轴，并在必要时允许左、右半轴以不同转速旋转，以满足两侧驱动轮差速行驶的需要。
- 使用条件：转弯行驶或不平路面行驶

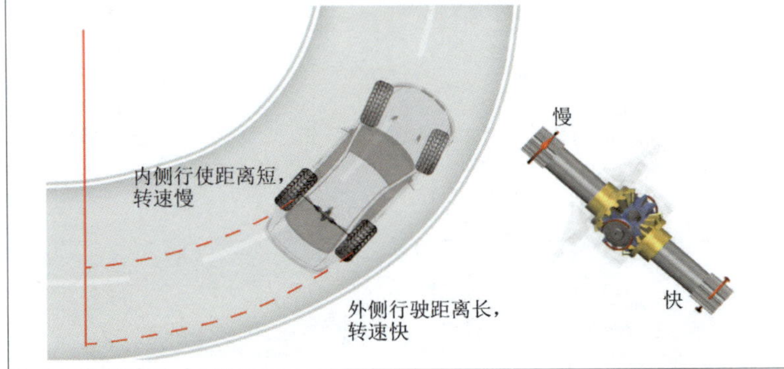

3-3

差速器功用

科学的伟大进步，来源于崭新与大胆的想象力。

步骤二：拆卸差速器

（1）使用卡簧钳拆卸行星齿轮轴一侧定位弹性挡圈，如图 3-2-1 所示。

（2）使用铁锤及铜棒将齿轮轴敲出。

（3）抽出行星齿轮轴，如图 3-2-2 所示。

（4）旋转大行星齿轮，将小行星齿轮转出并取下，如图 3-2-3 所示。

（5）使用卡簧钳顶住弹性挡圈两端，用力将弹性挡圈顶出。

（6）将驱动法兰轴向外抽出，取下大行星齿轮。

（7）取下整体式止推垫圈，如图 3-2-4 所示。

图 3-2-1　拆卸弹性挡圈

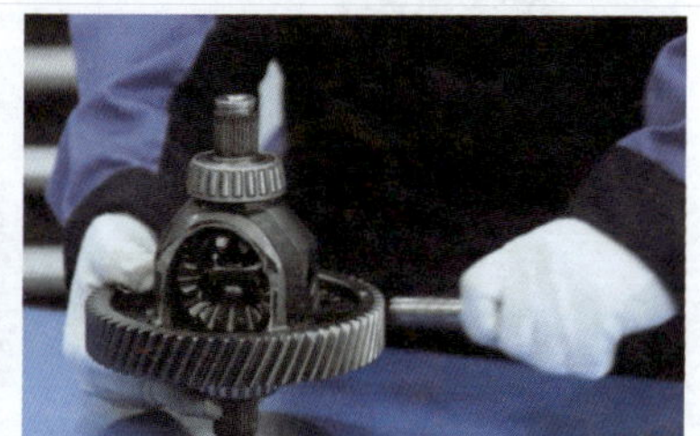
图 3-2-2　抽出行星齿轮轴

图 3-2-3　旋转大行星齿轮

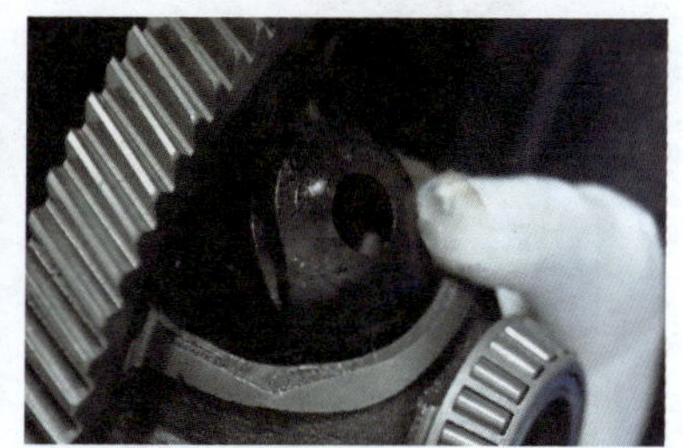
图 3-2-4　取下整体式止推垫圈

差速器组成

普通行星锥齿轮差速器由 2 个行星齿轮、1 个行星齿轮轴、2 个半轴齿轮、4 个锁止垫片和 1 个差速器壳等组成，2 个行星齿轮分别套在行星齿轮轴上，2 个半轴齿轮与 2 个行星齿轮相互啮合，并一起装在差速器壳内，用螺栓紧固

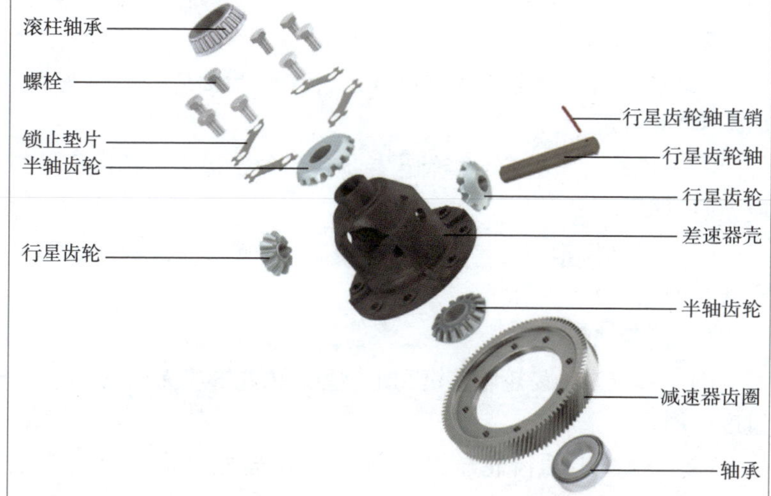

差速器分类

按用途分	轮间差速器
	轴间差速器
按工作特性分	普通差速器
	防滑差速器

学习笔记

学习笔记

步骤三：检查差速器

1. 检查圆锥滚子轴承（见图 3-2-5）

（1）目视圆锥滚子轴承的滚子应无斑点、严重黑斑或烧损变色。

（2）检查保持架应无裂纹、过度磨损或滚子从保持架脱出等现象。

（3）检查轴承外座圈的接合面应无斑点、严重黑斑或烧损变色等现象。

2. 检查齿轮

（1）检查主动齿轮应无裂纹、斑点、锈蚀，齿面应无明显斑痕，如图 3-2-6 所示。

（2）检查行星齿轮、半轴齿轮应无裂纹、斑点、锈蚀，齿面应无明显斑痕。

（3）半轴齿轮和行星齿轮与差速器壳的锥面应无斑点、明显磨损，如图 3-2-7 所示。

3. 检查轴与花键

（1）检查半轴齿轮轴花键和半轴齿轮内花键应无损坏、缺齿、过度磨损。

（2）检查半轴齿轮轴与半轴齿轮花键配合应无间隙，如图 3-2-8 所示。

图 3-2-5　检查圆锥滚子轴承

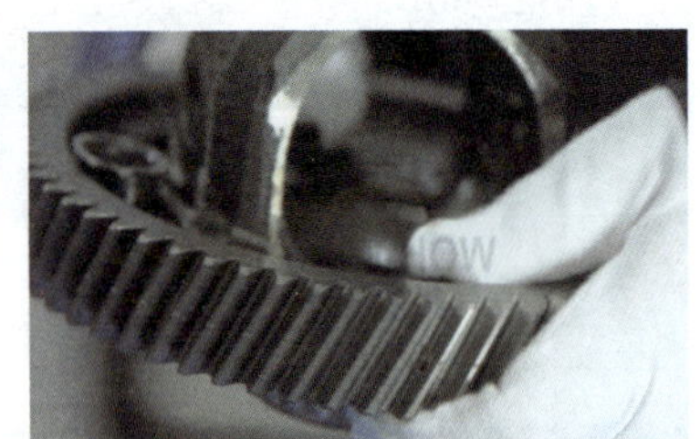

图 3-2-6　检查主动齿轮

3-4

差速器工作原理

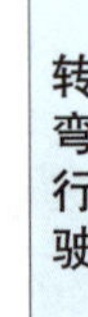

差速器工作原理

直线行驶	汽车处于直线行驶状态，行星齿轮只是随同行星架绕差速器旋转轴线公转，两半轴齿轮同速转动，汽车直线行驶 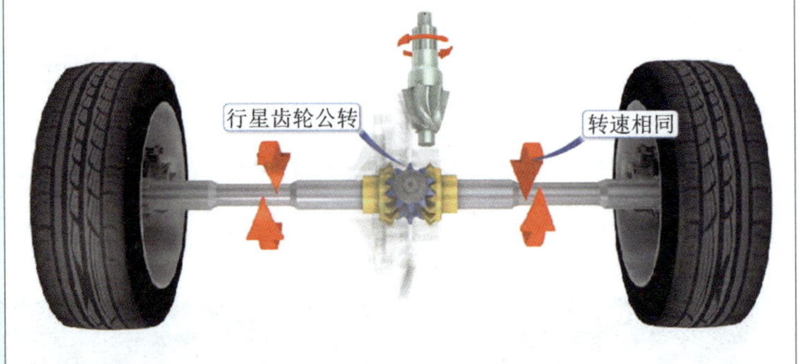
转弯行驶	当汽车转弯时，行星齿轮既有公转，又有自转，使两半轴齿轮以不同转速转动，允许两后轮以不同转速转动 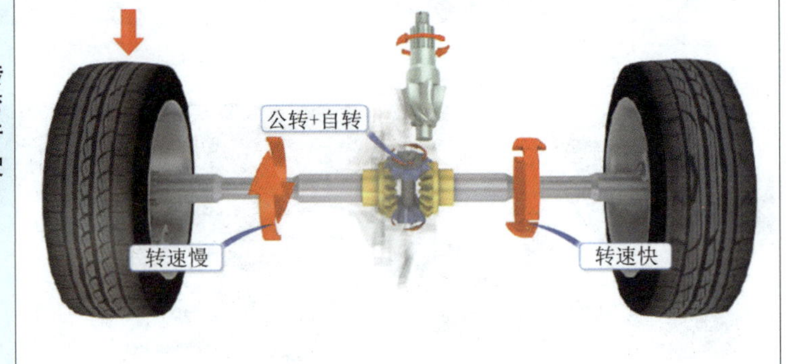

科学的伟大进步，来源于崭新与大胆的想象力。

图 3-2-7　检查行星齿轮

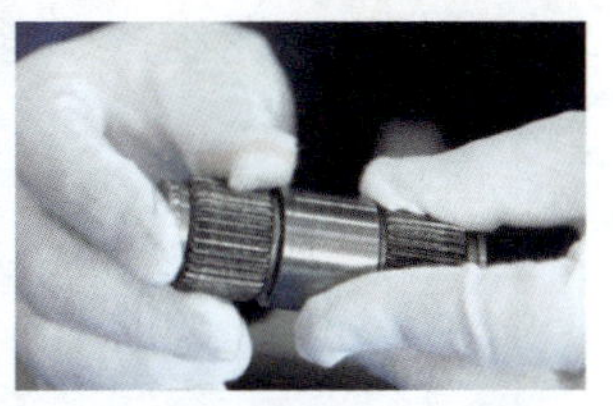

图 3-2-8　检查半轴齿轮轴与半轴齿轮花键配合

4. 测量齿轮间隙

（1）将组装好的磁性百分表座吸附在差速器外壳上。

（2）安装百分表，使引脚与半轴齿轮垂直，如图 3-2-9 所示。

（3）使用左手拇指，固定一个面向差速器壳的行星齿轮，如图 3-2-10 所示。

（4）右手轻轻转动半轴齿轮。

（5）读取百分表数值检测齿轮间隙，如图 3-2-11 所示。

（6）拆下百分表及磁性百分表座，如图 3-2-12 所示。

图 3-2-9　安装百分表

图 3-2-10　固定行星齿轮

图 3-2-11　读取百分表数值

图 3-2-12　拆下百分表及磁性百分表座

学习笔记

<table>
<tr><th colspan="2">限滑差速器</th></tr>
<tr><td>概念</td><td>限滑差速器，简称 LSD。顾名思义就是限制车轮滑动的一种改进型差速器，指两侧驱动轮转速差值被允许在一定范围内，以保证正常的转弯等行驶性能的差速器</td></tr>
<tr><td>螺旋齿式</td><td>该差速器的限滑装置为牙钳式锁止机构（如下图中红色圈所示），需要人为进行锁止
</td></tr>
<tr><td>摩擦片式</td><td>该差速器的限滑装置为摩擦片（如下图中红色圈所示），当半轴齿轮存在转速差时，行星齿轮自转挤压半轴齿轮，压紧摩擦片，使慢转半轴传递扭矩增加，自动锁止
</td></tr>
</table>

学习笔记

步骤四：安装差速器

（1）齿轮油润滑整体式止推垫圈，并安装到位。

（2）插入驱动法兰盘，安装大行星齿轮，如图 3-2-13 所示。

（3）将弹性挡圈两端对准定位卡槽，使用铜棒将弹性挡圈推到位。

（4）180° 与大行星齿轮啮合，转动大行星齿轮，使小行星齿轮转到位，如图 3-2-14 所示。

（5）插入行星齿轮轴。

（6）使用卡簧钳安装弹性挡圈。

图 3-2-13　安装大行星齿轮

图 3-2-14　安装小行星齿轮

3-5

差速器的检修

托森差速器组成、原理及特点

组成	托森差速器又称托森式限滑差速器，其结构组成如下：
原理	它利用蜗轮蜗杆传动的不可逆性原理和齿面高摩擦条件，使差速器根据其内部差动转矩的大小而自动锁死或松开，即当差速器内差动转矩较小时起差速作用，而当差速器内差动转矩过大时差速器将自动锁死，这样可以有效地提高汽车的通过能力
特点	• 托森式限滑差速器是一种全自动纯机械式的限滑差速器，非常可靠耐用，并且反应迅速，从某些角度来说，是一种非常均衡的设计。 • 但是托森式限滑差速器与其他的扭矩感应式限滑差速器相比，结构相对复杂，质量大，造价也相对比较昂贵；同时，蜗轮蜗杆传动副的高内摩擦力矩，也增加了零件磨损，对使用寿命不利

　科学的伟大进步，来源于崭新与大胆的想象力。

学习笔记

任务测评

一、知识测评

确定本任务关键词，按重要程度进行关键词排序并举例解读。

根据自己对重要信息捕捉、排序、表达、创新和划分权重能力进行自评，满分 100 分（见表 3-2-2）。

表 3-2-2　检修差速器知识测评表

序号	关键词	举例解读	评分自定
1			
2			
3			
4			
5			
总分			

二、能力测评

对表 3-2-3 所列作业内容，操作规范即得分，操作错误或未操作即零分。

表 3-2-3　检修差速器能力测评表

序号	能力点	配分	得分
1	拆卸差速器	20	
2	检查轴承和齿轮	20	
3	检查花键和轴	20	
4	测量齿轮间隙	20	
5	安装差速器	20	
总分		100	

三、素养测评

对表 3-2-4 所列素养点，做到即得分，未做到即零分。

表 3-2-4　检修差速器素养测评表

序号	素养点	配分	得分
1	设备和工具安全检查	20	
2	车辆安全防护	20	
3	工具清洁、校准、存放	20	
4	工量辅具、零部件、油水液体“三不落地”	20	
5	工位“5S”	20	
总分		100	

四、拓展训练

（1）请列举出在检修差速器过程中易出现的问题，分析产生问题的原因并制定解决问题的措施（满分 20 分）。

（2）现有一辆 2014 款卡罗拉 1.6 L 手动变速器轿车，行驶过程中轮胎吃胎，初步判断为差速器损坏。试制定检修流程并进行检修（满分 30 分）。

（3）你知道吗？在一百多年前，还没有差速器的时候，汽车是无法正常转弯的……据说，早期的汽车都是单轮驱动，只有一个后轮和发动机相连来解决转向打滑的问题。直到 1937 年法国雷诺汽车创始人路易斯•雷诺发明了差速器，才真正解决了汽车无法转弯的问题。汽车历史上的每一次发明都是创新，是新事物取代旧事物的过程。

学习笔记

请按图 3-2-15 所示思维导图格式，总结检修差速器的学习过程，列举 2 款国产差速器技术创新进步的过程，写成 500 字介绍短文。同时，搜集 1 个差速器故障现象，利用思维导图分析故障原因，并做成 500 字的案例（满分 50 分）。

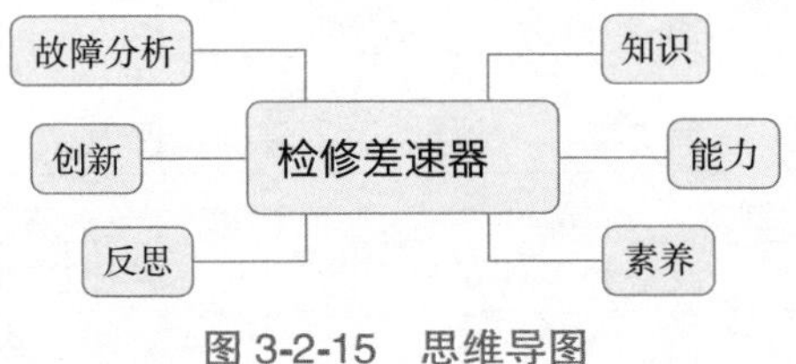

图 3-2-15　思维导图

科学的伟大进步，来源于崭新与大胆的想象力。

学习笔记

学习考评

一、考评项目

请制定出 2019 款别克凯越 1.6 L 轿车驱动桥的主减速器和差速器的检修计划并实施，完成考评报告。

二、实施准备

1. 学生准备

学生按照教学进度计划，已经完成了以下学习任务并达到了 75 分以上，可进行该学习考评的实施。

（1）理解并掌握学习考评需要的相关知识和方法，得分大于 75 分。

（2）运用学习考评需要的相关知识和方法进行作业，得分大于 75 分。

（3）按时、按质、按量完成相应作业，得分大于 80 分。

（4）具有自觉遵守技术标准和要求规定、规范操作、安全、环保、“5S” 作业、团结协作的好习惯，得分大于 80 分。

（5）能制定 2019 款别克凯越 1.6 L 手动变速器轿车驱动桥的主减速器和差速器的检修方案。

2. 教师准备

（1）在安排学生实施学习考评前，通过课堂问题研讨、作业、实训、考核及其他方式，确认学生已经具备了实施学习考评所需的知识、技能和素养，并确保学生在安全状态下独立进行。

（2）对协助教师进行测评的学生进行测评、监督方法的培训，确保测评结果的准确性、公平性。

（3）准备好测评记录。

三、验证方法与标准

（1）每位测评人员负责对 2 名学生进行定点、全过程的监控和测评。

（2）详细记录学生在实施学习考评过程中的相关信息、数据、结果、操作方法、完成时间，以及出现错误、事故等情况。

（3）学习考评的作业过程和数据记录等，要求在 90 min 内完成，时间不足，可在即将结束时，口述剩余部分的作业方法。

（4）考评内容及评分标准见下表。

考评内容及评分标准

评分项	得分条件	评分标准	配分	得分
职业素养能力	（1）能进行工位 5S 操作（5 分）。 （2）能进行设备和工具安全检查（3 分）。 （3）能进行工具清洁、校准、存放操作（3 分）。 （4）能进行三不落地操作（4 分）	依据得分条件进行评分	15	
专业技能操作能力	（1）能够拆卸和安装主减速器总成（10 分）。 （2）能够检查主减速器从动齿圈偏摆、间隙（10 分）。 （3）能够检查主减速器齿轮啮合印记（10 分）。 （4）能够拆装差速器（10 分）。 （5）能够检查差速器（10 分）	依据得分条件进行评分	50	

学习笔记

续表

评分项	得分条件	评分标准	配分	得分
信息查询处理能力	（1）能正确使用维修手册查询资料（2分）。 （2）能在规定时间内查询所需资料（3分）。 （3）能正确记录所查询资料章节页码（2分）。 （4）能正确记录所需维修信息(3分）	依据得分条件进行评分	10	
工具选择使用能力	（1）能正确选用维修工具（2分）。 （2）能正确使用维修工具进行拆装（2分）。 （3）能正确使用游标卡尺（2分）。 （4）能正确使用专用工具（2分）。 （5）能熟练使用办公软件（2分）	依据得分条件进行评分	10	
分析判断能力	（1）能判断主减速器是否可以继续使用（5分）。 （2）能判断差速器是否可以继续使用（5分）	依据得分条件进行评分	10	
表单填写能力	（1）语句通顺（2分）。 （2）无错别字（1分）。 （3）无抄袭（2分）	依据得分条件进行评分	5	
总计			100	

四、考评报告

说明：考评分为理论考评和实操考评，理论考评根据项目要求以及考评模板格式制定项目实施方案，方案经教师审核合格后，方可进行实操考评。考评报告模板详见附录A。

学习笔记

拓展阅读——汽车传动系统进化史

汽车刚刚问世时，人们大多采用后置发动机，从发动机到后轮之间分散地采用链轮和齿轮传递动力。

1893 年，美国的杜里埃兄弟在汽车上首次使用了干式单片离合器，同时采用了差速器后桥。

1894 年，法国的本哈特和拉瓦索发明了齿轮变速器。

1898 年，雷诺将公司的雷诺 Dion 汽车由三轮改装成四轮微型汽车，并将万向节和差动轴齿轮第一次装上汽车。正因为万向节的发明，才有了今天的前置后驱动、后置前驱动汽车，它标志着汽车传动技术走向成熟。

在 1898 年以前，汽车发动机动力输出后直接通过齿轮传给驱动轴，因而限制了发动机的安装位置只能紧靠驱动轮轴，使汽车的造型设计产生了困难。法国雷诺汽车公司的创始人路易斯•雷诺，通过多年的苦心钻研和实验，终于试制出了万向节和差动轴齿轮，从而解决了发动机动力必须紧靠驱动轮轴安放的限制。

1913 年，美国派克特汽车推出了应用螺旋锥齿轮主减速器后桥。

1928 年，美国派克特汽车在后桥上采用了双曲线主减速器后桥。

1928 年，美国凯迪拉克轿车采用了带同步器的变速器。

1948 年，美国别克轿车采用了与行星齿轮机构组成一体的液压变速器，这是液力变速器的原型。

1958 年，由荷兰的 DAF 公司研发成功无级变速器。

1986 年，法拉利首次在赛车上应用顺序换挡变速器 AMT。

1992 年，保时捷公司率先在 911 车型上使用了手自一体变速器。

20 世纪 80 年代，随着微电子技术迅猛发展，机电一体化技术进入汽车领域，推动了汽车变速装置的重大变革。

思考

请结合所学内容查阅相关资料，列出不低于 5 项最新的传动系统技术发展以及我国汽车传动系统的发展史，并对新能源汽车的传动系统未来发展做简单的预测分析。

学习笔记

项目四　检修前轮驱动轴

一、项目描述

完成 2007 款丰田卡罗拉 1.6 L 手动 GL 型前轮驱动轴检修作业。

二、项目要求

依据 2007 款丰田卡罗拉 1.6 L 手动 GL 型维修手册和汽车运用与维修"1+X"职业技能等级证书（中级）标准相关要求，正确使用工具，安全规范地完成如下检修作业：

（1）检修半轴；

（2）检修球笼式万向节。

三、学习目标

（1）准确识别前轮驱动轴总成的主要部件；

（2）正确描述半轴和万向节的功用；

（3）熟练说明万向节的工作过程；

（4）规范拆装前轮驱动轴总成；

（5）正确检测前轮驱动轴的参数；

（6）准确检修前轮驱动轴故障；

（7）养成自觉遵守技术标准和要求规定、规范操作、安全、环保、"5S"作业的好习惯；

（8）树立做好自己就是对国家和社会最大贡献的价值取向；

（9）确立点滴改进就是了不起的创新思想意识。

四、学习载体

2007 款丰田卡罗拉 1.6 L 手动 GL 型前轮驱动轴总成如下图所示。

前轮驱动轴总成示意图

对于采用发动机前置前轮驱动形式的汽车，前轮驱动轴总成是传动系统的最后一部分，主要包括半轴和球笼式万向节。

学习笔记

任务　检查前驱动轴总成

职业行动

步骤一：作业准备

1. 作业场地

选择带有消防设施的作业场地。

2. 设备设施

2007 款卡罗拉 1.6 L 手动 GL 型轿车以及前驱动轴总成、举升机、工具车、零件车、三件套、维修手册等。

3. 工量辅具（见表 4-1-1）

表 4-1-1　检修前驱动轴总成工量辅具

常用工具一套	百分表及磁性表座	橡胶锤
扭力扳手	卡簧钳	台虎钳

4. 耗材

润滑脂、干净抹布、手套。

职业知识

相关技术要求

项目	要求
前半轴跳动量	0.05 ～ 0.20 mm
内球笼式万向节标准润滑脂容量	175 ～ 185 g

半轴

功能

半轴的功用是把动力从差速器传给驱动轮

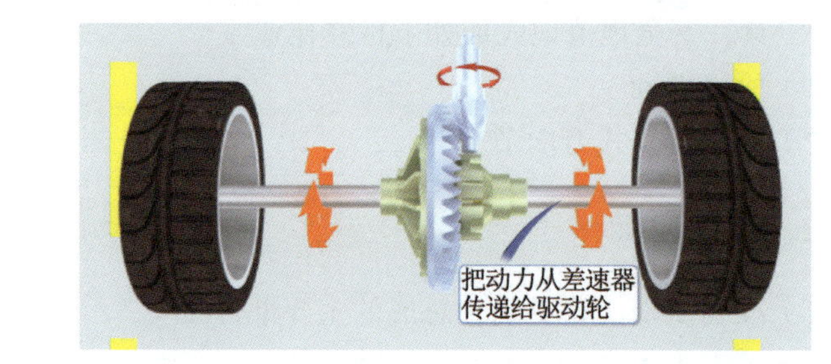

分类

全浮式	半浮式

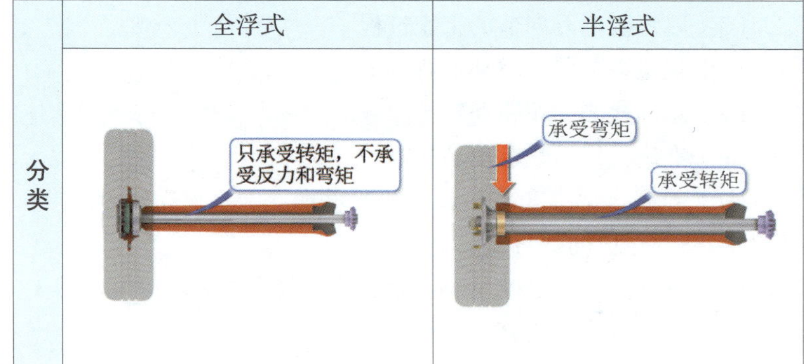

4-1

半轴功用

做好自己是对国家最大的贡献。

步骤二：拆卸前驱动轴外侧螺栓

（1）在车轮前方放置轮胎限位块，如图 4-1-1 所示。

（2）一名技师进入车内用力踩住制动踏板保持车辆不动，另一名技师使用扭力扳手、30 mm 套筒松开半轴自锁螺母，如图 4-1-2 所示。

图 4-1-1 放置轮胎限位块

图 4-1-2 松开半轴自锁螺母

（3）使用扭力扳手、短接杆、17 mm 套筒松开轮胎固定螺栓，回收轮胎限位块，举升车辆使轮胎离开地面，取下轮胎放置在轮胎架上，如图 4-1-3 所示。

（4）使用棘轮扳手、短接杆、30 mm 套筒拆卸半轴自锁螺母。

（5）使用磁力吸棒取出半轴垫片，如图 4-1-4 所示。

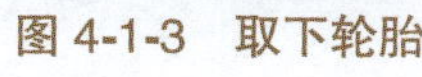

图 4-1-3 取下轮胎

图 4-1-4 取出半轴垫片

万向传动装置

<table>
<tr><td>功用</td><td>能在汽车上任何一对轴间夹角和相对位置经常发生变化的转轴之间传递动力
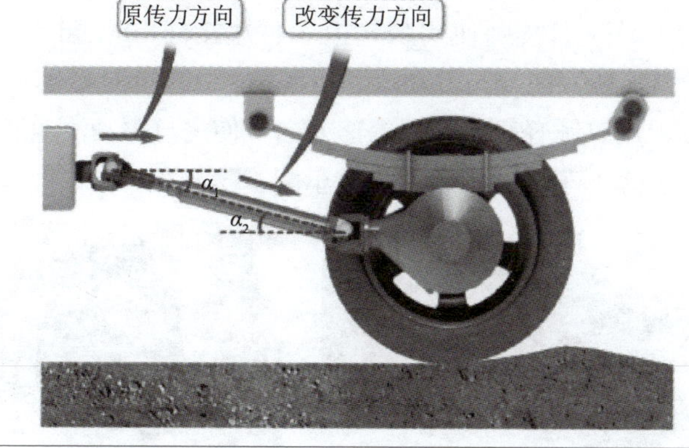
</td></tr>
<tr><td>组成</td><td>一般由万向节和传动轴组成。对于传动距离较远的分段式传动轴，还需设置中间支承
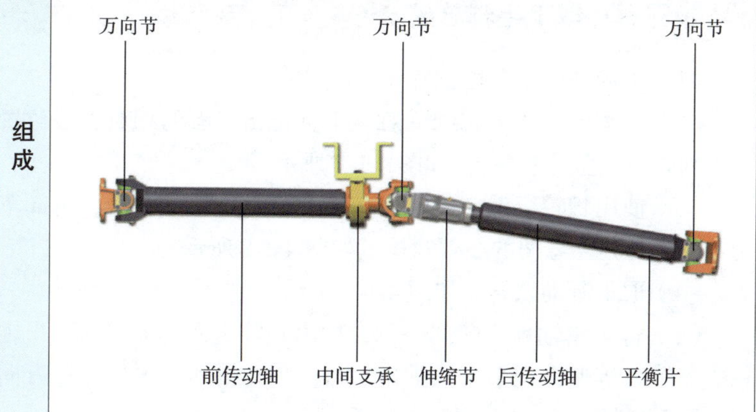
</td></tr>
</table>

学习笔记

学习笔记

步骤三：拆卸前驱动轴内侧螺栓

（1）举升车辆至合适位置，并锁住保险，车内技师踩住制动踏板，以防止拆卸内等速万向节时半轴转动，如图 4-1-5 所示。

（2）另一名技师使用棘轮扳手、短接杆、8 mm 套筒依次拧出半轴内等速万向节与驱动法兰连接的6颗螺栓，如图4-1-6所示。

（3）用胶锤轻轻敲击内等速万向节使之与驱动法兰脱离。

（4）降下车辆，车内人员下车。

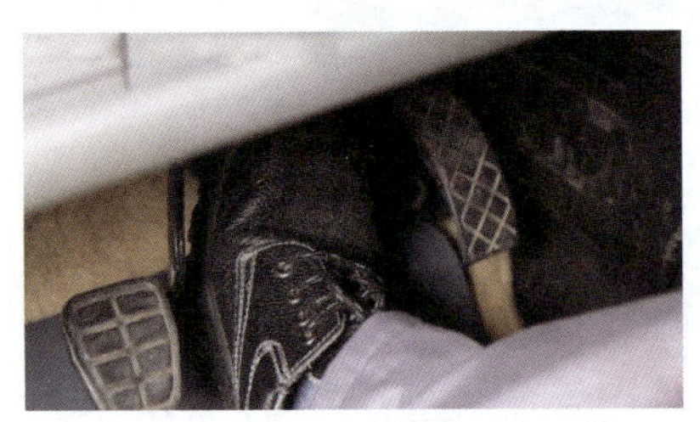

图 4-1-5　踩住制动踏板

图 4-1-6　拆卸螺栓

步骤四：取下半轴总成

（1）车辆高度至合适位置并锁住保险。

（2）在车轮轴承壳与独立悬架上标记出二者的相对安装位置（否则必须调整外倾角），如图 4-1-7 所示。

（3）使用棘轮扳手、18 mm 套筒及 19 mm 扳手配合，拆卸车轮轴承壳与独立悬架的 2 颗螺栓，如图 4-1-8 所示。

（4）取下制动软管，如图 4-1-9 所示。

（5）将车轮轴承壳转向一侧，抽出外等速万向节，取下半轴总成（若外等速万向节无法抽出，可使用拉拔器压出外等速万向节，取下半轴总成），如图 4-1-10 所示。

万向传动装置分类

按速度特性分类		
不等速万向节	准等速万向节	等速万向节
主动轴　从动轴 主动轴角速度与从动轴角速度不相等	主动轴　从动轴 主动轴角速度与从动轴角速度接近相等	主动轴　从动轴 主动轴角速度与从动轴角速度相等

按其在扭转方向上是否有明显弹性分类	
刚性万向节	挠性万向节
刚性十字轴连接	挠性橡胶连接

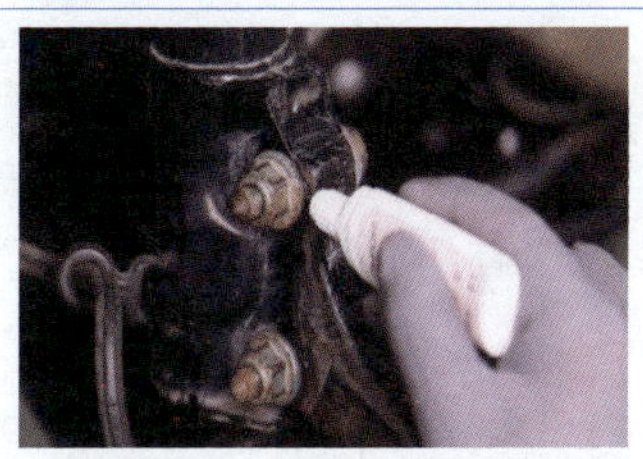
图 4-1-7　标记安装位置

图 4-1-8　拆卸车轮轴承壳与独立悬架螺栓

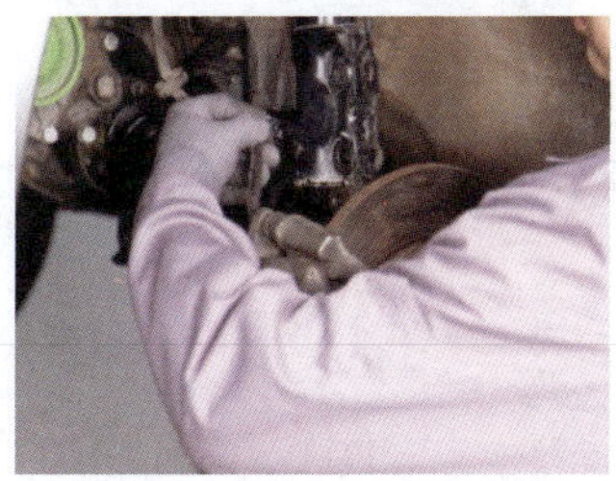
图 4-1-9　取下制动软管

图 4-1-10　取下半轴总成

步骤五：拆卸与分解球笼式等速万向节

（1）将半轴放置在工作台上。

（2）使用卡簧钳拆卸内球笼式等速万向节的弹性挡圈，如图 4-1-11 所示。

（3）使用一字螺丝刀拆卸内球笼式等速万向节的防护套卡箍。

（4）使用专用工具和压力机压出内球笼式等速万向节，并取下碟形垫片和防护套。

（5）使用一字螺丝刀拆卸外球笼式等速万向节的防护套卡箍。

（6）使用金属锤将外球笼式等速万向节从半轴上敲下，如图 4-1-12 所示。

（7）取下止推垫圈、碟形垫片和防护套。

典型万向节

十字轴式万向节

- 组成：1 个十字轴、2 个万向节叉和 4 个滚针轴承等。
- 特点：结构简单、传递可靠、传动效率高

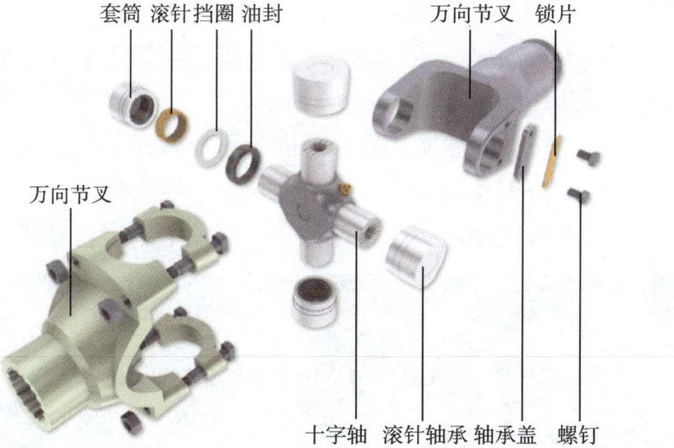

双联式万向节

- 组成：2 个万向节叉和 1 个装有 2 个十字轴的双联叉等。
- 特点：允许有较大的轴间夹角，且结构简单，制造方便

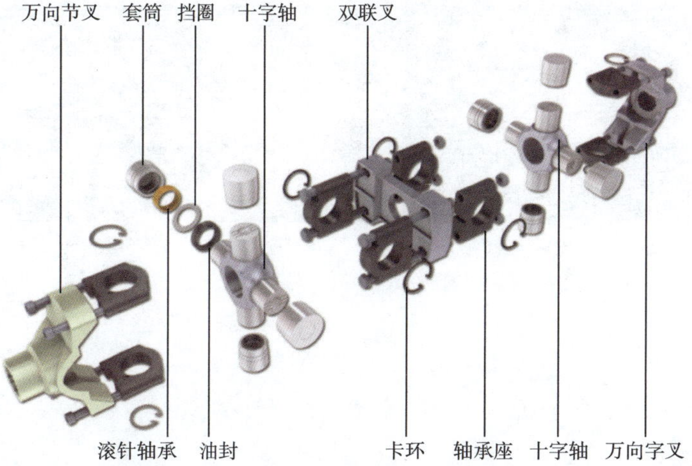

学习笔记

学习笔记

（8）在拆解外球笼式等速万向节前，先用电子画线器或滑石标出星形套与保持架和外座圈的相对位置。

（9）转动外球笼式等速万向节星形套和保持架，拆卸掉所有钢球，如图 4-1-13 所示。

（10）转动保持架，使两个长方形孔与保持架保持水平，取下星形套与保持架，如图 4-1-14 所示。

（11）转动内球笼式等速万向节星形套和保持架至适当位置。

（12）按钢球的运行轨道从保持架中压出星形套。

（13）将钢球依次压出保持架，并取下星形套和保持架。

图 4-1-11　拆卸弹性挡圈

图 4-1-12　敲出外球笼式等速万向节

图 4-1-13　拆卸掉所有钢球

图 4-1-14　取下星形套与保持架

典型万向节（续）

三销轴式万向节

- 组成：三球销支架、滚动轴承、万向节壳等。
- 特点：结构简单、磨损小，轴向可伸缩

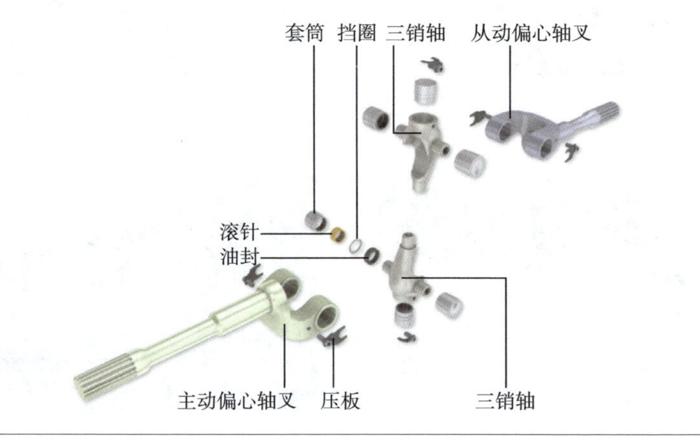

球叉式万向节

- 组成：主、从动叉，4 个传动钢球，定心钢球，定位销及锁止销等。
- 特点：结构简单，拆装不方便，磨损快

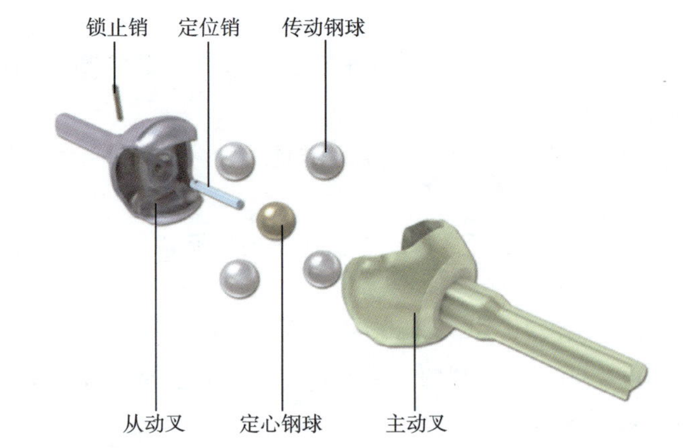

做好自己是对国家最大的贡献。

步骤六：检查内、外等速万向节

（1）检查内、外等速万向节壳体是否存在过度磨损、出现麻点等问题，如图 4-1-15 所示。

（2）检查球毂是否存在过度磨损、出现麻点等问题，花键是否存在过度磨损、缺齿等问题。

（3）检查球保持架是否存在过度磨损、裂纹、断裂等问题。

（4）检查球是否存在过度磨损、出现麻点等问题。

（5）检查防护套是否有破损、开裂、老化等现象，如图 4-1-16 所示。

（6）检查通气孔是否畅通。

图 4-1-15　检查内、外等速万向节壳体

图 4-1-16　检查防护套

步骤七：检查前驱动轴

（1）目视检查前驱动轴是否有严重的弯曲和凹陷，如有，应更换。

（2）使用百分表检查前驱动轴的径向跳动量，应不大于 0.8 mm，否则应更换。

（3）检查前驱动轴的花键磨损情况。

典型万向节（续）

球笼式万向节

- 组成：6 个钢球、星形套、保持架、球形壳等。星形套以内花键与主动轴相连，其外表面有 6 条弧形凹槽，形成内滚道。球形壳的内表面有相应的 6 条弧形凹槽，形成外滚道。6 个钢球分别装在由 6 组内、外滚道所对应的空间里，并被保持架限定在同一个平面内。
- 特点：能轴向滑动、尺寸小、寿命长、结构简单、强度高、质量小。
- 分类：按其内外滚道结构不同，分为固定型球笼万向节和可伸缩型球笼万向节

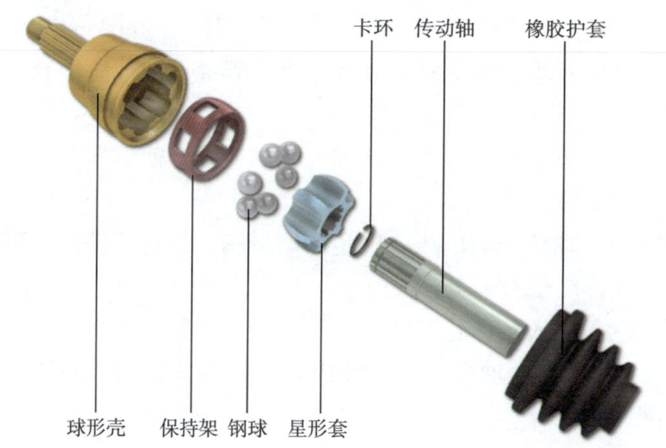

学习笔记

4-2

固定型球笼式等速万向节结构及工作特点

学习笔记

4-3

等速万向节的基本原理

步骤八：组装内、外等速万向节

（1）将内等速万向节星形套插入保持架，把钢球压入保持架，安装位置任意。

（2）把星形套、保持架和钢球垂直嵌入万向节壳体，星形套内径上的凹槽必须面对万向节大直径端，如图 4-1-17 所示。

（3）用力压保持架，把钢球和星形套完全装进万向节壳体。

（4）在安装外球笼式等速万向节前，先向万向节压入一定量的润滑脂。

（5）把带有星形套的保持架装入外座圈，保证星形套与保持架及外座圈的原位置，交替从侧面压入钢球，如图 4-1-18 所示。

（6）在半轴外侧端安装外球笼式等速万向节防护套、碟形垫圈和止推垫圈及新的弹性挡圈。

（7）将半轴沿轴线方向插入外球笼式等速万向节花键孔，并用金属锤敲击到位。

（8）在防护套内压入定量的润滑脂，并将防护套小直径端拉开通气，使压力平衡。

（9）装入防护套卡箍，使用大力钳紧固，如图 4-1-19 所示。

（10）在半轴内侧端安装内球笼式等速万向节防护套、碟形垫圈。

（11）将半轴沿轴线方向插入内球笼式等速万向节花键孔，并用卡簧钳装入新的弹性挡圈，如图 4-1-20 所示。

等速万向节的工作原理

工作原理

从结构上保证传力点永远位于两轴交点的平分面上。两齿轮啮合点 P 位于夹角的平分面上，由 P 点到两轴的距离都等于 r。在 P 点处两齿轮的圆周速度相等，因此两个齿轮旋转的角速度也相等

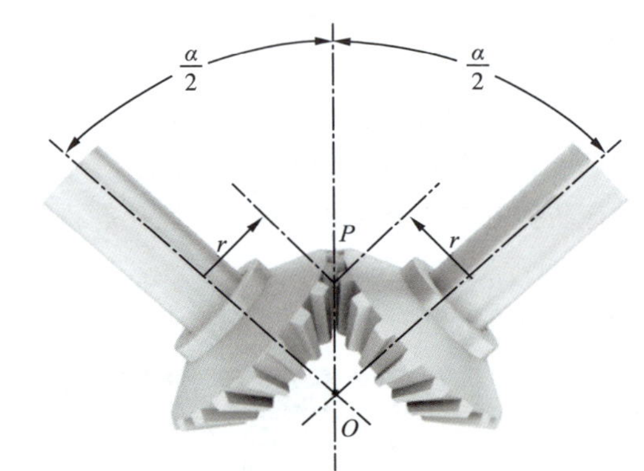

球笼式万向节的等速特性

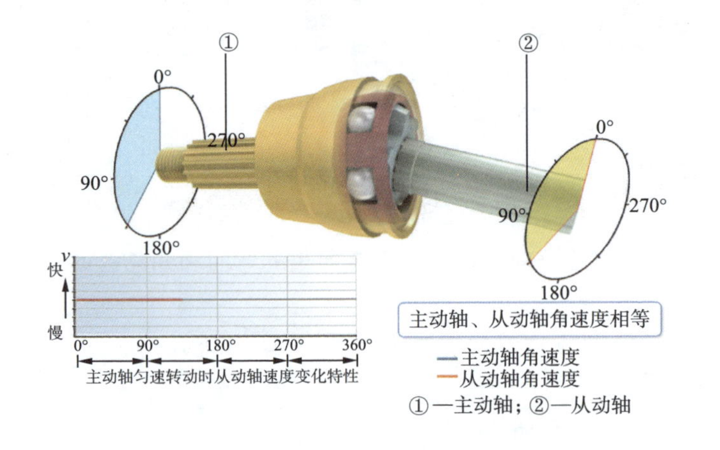

图 4-1-17　对齐安装

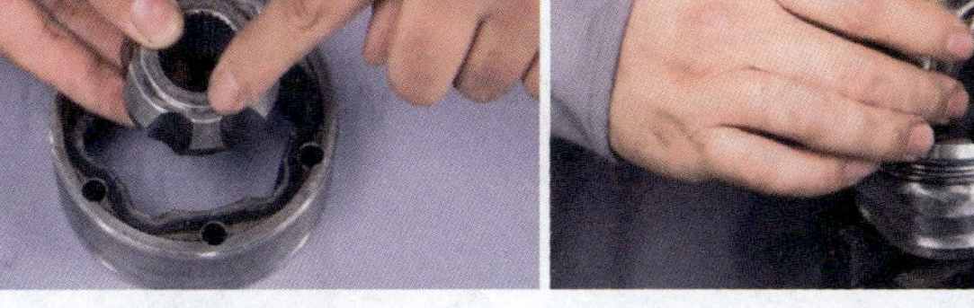

图 4-1-18　安装星形套和保持架

图 4-1-19　装入防护套卡箍

图 4-1-20　装入新的弹性挡圈

步骤九：安装半轴

（1）内等速万向节密封垫，安装时要注意螺纹孔的位置。

（2）将外等速万向节安装在轮毂内，并安装外侧半轴垫片及自锁螺母，如图 4-1-21 所示。

（3）安装车轮轴承壳，预装独立悬架上的 2 颗螺栓，如图 4-1-22 所示。

（4）将内等速万向节与驱动法兰复位，安装内等速万向节上的 6 颗螺栓。

（5）降下车辆，按照拆卸时制作的标记，使用扭力扳手、18 mm 套筒及 19 mm 扳手配合紧固轴承壳与独立悬架的 2 颗螺栓至 95 N·m，安装制动油管。

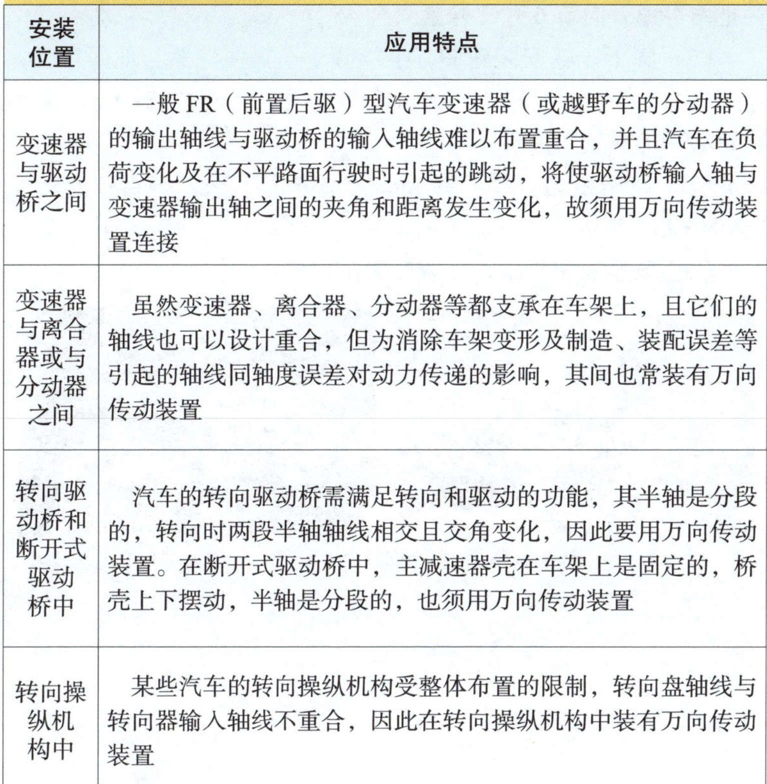

万向传动装置应用

安装位置	应用特点
变速器与驱动桥之间	一般 FR（前置后驱）型汽车变速器（或越野车的分动器）的输出轴线与驱动桥的输入轴线难以布置重合，并且汽车在负荷变化及在不平路面行驶时引起的跳动，将使驱动桥输入轴与变速器输出轴之间的夹角和距离发生变化，故须用万向传动装置连接
变速器与离合器或与分动器之间	虽然变速器、离合器、分动器等都支承在车架上，且它们的轴线也可以设计重合，但为消除车架变形及制造、装配误差等引起的轴线同轴度误差对动力传递的影响，其间也常装有万向传动装置
转向驱动桥和断开式驱动桥中	汽车的转向驱动桥需满足转向和驱动的功能，其半轴是分段的，转向时两段半轴轴线相交且交角变化，因此要用万向传动装置。在断开式驱动桥中，主减速器壳在车架上是固定的，桥壳上下摆动，半轴是分段的，也须用万向传动装置
转向操纵机构中	某些汽车的转向操纵机构受整体布置的限制，转向盘轴线与转向器输入轴线不重合，因此在转向操纵机构中装有万向传动装置

学习笔记

学习笔记

（6）举升车辆至合适高度，使用扭力扳手、短接杆、8 mm 套筒把内等速万向节 6 颗螺栓紧固至 45 N • m。

（7）降下车辆安装轮胎，继续降下车辆使轮胎与地面接触，使用扭力扳手、短接杆、17 mm 套筒紧固螺栓至 110 N • m，然后在轮胎后部放置限位块。

（8）使用扭力扳手、30 mm 套筒紧固半轴外侧自锁螺母至 265 N • m，车内技师下车。

（9）安装轮胎护罩，回收轮胎限位块。

图 4-1-21　安装自锁螺母

图 4-1-22　安装悬架固定螺栓

4-4

半轴总成的拆装

4-5

万向节的分解与检查

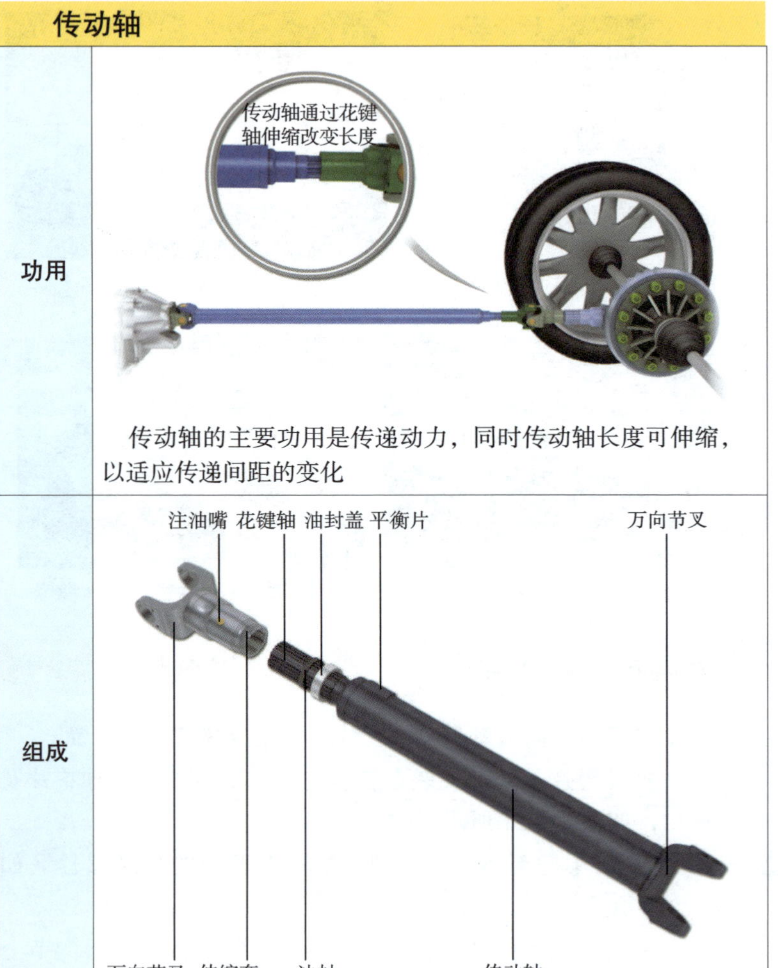

做好自己是对国家最大的贡献。

学习笔记

任务测评

一、知识测评

确定本任务关键词，按重要程度进行关键词排序并举例解读。

根据自己对重要信息捕捉、排序、表达、创新和划分权重能力进行自评，满分 100 分。（见表 4-1-2）

表 4-1-2　检修前驱动轴总成知识测评表

序号	关键词	举例解读	评分自定
1			
2			
3			
4			
5			
总分			

二、能力测评

对表 4-1-3 所列作业内容，操作规范即得分，操作错误或未操作即零分。

表 4-1-3　检修前驱动轴总成能力测评表

序号	能力点	配分	得分
1	拆卸前驱动轴总成	20	
2	分解前驱动轴总成	20	
3	检查半轴和万向节	20	
4	组装前驱动轴总成	20	
5	安装前驱动轴总成	20	
总分		100	

三、素养测评

对表 4-1-4 所列素养点，做到即得分，未做到即零分。

表 4-1-4　检修前驱动轴总成素养测评表

序号	素养点	配分	得分
1	设备和工具安全检查	20	
2	车辆安全防护	20	
3	工具清洁、校准、存放	20	
4	工量辅具、零部件、油水液体“三不落地”	20	
5	工位“5S”	20	
总分		100	

四、拓展训练

（1）请列举出在检修前驱动轴总成过程中易出现的问题，分析产生问题的原因并制定解决问题的措施（满分 20 分）。

（2）现有一辆 2014 款卡罗拉 1.6 L 手动变速器轿车，行驶过程中底盘异响，初步判断为前驱动轴总成损坏。试制定检修流程并进行检修（满分 30 分）。

（3）谁能想到最早的万向节，不是来自车辆，而是欧洲的机械精髓——钟表。在 14 世纪的法国白堡大教堂时钟机构中的万向节传动轴，可以说是万向节的由来和诞生。历史上的伟大发明都来源于生活中的点点滴滴，都来自万事万物的给予与贡献。

请按图 4-1-23 所示思维导图格式，总结检修前驱动轴总成的

学习笔记

学习过程，搜集 2 个前驱动轴总成故障现象，并利用鱼骨图分析故障原因，分别做成 500 字的案例，总结案例书写结构，积累自己的故障案例库（满分 50 分）。

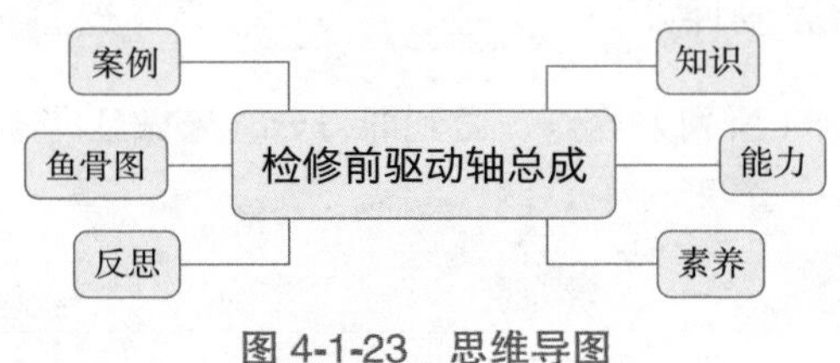

图 4-1-23　思维导图

学习考评

一、考评项目

请制定出 2019 款别克凯越 1.6 L 轿车前驱动轴总成的检修计划并实施，完成考评报告。

二、实施准备

1. 学生准备

学生按照教学进度计划，已经完成了以下学习任务并达到了 75 分以上，可进行该学习考评的实施。

（1）理解并掌握学习考评需要的相关知识和方法，得分大于 75 分。

（2）运用学习考评需要的相关知识和方法进行作业，得分大于 75 分。

（3）按时、按质、按量完成相应作业，得分大于 80 分。

（4）具有自觉遵守技术标准和要求规定、规范操作、安全、环保、“5S” 作业、团结协作的好习惯，得分大于 80 分。

（5）能制定 2019 款别克凯越 1.6 L 手动变速器轿车前驱动轴总成的检修方案。

2. 教师准备

（1）在安排学生实施学习考评前，通过课堂问题研讨、作业、实训、考核及其他方式，确认学生已经具备了实施学习考评所需的知识、技能和素养，并确保学生在安全状态下独立进行。

（2）对协助教师进行测评的学生进行测评、监督方法的培训，确保测评结果的准确性、公平性。

（3）准备好测评记录。

三、验证方法与标准

（1）每位测评人员负责对 2 名学生进行定点、全过程的监控和测评。

（2）详细记录学生在实施学习考评过程中的相关信息、数据、结果、操作方法、完成时间，以及出现错误、事故等情况。

（3）学习考评的作业过程和数据记录等，要求在 90 min 内完成，时间不足，可在即将结束时，口述剩余部分的作业方法。

（4）考评内容及评分标准见下表。

考评内容及评分标准

评分项	得分条件	评分标准	配分	得分
职业素养能力	（1）能进行工位 5S 操作（5 分）。 （2）能进行设备和工具安全检查（3 分）。 （3）能进行工具清洁、校准、存放操作（3 分）。 （4）能进行三不落地操作（4 分）	依据得分条件进行评分	15	
专业技能操作能力	（1）能够从实车上拆卸前驱动轴总成（10 分）。 （2）能够分解驱动轴和万向节（10 分）。 （3）能够检查驱动轴和万向节（10 分）。 （4）能够组装驱动轴和万向节（10 分）。 （5）能够安装前驱动轴总成到实车上（10 分）	依据得分条件进行评分	50	

学习笔记

续表

评分项	得分条件	评分标准	配分	得分
信息查询处理能力	（1）能正确使用维修手册查询资料（2分）。 （2）能在规定时间内查询所需资料（3分）。 （3）能正确记录所查询资料章节页码（2分）。 （4）能正确记录所需维修信息（3分）	依据得分条件进行评分	10	
工具选择使用能力	（1）能正确选用维修工具（2分）。 （2）能正确使用维修工具进行拆装（2分）。 （3）能正确使用游标卡尺（2分）。 （4）能正确使用专用工具（2分）。 （5）能熟练使用办公软件（2分）	依据得分条件进行评分	10	
分析判断能力	（1）能判断前驱动轴是否可以继续使用（5分）。 （2）能判断万向节是否可以继续使用（5分）	依据得分条件进行评分	10	
表单填写能力	（1）语句通顺（2分）。 （2）无错别字（1分）。 （3）无抄袭（2分）	依据得分条件进行评分	5	
总计			100	

四、考评报告

说明：考评分为理论考评和实操考评，理论考评根据项目要求以及考评模板格式制定项目实施方案，方案经教师审核合格后，方可进行实操考评。考评报告模板详见附录A。

学习笔记

拓展阅读——汽车驱动形式的前世今生

小吕和小张是好友，小吕最近购买了一台雷克萨斯ES，然而立即遭到了小张（F30宝马3系车主）的嘲笑，问题主要集中在ES前置前驱的驱动形式，认为不够高级。那么，驱动形式是什么？豪华车一定是后驱吗？下面我们就一起来简单了解一下驱动形式的前世今生。

驱动形式是指发动机和驱动轮的布局，通常用“×置×驱”来表示。比如“前置后驱”，它的意思就是“前置发动机，后轮驱动”。早期的车（指汽车发明之前的车），主要都是前置前驱的，比如马车，马在前面拉，就等于发动机前置，当然“驱动蹄”也是在前面。

1886年德国人卡尔·本茨为自己制造的机动三轮车奔驰一号申请了专利，史上第一台汽车就此诞生。奔驰一号的发动机庞大而松散，位于后轴上面，驱动车轮的是连接在后轴上的链条，由此看来，奔驰一号的驱动形式应该属于后置后驱。几乎和卡尔·本茨同时，德国人戴姆勒将自己制造的汽油发动机塞进了后座下面，戴姆勒的发动机要比奔驰一号的紧凑，这台车的布局是中置后驱。

法国人路易斯·潘哈德和埃米尔·拉瓦索尔联手1891年发布了发动机放置在前轴的车型，前置后驱（前中置后驱）布局就此诞生。随着汽车的不断发展，发动机从最初的单缸到双缸，再到多缸，发动机越来越大，放在坐垫下面已经不太现实了，因此到了1900年，几乎所有汽车的发动机都被安置在了前面的独立空间中，而这个空间后来被人们称为发动机舱。尽管发动机的位置一直在变动，但当时汽车的驱动轮无一例外都是后轮，因为在汽车诞生之后的很长一段时间里，无论从工艺、材料还是设计方面讲，让前轮负责转向，后轮负责驱动都是最优的选择。

豪华车大马力发动机体积越来越大，因此纵置也成为了主流。从19世纪末汽车发明之初，到21世纪的今天，前纵置后驱这种豪华车的主流布局就从来没有改变过。

小型车使用小排量风冷发动机，为了简化结构，设计师将小巧的风冷发动机放在离驱动轮更近的车辆后部，这就是后置后驱布局，最典型的代表自然是大众老甲壳虫。

20世纪60年代起，中置发动机（后中置）赛车成为F1赛场上的主角。此后不久，中置发动机跑车也出现在了民用车市场上。中置发动机在操控上有先天的优势，但却会侵占乘员空间，因此采用这种布局的大多是双座跑车。

在后驱成为主流的时候，前驱也在发展。20世纪二三十年代的美国、欧洲就已经有了量产前驱车问世，不过在当时还远远没有形成气候。

前驱车真正的崛起是在第二次世界大战之后，在此期间欧洲出现了“四大国民车”，分别是德国的大众甲壳虫、意大利的菲亚特500、法国的雪铁龙2CV和英国的Mini。这四款车中，前两款采用后置后驱，后两款采用前置前驱。

20世纪六七十年代之后，前置前驱布局逐渐成为家用车中的绝对主流。这些前驱车采用横置发动机和横置变速器，相比后驱车，省去了传动轴、后减速器等相关部件，结构更加简单，成本和油耗都得到相应降低，非常适合经济型家用车。

20世纪70年代的石油危机是前驱车发展的助推器，油价的大幅上涨使得汽车的燃油经济性变得越来越重要。从20世纪60年代到20世纪80年代，欧洲和日本主流的家用车就都已经完

学习笔记

成了从后驱到前驱的转变。豪华车同样不能免俗，很多豪华品牌汽车也都选择了这种既经济又时髦的布局方式，最典型的代表就是20世纪60年代开始复兴的奥迪，当时这个品牌选择了全线使用前驱布局。

前驱在经济性方面具有优势，但在操控上有些不足，有优点也有缺点。为此很多豪华车会将自己的高端版本加入拥有更好操控性和安全性的四驱系统。

前驱和后驱各自的优缺点已经是个老生常谈的话题了，前驱车成本低，方便灵活，比较适合横置小排量发动机；后驱车配重均衡，操控性好，比较适合纵置大功率发动机。正因如此，很多豪华品牌都会为自己旗下紧凑型及以下的入门产品选择前驱布局，中型及以上轿车选择后驱布局。

不过凡事没有绝对，对于普通消费者来说，其实豪华车前驱还是后驱的驾乘感受并不像想象中那么明显。因此可以说，如今豪华品牌对后驱的坚持，除了技术上的考量，更有传统和情怀方面的意义。毕竟人们选购豪华品牌的产品时，看中的并不只有理性因素。

电动车的出现使传统意义上的驱动形式不复存在。电动机比起内燃机来说体量和成本都小得多，多发动机（双电机、三电机、四电机等）带动下的前驱、后驱、四驱随意切换。

驱动形式是汽车结构的基础，从技术上来讲不同的布局可以给车辆带来巨大的影响，但从日常驾驶来说我们体验到的差别似乎又微乎其微。前驱、后驱、四驱，没有哪个比哪个更好，适合的才是最好的。

思考

在照相胶片技术达到顶峰的时候，数码相机的出现一夜之间终结了世界上最大、最先进的胶片公司柯达和富士。当被时代抛弃的时候，说一声再见都来不及。电动汽车是怎样终结了关于汽车驱动形式的技术话题呢?

项目五　检修机械转向系统

一、项目描述

完成2008款别克凯越1.6LE-AT轿车机械转向系统检修作业。

二、项目要求

依据2008款别克凯越1.6LE-AT轿车维修手册和汽车运用与维修“1+X”职业技能等级证书（中级）标准相关要求，正确使用工具，安全规范地完成如下检修作业：

（1）检测转向盘自由行程；

（2）检修转向器。

三、学习目标

（1）准确识别机械转向系统的主要部件；

（2）正确描述转向系统的功用；

（3）熟练说明机械转向系统的工作过程；

（4）正确检测转向盘自由行程；

（5）规范拆装与检查转向器；

（6）养成自觉遵守技术标准和要求规定、规范操作、安全、环保、“5S”作业的好习惯；

（7）体会进步和超越带来的自豪感。

四、学习载体

2008款别克凯越1.6LE-AT轿车机械转向系统如下图所示。

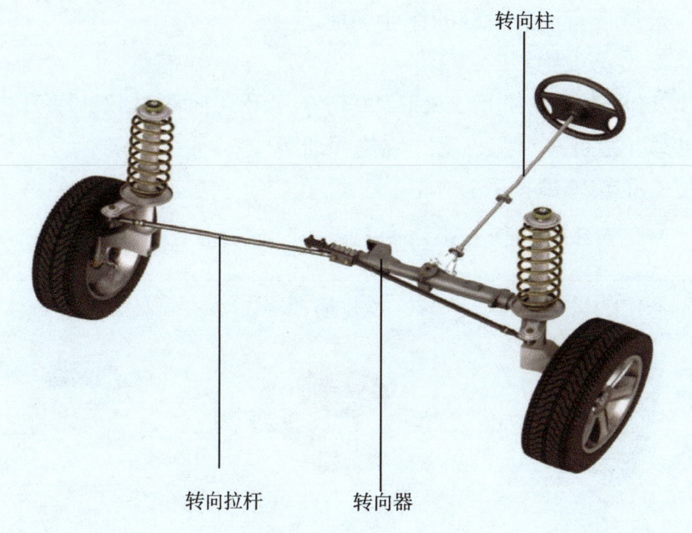

机械转向系统示意图

转向系统是汽车底盘的重要组成部分，现代汽车的转向系统大多采用液压或者电动来进行助力，但是所有的助力系统都是建立在机械结构基础上的，所以本项目以机械转向系统为载体来进行学习。

学习笔记

学习笔记

任务一　检查与调整转向盘自由行程

职业行动

步骤一：作业准备

1. 作业场地

选择带有消防设施的作业场地。

2. 设备设施

2008 款别克凯越 1.6LE-AT 轿车以及转向测试仪、举升机、工具车、零件车、三件套、维修手册等。

3. 工量辅具（见表 5-1-1）

表 5-1-1　检查与调整转向盘自由行程工量辅具

常用工具一套	橡皮筋	双面胶
扭力扳手	卡簧钳	转向测试仪

4. 耗材

润滑脂、干净抹布、手套。

职业知识

相关技术要求

转向盘的自由行程	不大于 10°

转向系统

功用	按照驾驶人的意愿改变汽车行驶方向和保持汽车稳定直线行驶 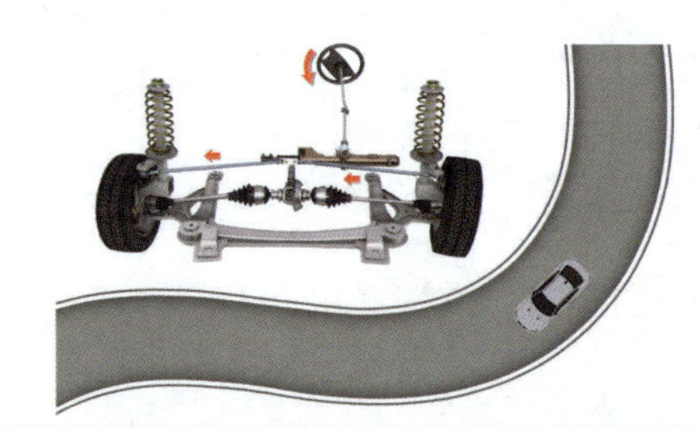
组成	机械式转向系统由转向操纵机构、转向器和转向传动机构 3 部分组成 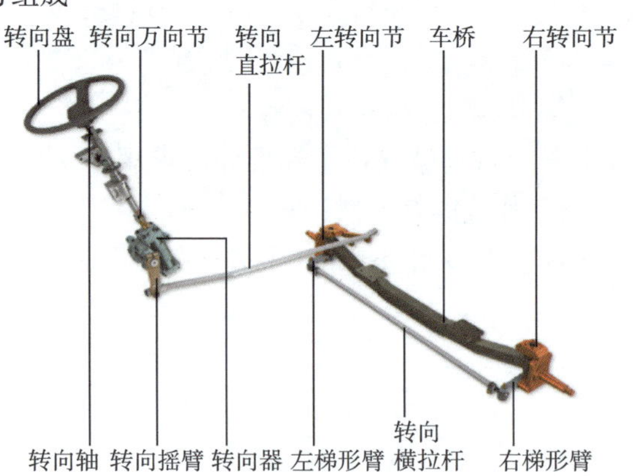

5-1

转向系统功用

自觉是进步之母。

步骤二：安装转向测试仪

（1）使用转向盘摆正车轮。

（2）使用专用工具组装转向测试仪，如图 5-1-1 所示。

（3）将转向测试仪安装在转向盘上，如图 5-1-2 所示。

① 将转向测试仪与转向盘平行放置。

② 安装最上端的转向盘固定支架卡钳。

③ 调整左右两侧的转向盘支架长度，安装转向盘卡钳。

④ 紧固三处转向盘支架固定螺栓。

⑤ 检查固定支架调整螺栓与转向盘卡钳的末端距离是否一致，保证仪器与原车转向盘中心一致。

图 5-1-1　使用专用工具组装转向测试仪

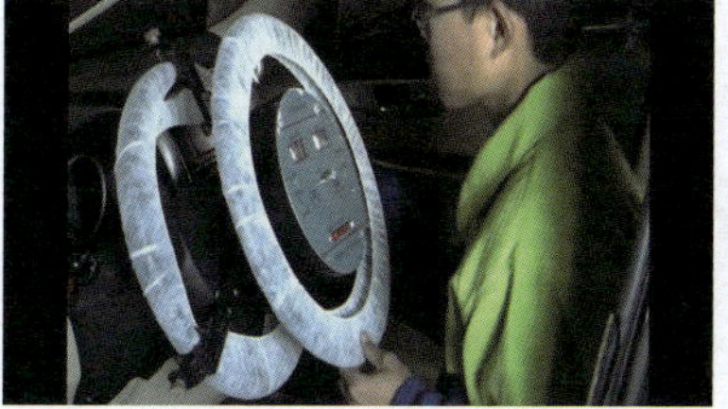

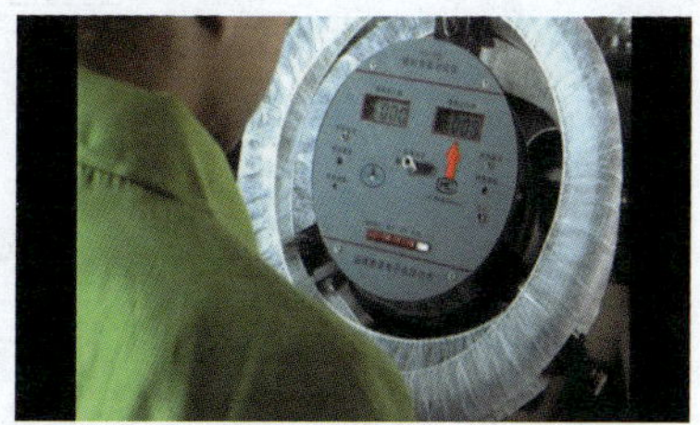

图 5-1-2　将转向测试仪安装在转向盘上

转向系统（续）

	机械转向系统	助力转向系统
类型	机械转向系统以驾驶员的体力作为转向能源，其中所有传力件都是机械的	助力转向系统是一套兼用驾驶员的体力和发动机（或电动机）动力为转向能源的转向系统

助力转向系统分类

液压助力转向系统	电动助力转向系统
转向盘 转向柱 油缸 转向控制阀 油路 储油罐 转向液压泵	转向盘 转角传感器 转矩传感器 减速机构 电动机 转向器

学习笔记

学习笔记

（4）按下面板上的开机键。

（5）查看仪器左侧显示器的数值并使其归零，如图5-1-3所示。

（6）转向测试仪转向转角归零。

（7）将S形挂钩朝上放入转角测试孔内，将孔左侧的螺栓固定，使其与转向测试仪为一体。

（8）将风窗玻璃挂钩背面贴上双面胶，贴在风窗玻璃内侧合适位置。

（9）将橡皮筋的两端各系一个扣，并将其与风窗玻璃挂钩和仪器S形挂钩两端相连接，如图5-1-4所示。

图5-1-3　开机并调零

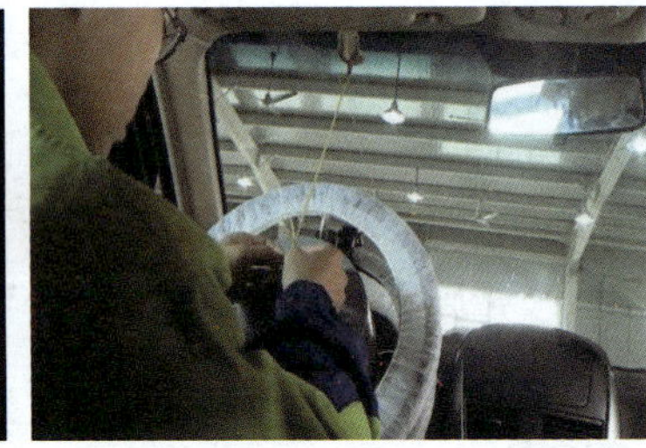

图5-1-4　系橡皮筋

步骤三：测量转向盘自由行程

1. 将点火开关转到ACC挡

（1）检查驻车制动杆是否拉起。

（2）检查变速杆是否处在P挡。

（3）将钥匙转到ACC位置。

5-2

检查与调整转向盘自由行程

转向操纵机构	
转向盘	• 组成：转向盘主要由轮圈、轮辐和轮毂组成。 • 材质：转向盘内部由成型的金属骨架构成。骨架外一般包有柔软的合成橡胶、树脂或皮革 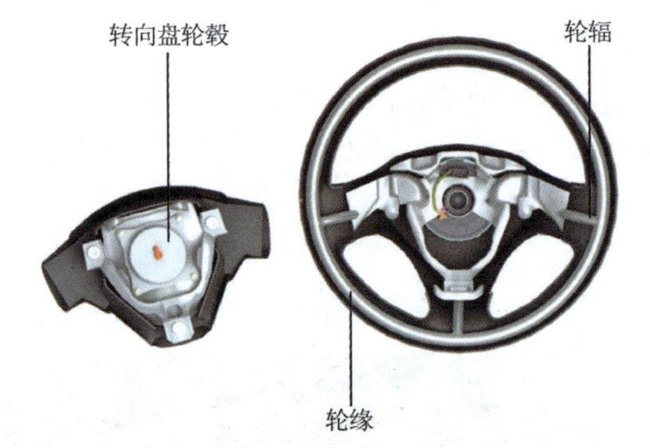
转向柱	转向柱主要由转向轴、中间轴和万向节等零件组成 转向盘 转向轴 调节结构 吸能柱管 万向节 转向器

自觉是进步之母。

2. 向左转动转向盘

（1）再次检查转角显示是否在零点位置。

（2）向左轻轻转动转向盘至转矩显示为 3 N·m，按下保持键，此时显示的转角为转向盘向左的自由行程。

3. 向右转动转向盘

向右轻轻转动转向盘至转矩显示为 3 N·m，按下保持键。此时显示的转角为转向盘向右的自由行程，如图 5-1-5 所示。

4. 拆卸仪器

（1）用与安装相反的顺序拆卸转向测试仪。

（2）清点及清洁转向测试仪及附件，将其归位。

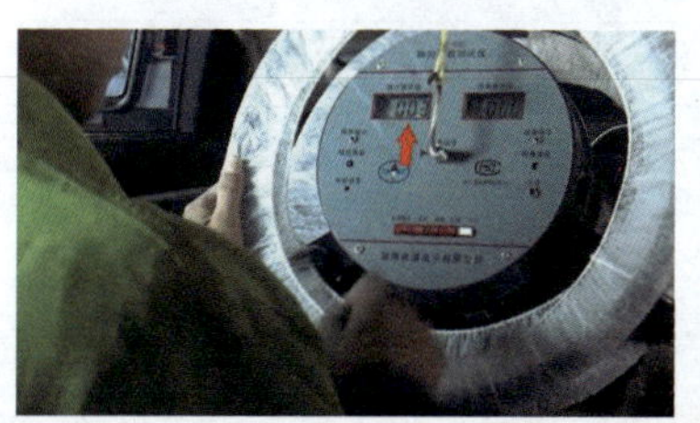

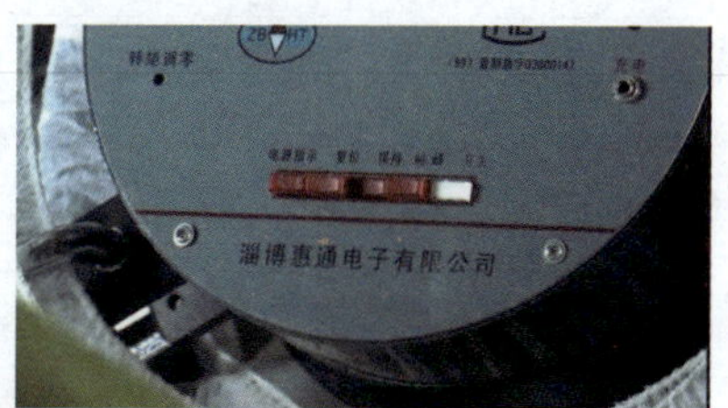

图 5-1-5　测试及调整转向盘自由行程

步骤四：调整转向盘自由行程

通过以上检查，如果转向盘自由行程不符合要求，则检查与调整转向操纵机构、转向器和转向传动机构各部件间隙。

转向盘自由行程

- 概念：转向盘的自由行程是指转向盘在空转阶段的角行程，主要是由于转向系统各传动件之间的装配间隙和弹性变形所引起的。
- 功用：转向盘自由行程对于缓和路面冲击及避免使驾驶人过度紧张是有利的，但不宜过大，以免过分影响灵敏性。
- 要求：一般说来，转向盘从相应于汽车直线行驶的中间位置向任一方向的自由行程最好不超过 10° ～ 15°。当零件磨损严重到使转向盘自由行程超过 25° ～ 30° 时，必须进行调整

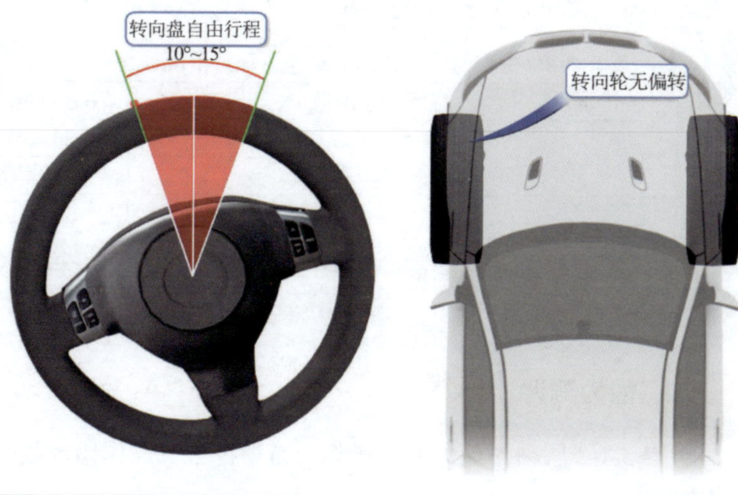

学习笔记

5-3
转向盘的自由行程

学习笔记

任务测评

一、知识测评

确定本任务关键词，按重要程度进行关键词排序并举例解读。

根据自己对重要信息捕捉、排序、表达、创新和划分权重能力进行自评，满分100分（见表5-1-2）。

表5-1-2 检查与调整转向盘自由行程知识测评表

序号	关键词	举例解读	评分自定
1			
2			
3			
4			
5			
总分			

二、能力测评

对表5-1-3所列作业内容，操作规范即得分，操作错误或未操作即零分。

表5-1-3 检查与调整转向盘自由行程能力测评表

序号	能力点	配分	得分
1	组装转向测试仪	20	
2	安装转向测试仪到转向盘上	20	
3	检测转向盘自由行程	25	
4	调整转向盘自由行程	25	
5	整理工具	10	
总分		100	

三、素养测评

对表5-1-4所列素养点，做到即得分，未做到即零分。

表5-1-4 检查与调整转向盘自由行程素养测评表

序号	素养点	配分	得分
1	设备和工具安全检查	20	
2	车辆安全防护	20	
3	工具清洁校准存放	20	
4	工量辅具、零部件、油水液体“三不落地”	20	
5	工位“5S”	20	
总分		100	

四、拓展训练

（1）请列举出在检查与调整转向盘自由行程过程中易出现的问题，分析产生问题的原因并制定解决问题的措施（满分20分）。

（2）现有一辆2014款卡罗拉1.6 L手动变速器轿车，行驶过程中转向盘不够灵敏，初步判断为自由行程过大。试制定检修流程并进行检修（满分30分）。

（3）翻阅汽车转向盘的发展史，不难发现：早期转向盘的发展经历了由类似于自行车把手和飞机操纵杆样式的转向杆到后来的轮船转向舵。转向盘的诞生既是在原有转向杆基础上的进步和创新，又是虚心借鉴轮船转向舵的伟大创举。

自觉是成功之母。

学习笔记

请按图 5-1-6 所示思维导图格式，总结检查与调整转向盘自由行程的学习过程，列举 2 个日常生活用品借鉴创新的事例，搜集 2 个转向系统故障现象，并利用流程图分析故障原因，各做成 500 字的案例（满分 50 分）。

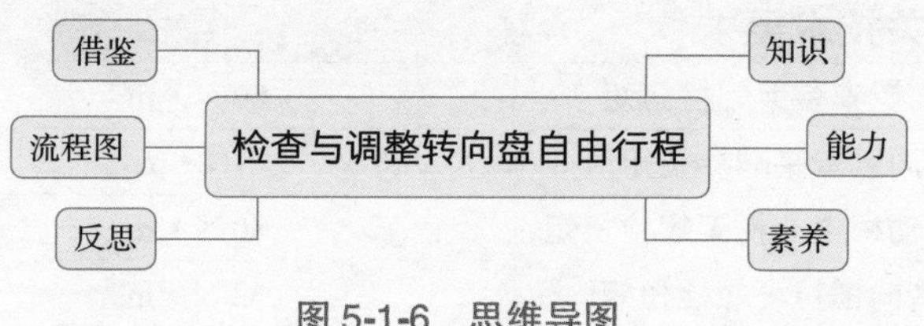

图 5-1-6　思维导图

任务二　检修转向器

职业行动

步骤一：作业准备

1. 作业场地

选择带有消防设施的作业场地。

2. 设备设施

2008 款别克凯越 1.6LE-AT 轿车以及转向器总成、举升机、工具车、零件车、三件套、维修手册等。

3. 工量辅具（见表 5-2-1）

表 5-2-1　检修转向器工量辅具

常用工具一套	KM-507-C 球节拆卸工具
扭力扳手	卡簧钳

4. 耗材

润滑脂、干净抹布、手套。

职业知识

相关技术要求

项目	数值
转向器安装架螺栓扭矩	60 N・m
回油管卡夹螺栓扭矩	8 N・m
变速驱动桥中心托架螺栓扭矩	80 N・m
外转向横拉杆螺栓扭矩	52 N・m
下中间轴夹紧螺栓扭矩	25 N・m
转向器进出口油管接头扭矩	28 N・m
调节器塞锁止螺母扭矩	75 N・m
小齿轮锁止螺母扭矩	30 N・m

转向器的功用

增大由转向盘传到转向节的力并改变力的传递方向，获得所要求的摆动速度和角度

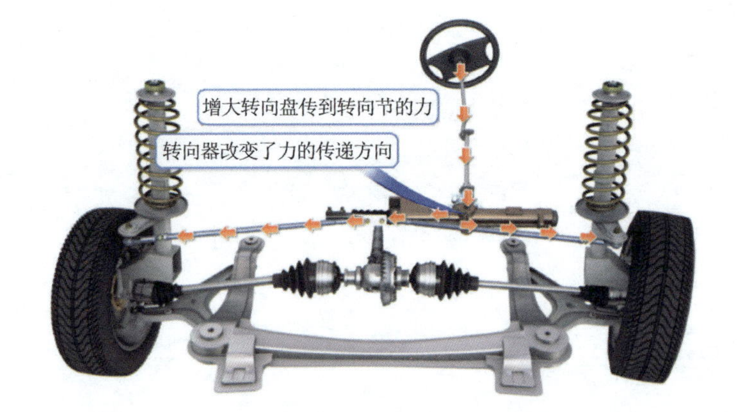

5-4

转向器功用

自己战胜自己是最可贵的胜利。

步骤二：拆卸转向器

（1）松开仪表板上罩板，拆下阻风门拉手，取下阻风门操纵杆。

（2）拆下仪表板下饰板，将密封衬套从前围穿线板中向驾驶员方向抽出。

（3）从发动机罩中松开夹紧箍并取出螺栓。

（4）从转向器壳体上拆下减振器的固定螺栓，并从另一端拆下与支架连接的固定螺栓，取下转向减振器。

（5）拆下齿条与支架（横拉杆连接件）的连接螺栓,将齿条、支架脱开。

（6）拆下转向器和车身的连接螺栓和防松螺母，即可将转向器从车上拆下。

步骤三：分解转向器

（1）拆卸补偿器，拧下紧固螺柱、锁紧螺母及调整螺栓，取下O形密封圈及调整弹簧。

（2）拆卸转向齿轮密封环、卡簧、轴承，取出转向齿轮。

（3）拆卸齿条杆的防尘罩、挡圈、密封圈，抽出齿条，并做行程记号。

步骤四：检修转向器

（1）检查转向齿轮端头及衬套（液压转向是轴承）的磨损情况，是否与上面滚珠轴承同心。如磨损严重或不同心，应更换。

（2）检查齿条各部的磨损程度，有无缺齿。如有，则应更换齿条，如图 5-2-1 所示。

（3）检查转向器外壳有无磨损及破裂，如破裂或磨损严重，应更换。

转向器类型

齿轮齿条式	循环球式	蜗杆曲柄指销式

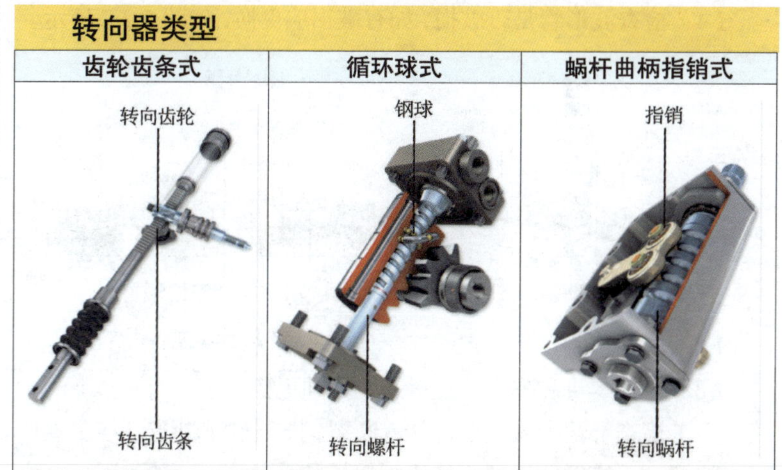

齿轮齿条式转向器

组成

齿轮齿条式转向器主要由转向器壳体、转向齿轮（主动）、转向齿条（从动）等组成

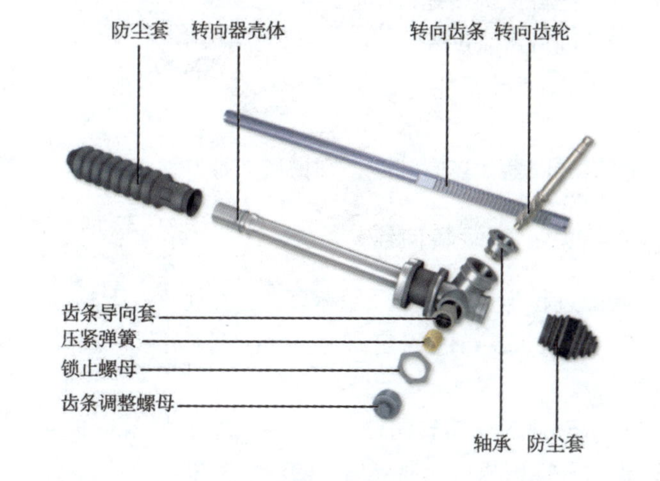

学习笔记

5-5

齿轮齿条式转向器工作原理

（4）检查波形管是否破损，如有破损应更换，如图 5-2-2 所示。

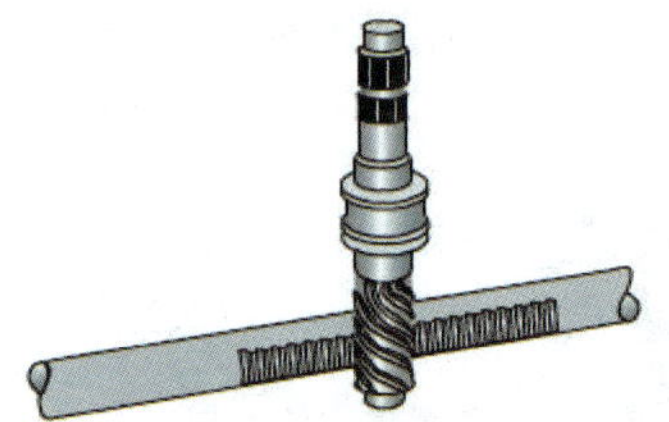

图 5-2-1　检查齿条

图 5-2-2　检查波形管

（5）检查各密封圈及密封环，如有渗漏必须更换。

（6）自锁螺母和螺栓一经拆卸，必须更换。

（7）检查补偿弹簧是否过软或断裂，如过软或断裂，应更换。

注意：不准对转向器零件进行焊接和整形。

步骤五：调整转向器

操作前提：转向器的调整应在车轮位于直线行驶位置进行。

（1）把自锁调整螺钉小心地拧进约 20°。

（2）进行道路试验。

（3）转向器如能自己回到直线位置，则把调整螺钉松开一点。

（4）转向器如还有间隙，则把调整螺钉拧紧一点。

步骤六：安装转向器

装配过程与拆卸过程顺序相反，但需注意以下几点：

（1）转向器壳的固定螺栓不可拧得太紧，应按规定力矩拧紧。

（2）转向齿轮与转向柱下端连接时，夹紧箍应推到转向柱下端，密封环应嵌入转向器壳体上的环形槽中。

齿轮齿条式转向器（续）

工作原理		
类型	中间输出式	两端输出式
	①—万向节；②—转向齿轮轴；③—调整螺母；④—向心球轴承；⑤—滚针轴承；⑥—固定螺栓；⑦—转向横拉杆；⑧—转向器壳体；⑨—防尘套；⑩—转向齿条；⑪—调整螺塞；⑫—锁紧螺母；⑬—压紧弹簧；⑭—压块	①—万向节；②—转向齿轮轴；③—调整螺塞；④—弹簧；⑤—压块；⑥—转向器壳；⑦—轴承；⑧—齿条；⑨—转向横拉杆；⑩—防尘套；⑪—球头座
特点	齿轮齿条式转向器具有结构简单、传动效率高、操纵轻便、质量小、安装方便等特点，因此被广泛应用在乘用车上	

自己战胜自己是最可贵的胜利。

（3）波纹管可在转向器安装后进行调整，这时在齿条上涂AUF06300004转向器润滑脂，将波纹管一端用夹紧箍夹紧在环形槽中。

（4）波纹管挡圈应推至齿条限位处。

（5）转向器装配后，应检查转向齿轮与齿条间隙。调整时，松开锁紧螺母，拧紧调整螺栓至止推垫圈挡块为止，再拧紧锁止螺母。

（6）组装正确的转向器用手可直接转动转向齿轮。转向器啮合间隙的调整，应在车轮着地且处于直行状态下进行，向里旋补偿装置调整螺钉，直至螺钉与压块相接触。此时，转向齿轮应处于间隙变小状态，且转动灵活，如图5-2-3所示。

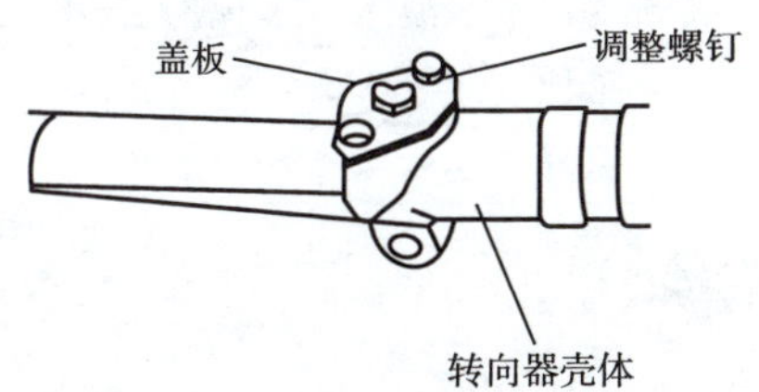

图5-2-3　转向器的组装与调整

转向传动机构

特点

- 转向传动机构是转向器与转向节之间的联动机件。
- 对于两端输出式转向器，转向传动机构主要包括转向横拉杆、转向球头和转向节臂

学习笔记

5-6
检修转向器

学习笔记

任务测评

一、知识测评

确定本任务关键词，按重要程度进行关键词排序并举例解读。

根据自己对重要信息捕捉、排序、表达、创新和划分权重能力进行自评，满分100分（见表5-2-2）。

表5-2-2　检修转向器知识测评表

序号	关键词	举例解读	评分自定
1			
2			
3			
4			
5			
总分			

二、能力测评

对表5-2-3所列作业内容，操作规范即得分，操作错误或未操作即零分。

表5-2-3　检修转向器能力测评表

序号	能力点	配分	得分
1	拆卸转向器	20	
2	分解转向器	20	
3	检修转向器	20	
4	调整转向器	20	
5	安装转向器	20	
总分		100	

三、素养测评

对表5-2-4所列素养点，做到即得分，未做到即零分。

表5-2-4　检修转向器素养测评表

序号	素养点	配分	得分
1	设备和工具安全检查	20	
2	车辆安全防护	20	
3	工具清洁、校准、存放	20	
4	工量辅具、零部件、油水液体“三不落地”	20	
5	工位“5S”	20	
总分		100	

四、拓展训练

（1）请列举出在检修转向器过程中易出现的问题，分析产生问题的原因并制定解决问题的措施（满分20分）。

（2）现有一辆2014款卡罗拉1.6LE-AT手动变速器轿车，行驶过程中转向盘沉重，初步判断为转向器故障。试制定检修流程并进行检修（满分30分）。

（3）你肯定想象不到，倾斜转向盘的诞生源于一场事故。请认真阅读本项目拓展阅读部分，通过转向盘的进步历史，体会革新的意义。倾斜转向盘的出现，看似一小步，实则是突破了一个瓶颈，是对垂直转向盘的革新，更是汽车转向盘历史的革新和对自己的超越。

自己战胜自己是最可贵的胜利。

请按图 5-2-4 所示思维导图格式，总结检修转向器的学习过程，搜集 2 个转向盘故障现象，并利用故障树分析故障原因，做成 500 字的案例。（满分 50 分）。

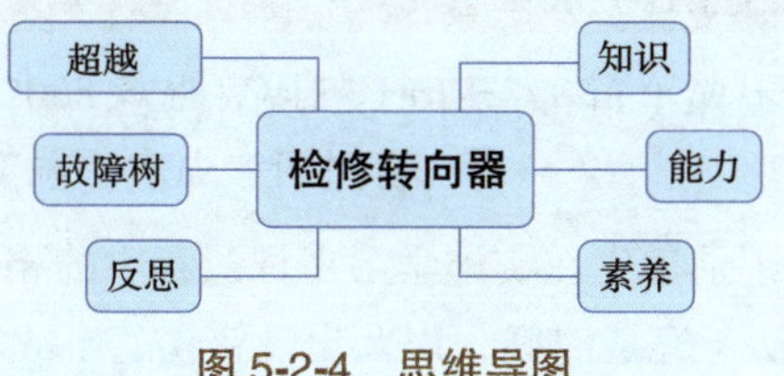

图 5-2-4　思维导图

学习笔记

学习笔记

学习考评

一、考评项目

请制定出 2008 款别克凯越 1.6LE-AT 轿车机械转向系统的检修计划并实施，完成考评报告。

二、实施准备

1. 学生准备

学生按照教学进度计划，已经完成了以下学习任务并达到了 75 分以上，可进行该学习考评的实施。

（1）理解并掌握学习考评需要的相关知识和方法，得分大于 75 分。

（2）运用学习考评需要的相关知识和方法进行作业，得分大于 75 分。

（3）按时、按质、按量完成相应作业，得分大于 80 分。

（4）具有自觉遵守技术标准和要求规定、规范操作、安全、环保、“5S” 作业、团结协作的好习惯，得分大于 80 分。

（5）能制定 2008 款别克凯越 1.6LE-AT 轿车机械转向系统的检修方案。

2. 教师准备

（1）在安排学生实施学习考评前，通过课堂问题研讨、作业、实训、考核及其他方式，确认学生已经具备了实施学习考评所需的知识、技能和素养，并确保学生在安全状态下独立进行。

（2）对协助教师进行测评的学生进行测评、监督方法的培训，确保测评结果的准确性、公平性。

（3）准备好测评记录。

三、验证方法与标准

（1）每位测评人员负责对 2 名学生进行定点、全过程的监控和测评。

（2）详细记录学生在实施学习考评过程中的相关信息、数据、结果、操作方法、完成时间，以及出现错误、事故等情况。

（3）学习考评的作业过程和数据记录等，要求在 90 min 内完成，时间不足，可在即将结束时，口述剩余部分的作业方法。

（4）考评内容及评分标准见下表。

考评内容及评分标准

评分项	得分条件	评分标准	配分	得分
职业素养能力	（1）能进行工位 5S 操作（5 分）。 （2）能进行设备和工具安全检查（3 分）。 （3）能进行工具清洁、校准、存放操作（3 分）。 （4）能进行三不落地操作（4 分）	依据得分条件进行评分	15	
专业技能操作能力	（1）能够拆卸转向盘（7 分）。 （2）能够检查转向盘自由行程（7 分）。 （3）能够安装转向盘（6 分）。 （4）能够拆卸转向器（7 分）。 （5）能够分解转向器（6 分）。 （6）能够检查转向器（7 分）。 （7）能够调整转向器（5 分）。 （8）能够测安装转向器（5 分）	依据得分条件进行评分	50	

续表

评分项	得分条件	评分标准	配分	得分
信息查询处理能力	（1）能正确使用维修手册查询资料（2分）。 （2）能在规定时间内查询所需资料（3分）。 （3）能正确记录所查询资料章节页码（2分）。 （4）能正确记录所需维修信息(3分)	依据得分条件进行评分	10	
工具选择使用能力	（1）能正确选用维修工具（2分）。 （2）能正确使用维修工具拆装(2分)。 （3）能正确使用游标卡尺（2分）。 （4）能正确使用专用工具（2分）。 （5）能熟练使用办公软件（2分）	依据得分条件进行评分	10	
分析判断能力	（1）能判断转向盘自由行程是否符合标准（5分）。 （2）能判断转向器是否可以继续使用（5分）	依据得分条件进行评分	10	
表单填写能力	（1）语句通顺（2分）。 （2）无错别字（1分）。 （3）无抄袭（2分）	依据得分条件进行评分	5	
总计			100	

四、考评报告

说明：考评分为理论考评和实操考评，理论考评根据项目要求以及考评模板格式制定项目实施方案，方案经教师审核合格后，方可进行实操考评。考评报告模板详见附录A。

学习笔记

学习笔记

拓展阅读——汽车转向盘进化史

如果说人是控制汽车的大脑，那么转向盘可以说是连接大脑与躯体的中枢神经了，它是人与车“交流”的重要途径，没有它，汽车只会是一台钢铁躯壳而已，不过，汽车并不是一诞生就有转向盘的，至于转向盘的前世今生，这里面还有不少小故事，下面介绍一下。

1886 年诞生的第一台汽车是辆三轮车，发动机单缸二冲程汽油机，最高时速只有 15 km，转向盘还只是一个转向杆。随后，戴姆勒发明的第一台四轮汽车，转向杆变成了两幅式，操作方式上初具转向盘雏形。随后，更有用自行车把手甚至飞机操纵杆样式的汽车“转向盘”，当时可谓是样式百出（见下图）。

汽车转向盘

然而，各种样式的“转向盘”都有一个共同点——转向不灵敏、易失控。于是，英国汽车制造商德雷克接受了造船厂老板的建议，直接用轮船转向舵当汽车转向盘，于是，第一款带有转向盘的汽车于 1896 年诞生了。

但是因为转向盘垂直且没有助力转向系统，驾驶员需要站着才能用上全力，至于转向盘的掌握感、操控性都无从谈起，驾驶汽车是一个标准的力气活。

倾斜转向盘的诞生源于一场事故。1879 年英国的戴姆勒工厂，一辆正在大检修的费顿牌汽车吊起的车身因为吊环滑落而重重地砸在垂直的转向盘上，压弯了转向柱、吓坏了维修工，不过，戴姆勒的工程师却发现这样更有利于操作，化腐朽为神奇，于是，不但奖励了维修工，还发明出了第一辆倾斜转向盘的戴姆勒汽车。转向盘由垂直到倾斜，看似一小步，实则是突破了一个瓶颈。

我们现在的转向盘不但是倾斜的，同时大多是左舵车，但是早期的转向盘一般都在中间，因为当时的汽车就是加了机器的马车，操作上跟马车有太多相似之处，后来，大多数厂家开始生产右舵车，原因并不是当时靠左行驶，而是设计师的解释是可以让驾驶员看清路旁的各种障碍物。即使技术专家已经宣称右侧通行的车辆左舵更安全，但是没有厂家敢打破“规矩”，直至奥迪挺身而出，于 1921 年造出了第一辆左舵的 K 型车。

自从 20 世纪 20 年代末期，倾斜的左舵转向盘成为主流后，一直延续到今天，这之间，转向盘也完成了由简单的铁圈进化到了现在各种材质，囊括了各种功能的进化。

福特 A 型车首次将喇叭按键装在了转向盘上。克莱斯勒用高档木材做转向盘，结束了铁质转向盘时代。 1994 年宝马将多功能按键搬到了转向盘上，直到今天都是高档车必备的。兼顾手感、空间、视觉效果的 D 型转向盘也正走入各级别平民车型。

当然，更有几乎囊括了所有功能的 F1 赛车转向盘，打破了“盘”形存在，或许这将是未来民用汽车的标配。

思考

汽车转向盘的功能越来越多，请选择一款赛车，仔细研究转向盘功能，发挥你的想象力，你认为什么功能可以移植到家用轿车上，使操控更方便、更安全？

项目六　检修液压助力转向系统

一、项目描述

完成 2008 款别克凯越 1.6LE-AT 轿车液压助力转向系统检修作业。

二、项目要求

依据 2008 款别克凯越 1.6LE-AT 轿车维修手册和汽车运用与维修“1+X”职业技能等级证书（中级）标准相关要求，正确使用工具，安全规范完地成如下检修作业：

（1）检查与更换转向助力油；

（2）检修转向助力泵。

三、学习目标

（1）准确识别液压助力转向系统的主要部件；

（2）正确说明液压助力的工作过程及原理；

（3）熟练检查与更换转向助力油；

（4）规范拆装与检修转向助力泵；

（5）养成自觉遵守技术标准和要求规定、规范操作、安全、环保、“5S”作业的好习惯；

（6）养成坚持不懈、惜时勤奋的好习惯；

（7）体会创新就是适应性进化的思维模式。

四、学习载体

2008 款别克凯越 1.6LE-AT 轿车液压助力转向系统如下图所示。

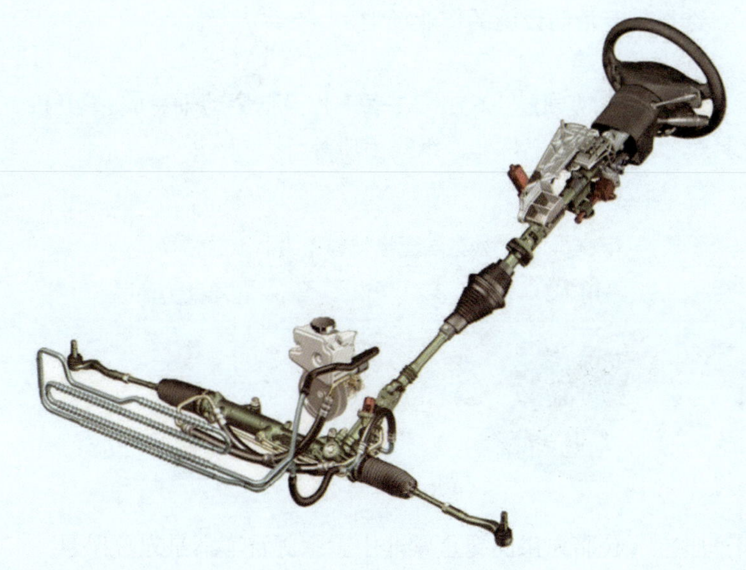

液压助力转向系统示意图

现代汽车的转向系统大多采用液压或者电动来进行助力，完成汽车的方向控制。本项目以液压助力转向系统为载体来进行学习。

学习笔记

学习笔记

任务一　检查与更换转向助力油

职业行动

步骤一：作业准备

1. 作业场地

选择带有消防设施的作业场地。

2. 设备设施

2008 款别克凯越 1.6 LE-AT 轿车以及前驱动轴总成、举升机、工具车、零件车、三件套、维修手册等。

3. 工量辅具（见表 6-1-1）

表 6-1-1　检查与更换转向助力油工量辅具

常用工具一套	转向助力油
接油盆	加油机

4. 耗材

润滑脂、干净抹布、手套。

职业知识

相关技术要求

使用 DEXRON-III 助力油油量	1.1 L
油液位置	MAX 线与 MIN 线之间

液压助力转向系统

组成：

- 储油罐：用来储存、滤清转向动力缸所用的油液。
- 转向助力泵：由发动机驱动，将储油罐内的油吸出，压送入转向控制阀，将发动机输出的部分机械能转换为油液的压力能。
- 转向动力缸：将油液的压力能转换成机械能，实现转向加力。
- 转向控制阀：在驾驶员的操纵下，控制转向动力缸输出动力大小、方向和增力快慢的装置。
- 输油管：在整个助力系统中，分为高压油管和低压油管

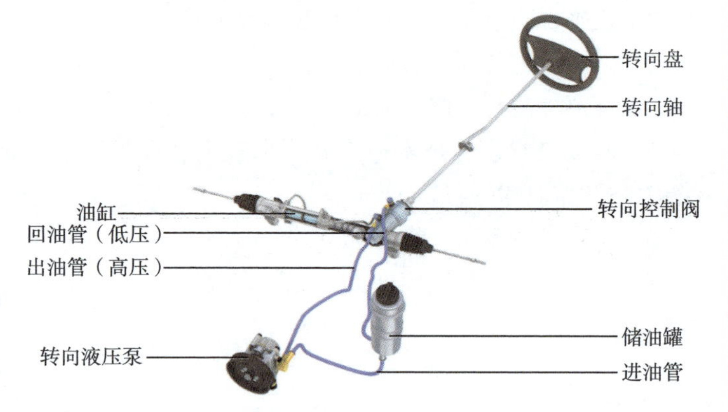

人的差别在于业余时间是如何度过的。每天抽出 2 个小时学习、思考，坚持数年你的人生就会改变。

步骤二：检查转向助力油

（1）打开发动机舱盖。

（2）清洁转向助力油储液罐上的污物，如图 6-1-1 所示。

（3）检查转向助力油液面的位置，如图 6-1-2 所示。

（4）如果发现转向助力油油位低于规定下限，需要进一步检查储油罐、转向系统管路、动力缸及连接处是否有损坏或卡子松动，导致转向助力油泄漏。

（5）如果存在损坏或卡子松动等现象，请先更换损坏部件，再进行转向助力油的添加。

（6）检查转向助力油品质，目视转向助力油是否变色或产生气泡，如果存在以上问题应更换相同型号的转向助力油。

图 6-1-1　清洁污物

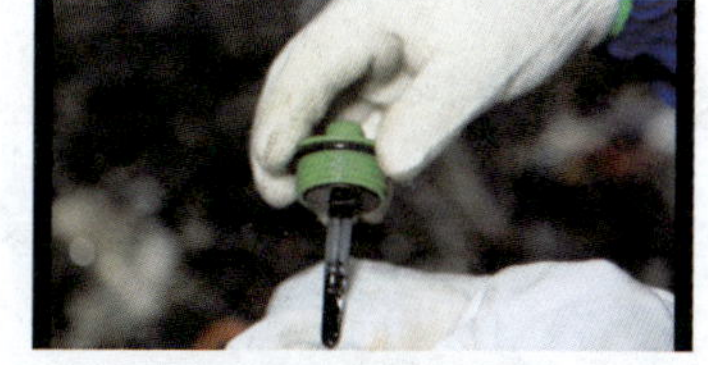

图 6-1-2　检查液位

步骤三：抽取转向助力油

（1）根据举升机操作规范，举升车辆到操作合适位置。

（2）旋开储油罐罐盖，正确使用抽油器从储油罐中抽出转向助力油，如图 6-1-3、图 6-1-4 所示。

（3）将储油盘放在储油罐出油管的正下方。

（4）按照维修手册规定，使用鲤鱼钳将出油管固定卡箍移出，拆下出油管。

（5）启动发动机，保持怠速运转。

（6）将转向盘从左至右，从右至左来回转动，确保油液排除干净。

液压助力转向系统（续）

工作过程	储油罐中的低压油经过转向助力泵加压之后转换成高压油，高压油经过转向系统中的液压管路进入液压助力油缸，推动助力油缸中的活塞左右移动，从而使液压能转换成机械能，达到助力的作用 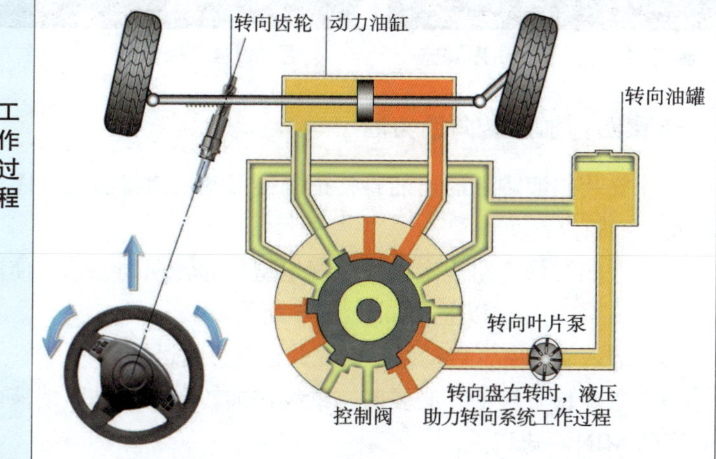
液压原理	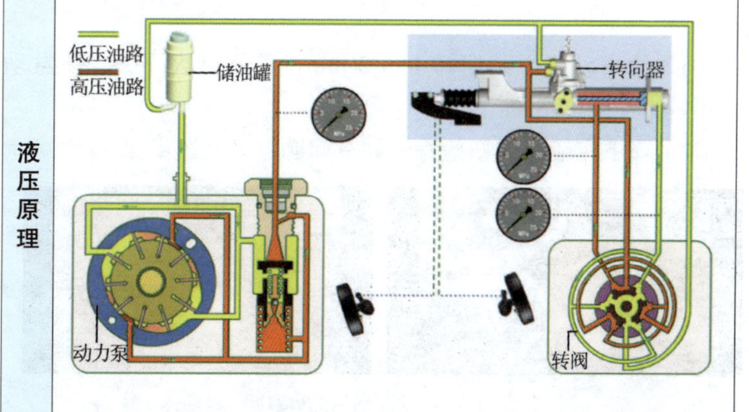

6-1

动力转向液压原理

人的差别在于业余时间是如何度过的。每天抽出 2 个小时学习、思考，坚持数年你的人生就会改变。

学习笔记

（7）关闭点火开关，确保发动机停止运转。

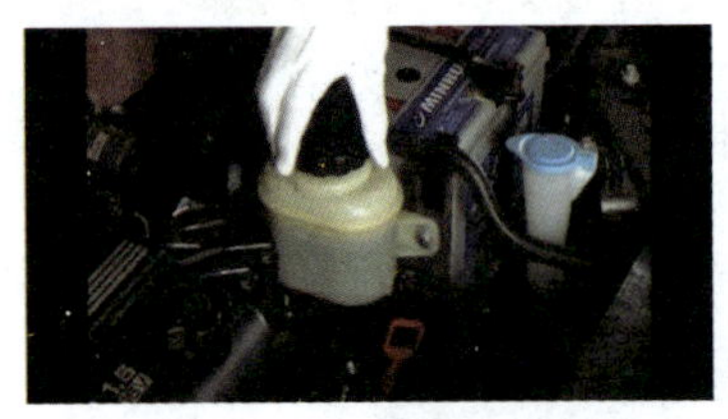

图 6-1-3　旋开储油罐罐盖

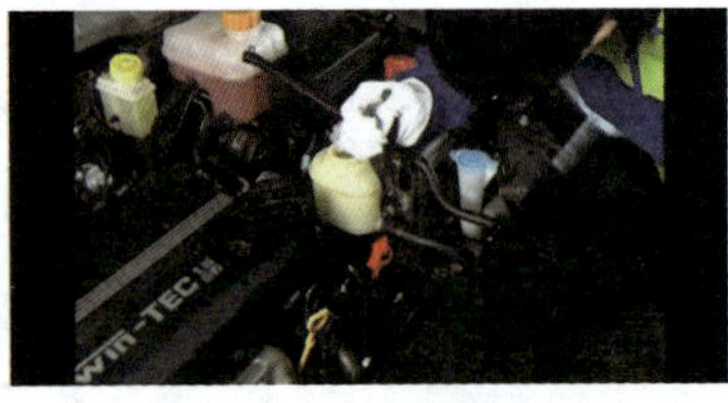

图 6-1-4　抽出转向助力油

步骤四：加注转向助力油

（1）安装储液罐上的出油管，正确使用鲤鱼钳将出油管固定卡箍安装到原位置。

（2）按照维修手册规定，加注规定型号的转向助力油，使液面到规定的 MIN 标志以上，如图 6-1-5 所示。

（3）进入驾驶室，启动发动机，并让其怠速运转。

（4）重新检查液面，必要时，继续添加转向助力油，使液面到规定的 MIN 标志以上。

（5）将转向盘从左至右，从右至左来回转动，排除系统中的空气。

（6）使发动机继续运转 1 ~ 3 min，关闭点火开关，使发动机停止运转，观察液面情况。

（7）降下车辆，重新检查，如有问题重复上述步骤。

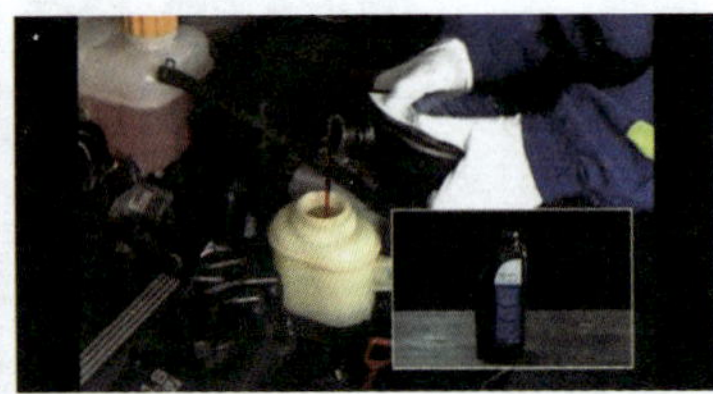

图 6-1-5　加注转向助力油

6-2

检查与更换转向助力油

转向助力油

简介	转向助力油是一种加注在汽车转向系统里的特种油液，与自动变速器油液、制动油液以及减震油液类似
功用	起到缓冲和传递转向力的作用
更换周期	建议：2 年或行驶 3 万 km 需要更换一次
注意事项	• 转向助力油含有致癌物质，如果沾到皮肤上应及时清洗干净。 • 转向助力油有腐蚀性，可能导致油漆失去光泽，也会导致橡胶配件老化，如有沾染应及时清洗干净。 • 配有液力转向助力系统的汽车，在使用过程中避免转向盘打死，长时间将转向盘打死会烧蚀转向助力泵

转向油罐

功用	结构

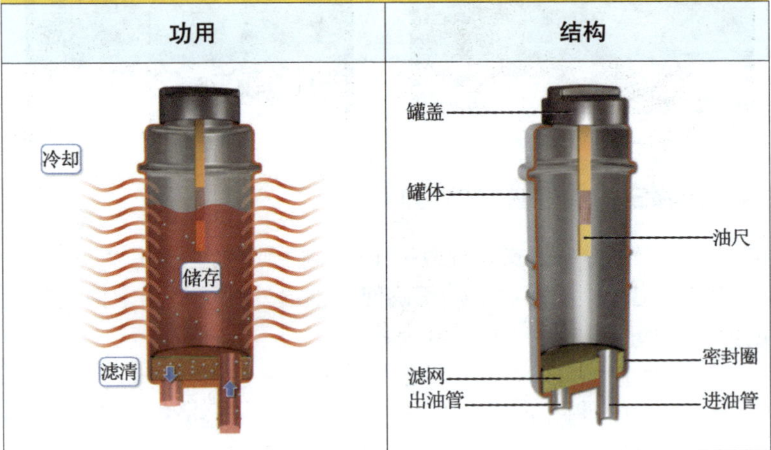

人的差别在于业余时间是如何度过的。每天抽出 2 个小时学习、思考，坚持数年你的人生就会改变。

任务测评

一、知识测评

确定本任务关键词，按重要程度进行关键词排序并举例解读。

根据自己对重要信息捕捉、排序、表达、创新和划分权重能力进行自评，满分100分（见表6-1-2）。

表6-1-2　检查与更换转向助力油知识测评表

序号	关键词	举例解读	评分自定
1			
2			
3			
4			
5			
总分			

二、能力测评

对表6-1-3所列作业内容，操作规范即得分，操作错误或未操作即零分。

表6-1-3　检查与更换转向助力油能力测评表

序号	能力点	配分	得分
1	检查转向助力油	20	
2	抽取转向助力油	20	
3	排净转向助力油	20	
4	加注转向助力油	20	
5	复查转向助力油液位	20	
总分		100	

三、素养测评

对表6-1-4所列素养点，做到即得分，未做到即零分。

表6-1-4　检查与更换转向助力油素养测评表

序号	素养点	配分	得分
1	设备和工具安全检查	20	
2	车辆安全防护	20	
3	工具清洁、校准、存放	20	
4	工量辅具、零部件、油水液体“三不落地”	20	
5	工位“5S”	20	
总分		100	

四、拓展训练

（1）请列举出在检查与更换转向助力油过程中易出现的问题，分析产生问题的原因并制定解决问题的措施（满分20分）。

（2）现有一辆2014款卡罗拉1.6 L手动变速器轿车，行驶过程中转动转向盘有异响，初步判断为转向助力油使用时间过长。试制定检修流程并进行检修（满分30分）。

（3）品读汽车转向系统进化史，你很难想象，在漫长的汽车发展史中，汽车转向系统经历了由机械到电控，由简单到复杂的一系列改进，才发展到今天我们看到的样子。这其中老一辈汽车人一定付出了艰辛的努力和伟大的创造。

请按图6-1-6所示思维导图格式，总结检查与更换转向助力油的学习过程。人们习惯按时更换机油，很多车主对转向助力油很陌生，记得及时主动更换的更少，搜集2个转向助力油更换不

学习笔记

及时造成的事故案例，分析总结并放进自己的案例库，查一查自己的案例库有多少个案例了（满分 50 分）。

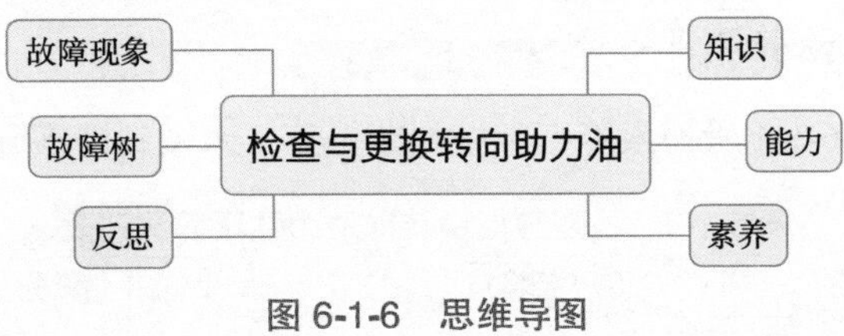

图 6-1-6　思维导图

任务二　检修转向助力泵

职业行动

步骤一：作业准备

1. 作业场地

选择带有消防设施的作业场地。

2. 设备设施

2008 款别克凯越 1.6LE-AT 轿车以及转向助力泵、举升机、工具车、零件车、三件套、维修手册等。

3. 工量辅具（见表 6-2-1）

表 6-2-1　检修转向助力泵工量辅具

常用工具一套	鲤鱼钳	转向助力油
扭力扳手	接油盆	抽油机

4. 耗材

助力油、干净抹布、手套。

职业知识

相关技术要求

转向助力泵固定螺栓扭矩	25 N•m
转向助力泵出油管接头扭矩	28 N•m

转向助力泵

功用	转向助力泵以发动机为动力，其作用是将发动机输入的机械能转化为液压能输出，为转向助力油缸提供液压助力		
类型	叶片泵	齿轮泵	转子泵

6-3　转向助力(液压)泵功用

学习笔记

步骤二：拆卸转向助力泵进油管

（1）将接油容器放置在转向助力泵与空调压缩机之间。

（2）使用鲤鱼钳将进油管固定卡箍移至适当位置，如图 6-2-1 所示。

图 6-2-1　拆卸转向助力泵进油管

（3）拆下油泵进油管。

（4）放出油液后使用油管塞子塞住进油管管口和转向助力泵进油口。

步骤三：拆卸转向助力泵出油管

（1）按照维修手册规定，选用 17 mm 油管扳手拧松转向助力泵出油管固定螺栓。

（2）旋出转向助力泵出油管固定螺栓，拆卸转向助力泵出油管，如图 6-2-2 所示。

（3）向左向右转动转向盘，放出残余油液。

（4）使用油管塞子塞住出油管管口和转向助力泵出油口。

图 6-2-2　拆卸转向助力泵出油管

6-4

转向助力（液压）泵工作原理

转向助力泵（续）

组成

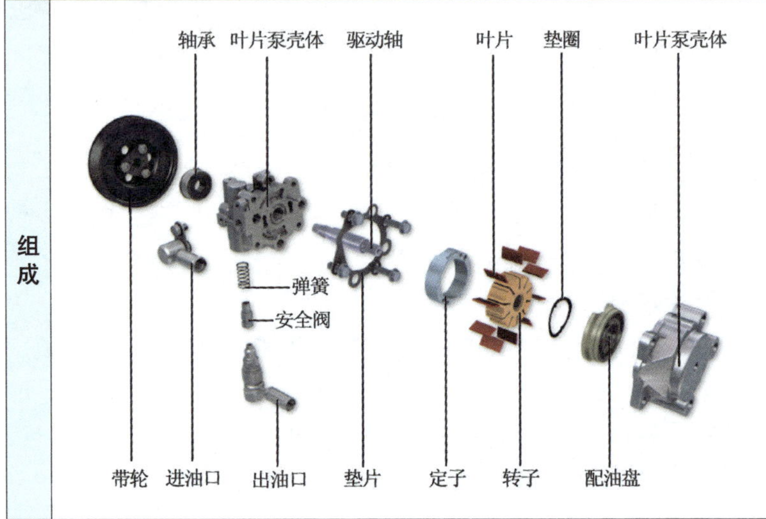

工作原理

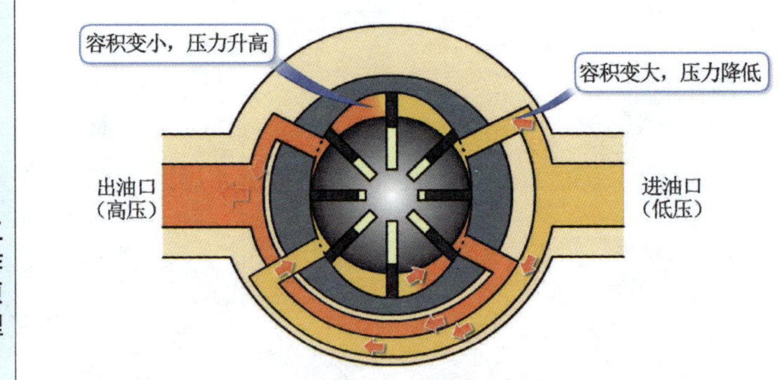

当转子旋转时，叶片在离心力及高压液体的作用下紧贴在定子的内表面，叶片之间形成一个空腔。随着转子的旋转，空腔的工作容积由小变大，腔内压力逐渐变低，至吸油口处吸进油液。转子继续旋转，腔内容积逐渐由大变小，腔内油液压力升高，旋转至出油口处输出高压油液

世界会向那些有目标和远见的人让路。

步骤四：拆卸转向助力泵

（1）选用 12 mm 套筒扳手、短接杆、棘轮扳手通过带轮上的孔，依次旋松转向助力泵上的 2 颗固定螺栓，如图 6-2-3 所示。

图 6-2-3　拆卸转向助力泵固定螺栓

（2）向外拉出转向助力泵，使其与双头螺柱分离，向上取出转向助力泵。

注意：别克 2008 款凯越中的转向助力泵不可修，如有故障应更换新的转向助力泵。

步骤五：安装转向助力泵

（1）对准转向助力泵双头螺栓，轻轻推入转向助力泵，与拆卸方向相反。

（2）安装转向助力泵固定螺母：

① 依次旋上转向助力泵 2 颗固定螺栓，如图 6-2-4 所示。

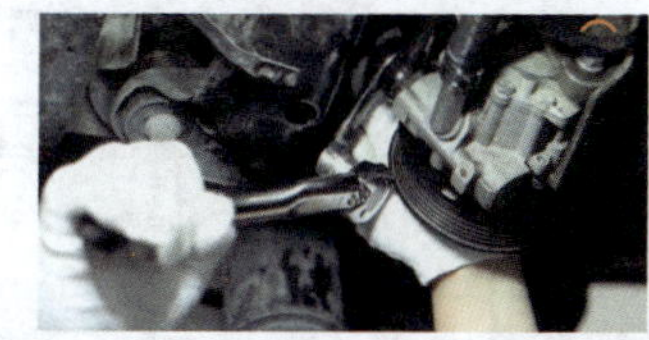

图 6-2-4　安装转向助力泵固定螺栓

② 按照维修手册规定，选用 10 mm 长套筒扳手、扭力扳手。

③ 根据维修手册规定，调整扭力扳手的扭矩（参见前述“相关技术要求”）。

④ 以维修手册规定扭矩依次紧固转向助力泵 2 颗固定螺母。

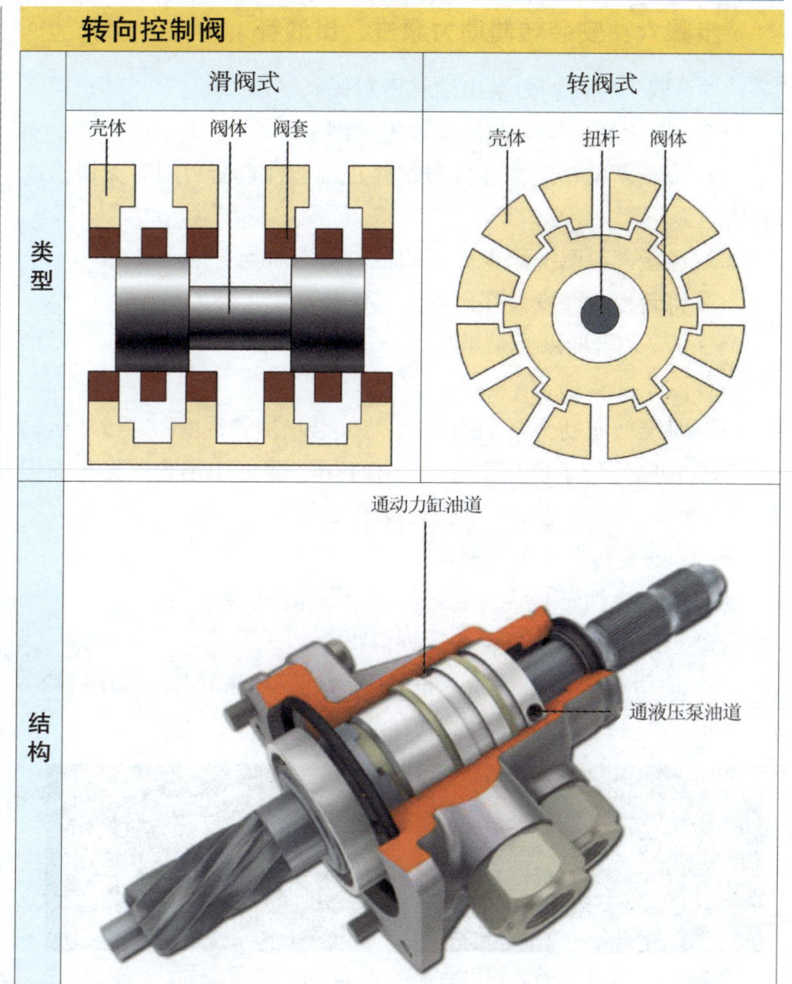

学习笔记

学习笔记

步骤六：安装转向助力泵进、出油管

（1）取下转向助力泵出油管密封阀。

（2）装上转向助力泵出油管密封圈：

① 检查新的密封圈零件号是否正确，检查密封圈有无损伤或变形。

② 在新密封圈上涂少许新的转向助力油。

③ 将新密封圈安装在出油管接口处。

（3）安装转向助力泵出油管：

① 取下油管塞子。

② 对准转向助力泵上的出油口，安装出油管，如图6-2-5所示。

③ 按照维修手册规定选用正确工具，紧固出油管路接头固定螺栓（紧固扭矩参见前述“相关技术要求”）。

（4）安装转向助力泵进油管：

① 检查进油管是否有老化现象，取下油管塞子。

② 按照维修手册规定选用鲤鱼钳。

③ 使用鲤鱼钳将锁紧卡箍移至原抱箍位置锁紧，如图6-2-6所示。

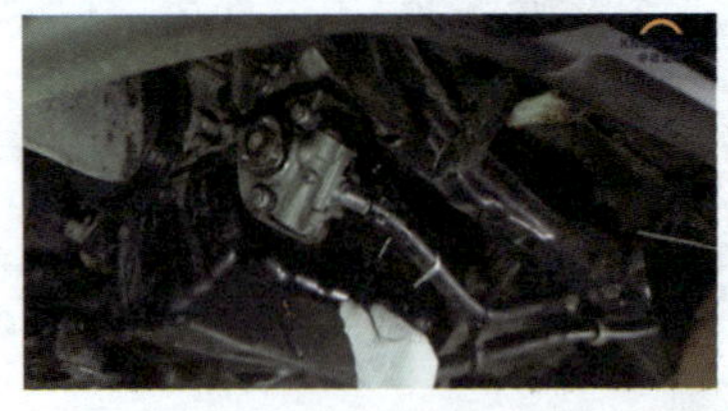

图 6-2-5　安装转向助力泵出油管

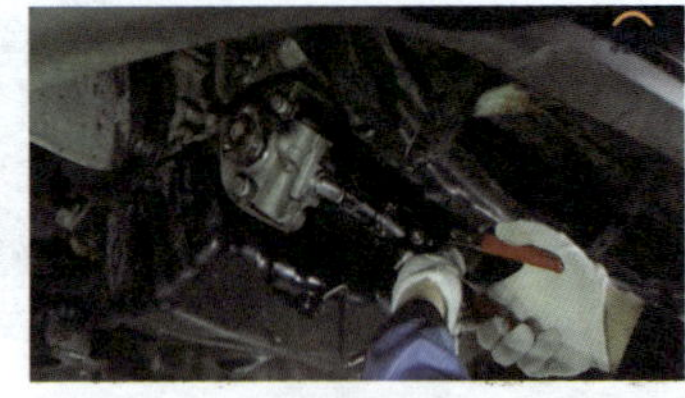

图 6-2-6　安装转向助力泵进油管

6-5 转向助力泵更换

步骤七：加注转向助力油

参见本项目任务一中的加注转向助力油步骤。

液压转向助力装置的类型

常流式

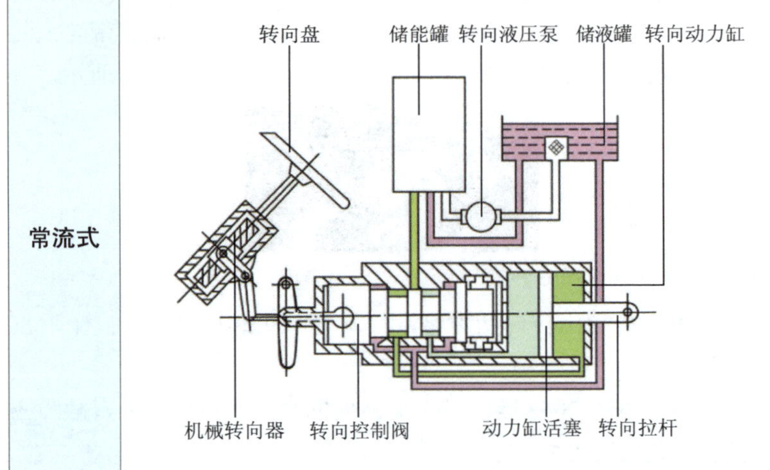

常压式

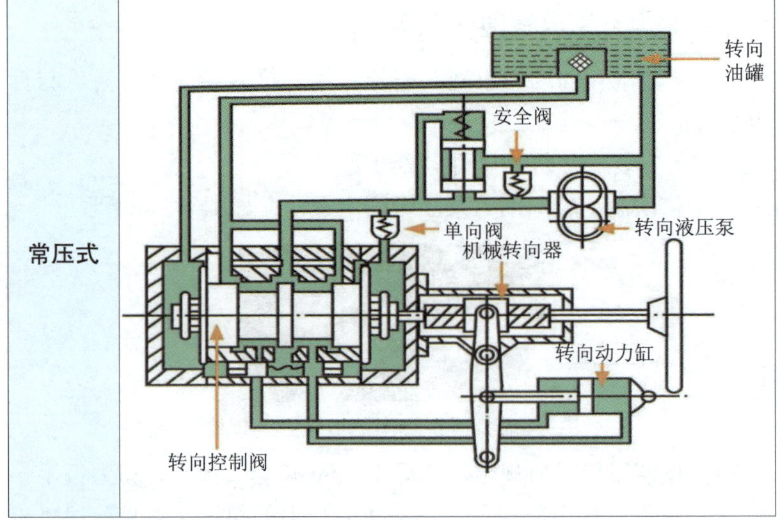

世界会向那些有目标和远见的人让路。

任务测评

一、知识测评

确定本任务关键词，按重要程度进行关键词排序并举例解读。

根据自己对重要信息捕捉、排序、表达、创新和划分权重能力进行自评，满分 100 分（见表 6-2-2）。

表 6-2-2　检修转向助力泵知识测评表

序号	关键词	举例解读	评分自定
1			
2			
3			
4			
5			
总分			

二、能力测评

对表 6-2-3 所列作业内容，操作规范即得分，操作错误或未操作即零分。

表 6-2-3　检修转向助力泵能力测评表

序号	能力点	配分	得分
1	拆卸转向助力泵进出油管	20	
2	拆卸转向助力泵	20	
3	安装转向助力泵	20	
4	加注转向助力油	20	
5	安装转向助力泵进出油管	20	
总分		100	

三、素养测评

对表 6-2-4 所列素养点，做到即得分，未做到即零分。

表 6-2-4　检修转向助力泵素养测评表

序号	素养点	配分	得分
1	设备和工具安全检查	20	
2	车辆安全防护	20	
3	工具清洁、校准、存放	20	
4	工量辅具、零部件、油水液体“三不落地”	20	
5	工位“5S”	20	
总分		100	

四、拓展训练

（1）请列举出在检修转向助力泵过程中易出现的问题，分析产生问题的原因并制定解决问题的措施（满分 20 分）。

（2）现有一辆 2014 款卡罗拉 1.6 L 手动变速器轿车，行驶过程中转向盘沉重，初步判断为转向助力泵故障。试制定检修流程并进行检修（满分 30 分）。

（3）“在未来的世界里，方向比努力更重要。”汽车转向系统控制汽车的行驶方向。生活中，很多人之所以不能成功，并不是因为没有天赋或者机会。而是他们没有朝着正确的方向努力，结果只能南辕北辙。有了目标，我们的人生就有了方向。因为世界会向那些有目标和远见的人让路，也只有把握住方向向着目标勤奋努力的人才能取得卓越不凡的成就。

请按图 6-2-7 所示思维导图格式，总结检修转向助力泵的学习过程，列举生活中对自己影响最大的两件事，看看是不是影响

学习笔记

了自己的人生方向，总结一下经验和教训。搜集 2 个转向助力泵故障现象，利用思维导图分析故障原因，各做成 500 字的案例，梳理案例结构（满分 50 分）。

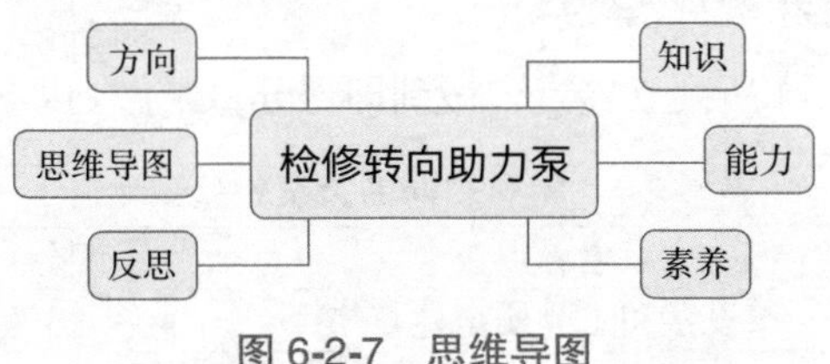

图 6-2-7　思维导图

世界会向那些有目标和远见的人让路。

学习考评

一、考评项目

请制定出 2008 款别克凯越 1.6LE-AT 轿车液压助力转向系统的检修计划并实施，完成考评报告。

二、实施准备

1. 学生准备

学生按照教学进度计划，已经完成了以下学习任务并达到了 75 分以上，可进行该学习考评的实施。

（1）理解并掌握学习考评需要的相关知识和方法，得分大于 75 分。

（2）运用学习考评需要的相关知识和方法进行作业，得分大于 75 分。

（3）按时、按质、按量完成相应作业，得分大于 80 分。

（4）具有自觉遵守技术标准和要求规定、规范操作、安全、环保、“5S”作业、团结协作的好习惯，得分大于 80 分。

（5）能制定 2008 款别克凯越 1.6LE-AT 轿车液压助力转向系统的检修方案。

2. 教师准备

（1）在安排学生实施学习考评前，通过课堂问题研讨、作业、实训、考核及其他方式，确认学生已经具备了实施学习考评所需的知识、技能和素养，并确保学生在安全状态下独立进行。

（2）对协助教师进行测评的学生进行测评、监督方法的培训，确保测评结果的准确性、公平性。

（3）准备好测评记录。

三、验证方法与标准

（1）每位测评人员负责对 2 名学生进行定点、全过程的监控和测评。

（2）详细记录学生在实施学习考评过程中的相关信息、数据、结果、操作方法、完成时间，以及出现错误、事故等情况。

（3）学习考评的作业过程和数据记录等，要求在 90 min 内完成，时间不足，可在即将结束时，口述剩余部分的作业方法。

（4）考评内容及评分标准见下表。

考评内容及评分标准

评分项	得分条件	评分标准	配分	得分
职业素养能力	（1）能进行工位 5S 操作（5 分）。 （2）能进行设备和工具安全检查（3 分）。 （3）能进行工具清洁、校准、存放操作（3 分）。 （4）能进行三不落地操作（4 分）	依据得分条件进行评分	15	
专业技能操作能力	（1）能够检查转向助力油（7 分）。 （2）能够抽取转向助力油（7 分）。 （3）能够加注转向助力油（6 分）。 （4）能够拆卸转向助力泵油管（7 分）。 （5）能够拆卸转向助力泵（6 分）。 （6）能够安装转向助力泵（7 分）。 （7）能够安装转向助力泵油管（5 分）。 （8）能够复检液压助力转向系统（5 分）	依据得分条件进行评分	50	

学习笔记

续表

评分项	得分条件	评分标准	配分	得分
信息查询处理能力	（1）能正确使用维修手册查询资料（2分）。 （2）能在规定时间内查询所需资料（3分）。 （3）能正确记录所查询资料章节页码（2分）。 （4）能正确记录所需维修信息（3分）	依据得分条件进行评分	10	
工具选择使用能力	（1）能正确选用维修工具（2分）。 （2）能正确使用维修工具进行拆装（2分）。 （3）能正确使用游标卡尺（2分）。 （4）能正确使用专用工具（2分）。 （5）能熟练使用办公软件（2分）	依据得分条件进行评分	10	
分析判断能力	（1）能判断转向助力油是否符合标准（5分）。 （2）能判断转向助力泵是否可以继续使用（5分）	依据得分条件进行评分	10	
表单填写能力	（1）语句通顺（2分）。 （2）无错别字（1分）。 （3）无抄袭（2分）	依据得分条件进行评分	5	
总计			100	

四、考评报告

说明：考评分为理论考评和实操考评，理论考评根据项目要求以及考评模板格式制定项目实施方案，方案经教师审核合格后，方可进行实操考评。考评报告模板详见附录A。

学习笔记

拓展阅读——汽车转向系统进化史

伴随着100余年的汽车发展史，汽车转向系统经历了机械系统到电动系统再到线控系统的发展进化，这个进化过程的本质就是不断满足人们驾驶需求的过程，满足人车协调的过程。电子技术在其中起着关键性的作用。

一、机械转向系统

机械转向系统是以驾驶员的体力作为转向能源，其中所有传力件都是机械，其广泛应用于早期汽车以及现代的简易车辆上，具有结构简单、紧凑，质量小，刚性大，转向灵敏，制造容易，成本低，正、逆效率高的特点。但扳动转向盘很费劲，特别是原地转动转向盘的时候。如果是在载重和自重很大的货车上，转向盘把握不稳有可能会造成手臂骨折，操作起来非常危险。

二、机械液压助力系统

为了克服机械转向系统凭人力转向、不安全的弊端，研发了液压助力系统。利用发动机的动力带动油泵给机械转向提供液压助力，这样操作转向盘就轻松了。但是在高速行驶时，由于转向盘反馈力量太小，容易出现“丢方向”的感觉，即用轻微的力就可转动转向盘。由于使用了发动机动力作为油泵动力，所以，发动机用于行驶的动力会有部分损耗。

三、电子液压助力转向系统

为了克服“丢方向”和发动机动力损失的问题，研发了电子液压助力转向系统。在液压助力转向系统上将油泵改为电动机驱动，同时增加了控制单元，让助力大小根据汽车车速来匹配，车速高时助力小、手感更好，车速低时，助力大、更省力。从而转向盘操作上更稳定可靠、人性化，这是助力转向系统技术的一次飞跃。

四、电子助力转向系统

在电子液压助力转向系统的基础上，电子助力转向系统利用驱动电机直接带动转向轴或转向齿轮，转向齿条在电子控制单元下直接实现助力转向，省去了液压助力系统，更环保，更节能，更人性化，更安全可靠，这在助力转向系统的发展史上绝对是一次质的飞跃。

五、线控转向系统

线控转向系统是将驾驶员的操纵动作经过传感器变成电信号，通过电缆直接传输到执行机构的一种系统。它具备了机械转向、助力转向的所有优点。线控转向技术具有转动效率高，响应时间短的特点，能根据车速、牵引力等参数实时改变转向比率，提高了汽车碰撞安全性和整车主动安全性，具有良好的操纵性。

思考

请走访4S店和我国转向系统制造厂家并查阅相关资料调查一下，写一篇500字短文，介绍一下当代最新技术水平的转向系统以及我国汽车转向系统的发展史。

学习笔记

项目七　检修悬架总成

一、项目描述

完成2007款丰田卡罗拉1.6 L手动GL型轿车悬架总成检修作业。

二、项目要求

依据2007款丰田卡罗拉1.6 L手动GL型轿车维修手册和汽车运用与维修“1+X”职业技能等级证书（中级）标准相关要求，正确使用工具，安全规范地完成如下检修作业：

（1）检修下摆臂；

（2）检修减振器。

三、学习目标

（1）准确识别悬架总成的主要部件；

（2）正确描述减振器和弹簧的功用；

（3）熟练概述独立悬架的类型和特点；

（4）规范拆装悬架总成；

（5）熟练检查悬架总成；

（6）养成自觉遵守技术标准和要求规定、规范操作、安全、环保、“5S”作业的好习惯；

（7）体验挑战自己、不怕失败带来的成长感；

（8）体会创新就是开辟不同的解决问题的思路。

四、学习载体

2007款丰田卡罗拉1.6 L手动GL型轿车悬架总成如下图所示。

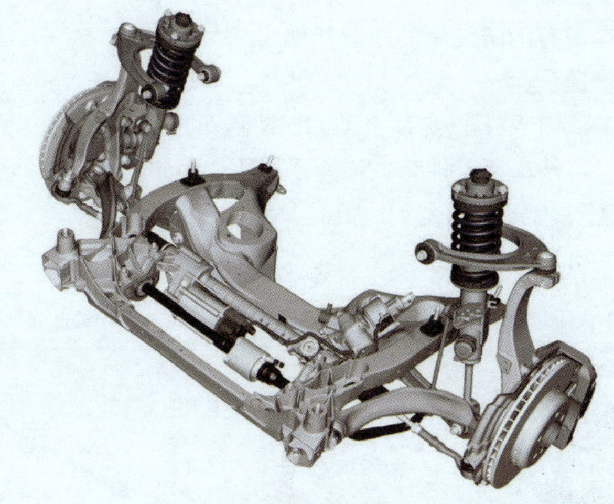

悬架总成示意图

悬架总成是汽车行驶系统中非常重要的组成部分，它把车架和车轮弹性地连接起来，关系到汽车的多项使用性能。

学习笔记

任务一　检修下摆臂

职业行动

步骤一：作业准备

1. 作业场地

选择带有消防设施的作业场地。

2. 设备设施

2007 款卡罗拉 1.6 L 手动 GL 型轿车下摆臂总成、举升机、工具车、零件车、三件套、维修手册等。

3. 工量辅具（见表 7-1-1）

表 7-1-1　检修下摆臂工量辅具

常用工具一套	气动扳手	轮胎扳手
扭力扳手	撬棍	橡胶锤

4. 耗材

干净抹布、手套。

职业知识

相关技术要求

车轮紧固螺栓扭矩	100 N•m
下摆臂与前车架连接的固定螺栓扭矩	70 N•m
下摆臂球头与转向节连接固定螺栓扭矩	30 N•m

行驶系统

功用	• 接受由发动机经传动系统输出的转矩，并通过驱动轮与路面间附着作用，产生路面对汽车的牵引力来保证汽车的正常行驶。 • 传递并承受路面作用于车轮的各向反力及其形成的力矩。 • 缓和不平路面对车身造成的冲击和震动，保证汽车行驶平稳性 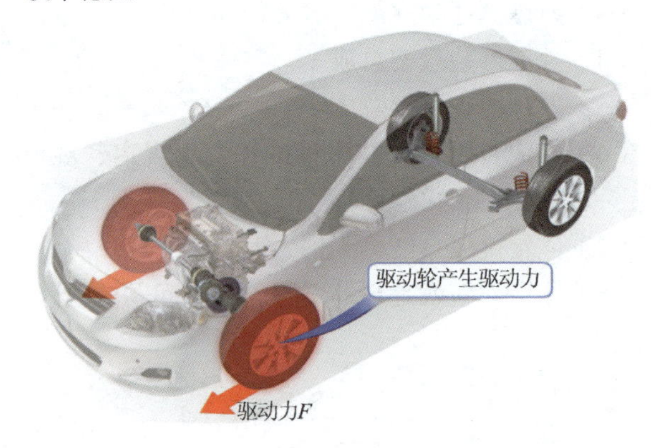

7-1

行驶系统功用

世界上没有伟大的人，只有普通人迎接的巨大挑战。

学习笔记

步骤二：拆卸车轮（见图 7-1-1）

（1）车辆停稳熄火，拉紧驻车制动。

（2）使用轮胎扳手或者扭力扳手、短接杆和 19 mm 套筒对角拧松轮胎固定螺栓。注意：拧松轮胎固定螺栓即可，不要旋出或完全拆下螺栓。

（3）按照举升机操作规范，举升车辆至合适的位置，保证车轮离开地面。

（4）使用气动扳手对角旋出车轮固定螺栓，旋出最后一颗螺栓时，需要用手扶着轮胎，避免轮胎滑落。

（5）取下车轮。

图 7-1-1　拆卸车轮

步骤三：拆卸挡泥板

（1）选用合适的工具拆卸挡泥板（见图 7-1-2）固定卡扣。

（2）取下挡泥板。

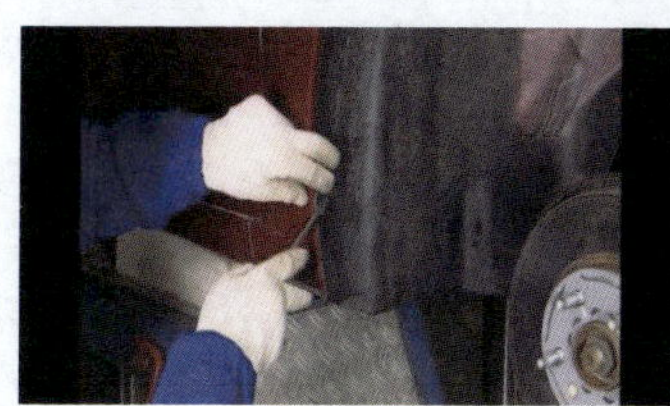
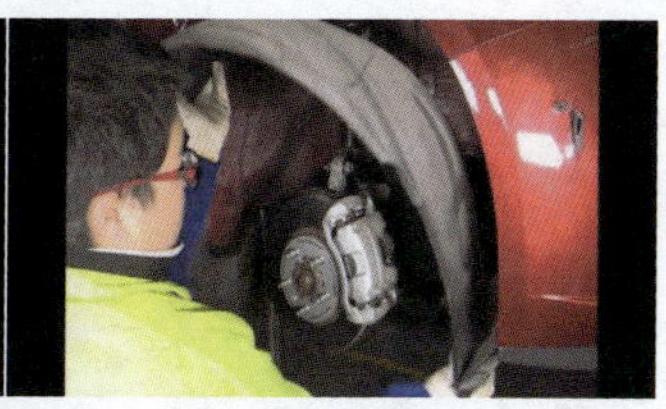

图 7-1-2　拆卸挡泥板

行驶系统（续）

组成	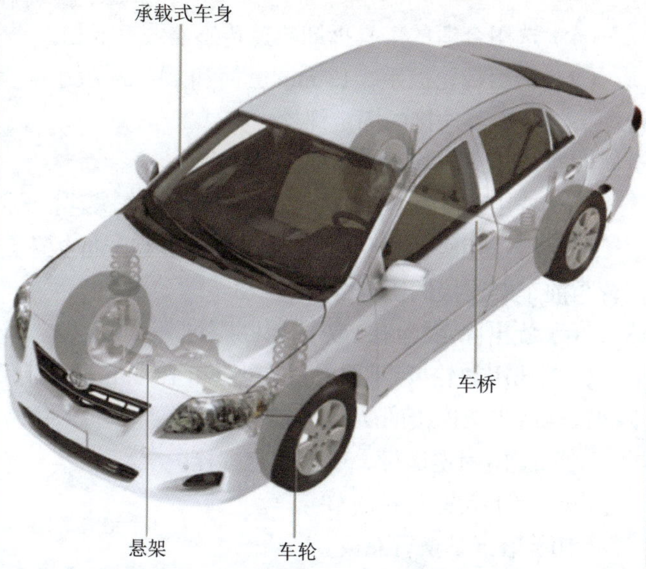 承载式车身 车桥 悬架 车轮	
类型	轮式	半履带式
	全履带式	车轮履带式

学习笔记

7-2

拆卸下摆臂

7-3

悬架功用

步骤四：拆卸下摆臂（见图 7-1-3）

（1）选用合适的工具拆卸轮速传感器线束卡扣。

（2）选用棘轮扳手，13 mm 套筒和 13 mm 扳手配合拧松下摆臂球头与转向节连接的固定螺栓。

（3）旋出固定螺母，取下固定螺栓。

（4）选用合适的工具拧松下摆臂衬套与前车架连接的固定螺栓。

（5）继续用棘轮扳手、18 mm 套筒和 18 mm 扳手配合拧松下摆臂与前车架连接的固定螺栓。

（6）旋出固定螺母，取下固定螺栓。

（7）选用棘轮扳手、18 mm 套筒和 18 mm 开口扳手配合拧松下摆臂与后车架连接的 2 颗固定螺栓。

（8）旋出固定螺母，取下固定螺栓。

（9）将下摆臂与转向节分离。

（10）取下下摆臂总成。

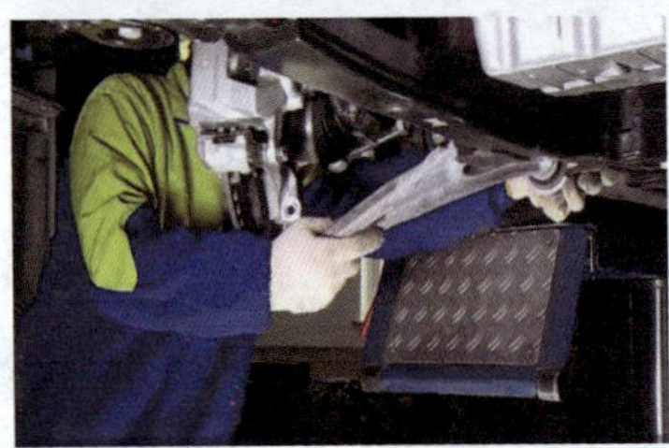

图 7-1-3　拆卸下摆臂

悬架系统

功用	• 支承连接：弹性地连接车桥与车架或车身并支承汽车的全部质量。 • 缓冲减振：缓和行驶中车辆受到的由不平路面引起的冲击力，迅速衰减由于弹性系统引起的振动。 • 传力导向：传递垂直、纵向、侧向反力及其力矩，使车轮按一定轨迹相对车身运动
组成	悬架一般由弹性元件、减振器、导向装置和横向稳定杆等组成 减振弹簧（弹性元件） 横摆臂（导向装置） 减振器 横向稳定杆（导向装置） 悬架横梁 扭转桥

世界上没有伟大的人，只有普通人迎接的巨大挑战。

步骤五：安装下摆臂（见图 7-1-4）

（1）将下摆臂安装到车架上。

（2）安装下摆臂与前车架连接的固定螺栓并旋入固定螺母。

（3）安装下摆臂与后车架连接的 2 颗固定螺栓并旋入固定螺母。

（4）选用棘轮扳手、18 mm 套筒和 18 mm 扳手配合预紧下摆臂与后车架连接的 2 颗固定螺栓。

（5）选用棘轮扳手、18 mm 套筒和 18 mm 扳手配合预紧下摆臂与前车架连接的固定螺栓。

（6）将下摆臂球头与转向节连接。

（7）安装固定螺栓并旋入固定螺母。

（8）选用棘轮扳手、13 mm 套筒和 13 mm 扳手配合预紧下摆臂球头与转向节连接的固定螺栓。

（9）根据维修手册，使用扭力扳手将下摆臂与前车架连接的固定螺栓紧固至 70 N・m（标准力矩：70 N・m）。

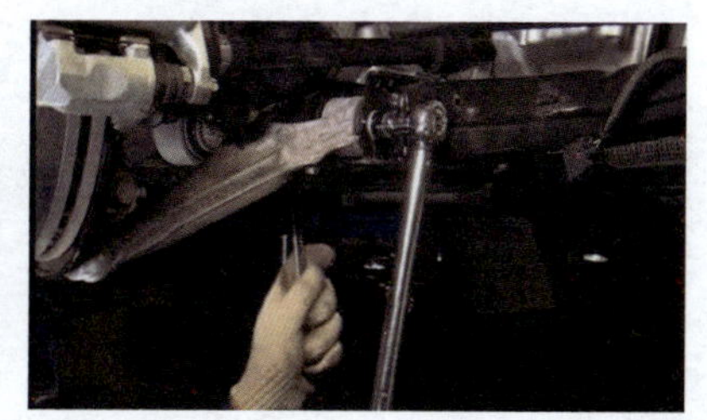

图 7-1-4　安装下摆臂

悬架系统的分类

独立悬架	• 概念：独立悬架是每一侧的车轮都是单独地通过弹性元件悬挂在车架或车身下面。 • 优点：质量小，减少了车身受到的冲击，并提高了车轮的地面附着力；可用刚度较小的弹簧，改善汽车的舒适性；可以使发动机位置降低，汽车重心也得到降低，从而提高汽车的行驶稳定性；左右车轮单独跳动，互不相干，能减小车身的倾斜和振动 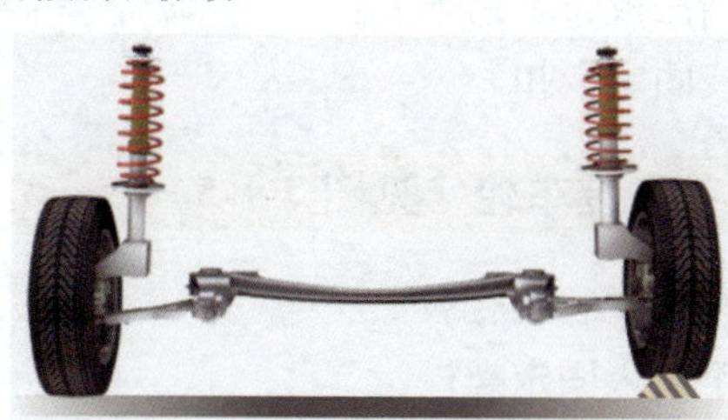
非独立悬架	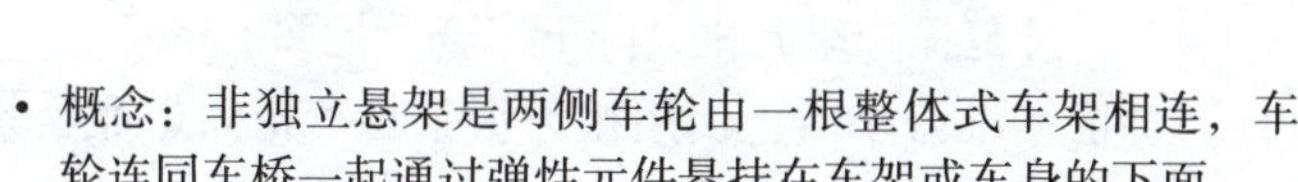 • 概念：非独立悬架是两侧车轮由一根整体式车架相连，车轮连同车桥一起通过弹性元件悬挂在车架或车身的下面。 • 特点：非独立悬架具有结构简单、成本低、强度高、维护容易、行车中前轮定位变化小的优点，但由于其舒适性及操纵稳定性都较差，多用在货车和大客车上 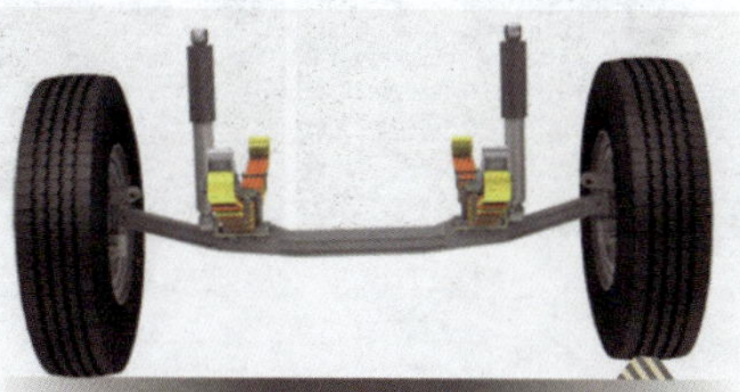

学习笔记

7-4

安装下摆臂

世界上没有伟大的人，只有普通人迎接的巨大挑战。

学习笔记

（10）根据维修手册，使用扭力扳手将下摆臂与后车架连接的固定螺栓紧固至 70 N · m。

（11）根据维修手册，使用扭力扳手将下摆臂球头与转向节连接的固定螺栓紧固至 30 N · m。

（12）重新安装轮速传感器线束固定卡扣。

步骤六：安装挡泥板

（1）将挡泥板安装到车上。

（2）安装固定卡扣。

步骤七：安装车轮（见图 7-1-5）

（1）将车轮安装到轮毂上。

（2）用手旋入固定螺栓。

（3）选用气动扳手将车轮固定螺栓预紧。

（4）按规范操作举升机，降下车辆至地面。

（5）根据维修手册，使用扭力扳手将车轮固定螺栓紧固至规定值 100 N · m。

图 7-1-5　安装车轮

下摆臂

- 概念：下摆臂又称下肢臂，是汽车悬架系统中的导向装置。
- 故障：车辆长期在颠簸路面行驶会使控制臂长时间处于恶劣的工作条件中，加剧磨损并导致各元件连接松旷，一旦车辆发生碰撞，就会使控制臂运动超过极限位置。另外，车身变形也会导致下摆臂因受力不均匀而变形损坏。下摆臂损坏会严重影响行车安全性、行驶稳定性及乘坐舒适性，此时就需要更换下摆臂

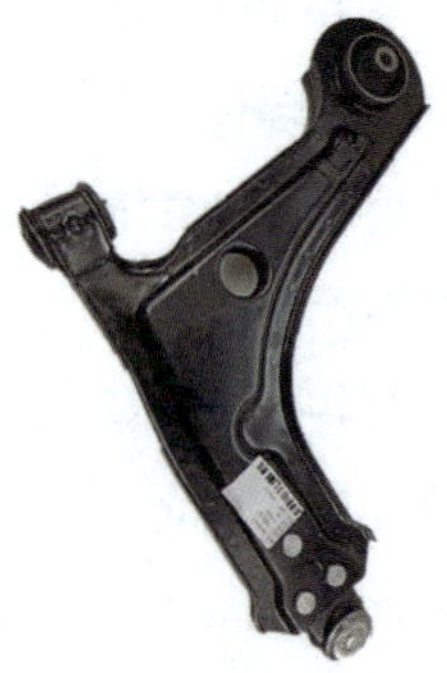

世界上没有伟大的人，只有普通人迎接的巨大挑战。

学习笔记

任务测评

一、知识测评

确定本任务关键词，按重要程度进行关键词排序并举例解读。

根据自己对重要信息捕捉、排序、表达、创新和划分权重能力进行自评，满分 100 分（见表 7-1-2）。

表 7-1-2　检修下摆臂知识测评表

序号	关键词	举例解读	评分自定
1			
2			
3			
4			
5			
总分			

二、能力测评

对表 7-1-3 所列作业内容，操作规范即得分，操作错误或未操作即零分。

表 7-1-3　检修下摆臂能力测评表

序号	能力点	配分	得分
1	拆卸车轮	20	
2	拆卸下摆臂	20	
3	更换下摆臂	20	
4	安装下摆臂	20	
5	安装车轮	20	
总分		100	

三、素养测评

对表 7-1-4 所列素养点，做到即得分，未做到即零分。

表 7-1-4　检修下摆臂素养测评表

序号	素养点	配分	得分
1	设备和工具安全检查	20	
2	车辆安全防护	20	
3	工具清洁、校准、存放	20	
4	工量辅具、零部件、油水液体“三不落地”	20	
5	工位“5S”	20	
总分		100	

四、拓展训练

（1）请列举出在检修下摆臂过程中易出现的问题，分析产生问题的原因并制定解决问题的措施（满分 20 分）。

（2）现有一辆 2014 款卡罗拉 1.6 L 手动变速器轿车，行驶过程中底盘有异响，初步判断为下摆臂故障。试制定检修流程并进行检修（满分 30 分）。

（3）在马车出现的时候，为了乘坐更舒适，人类就开始对马车的悬架——叶片弹簧进行孜孜不倦的探索。在 1776 年，马车用的叶片弹簧取得了专利，并且一直使用到 20 世纪 30 年代，叶片弹簧才逐渐被螺旋弹簧代替。1934 年世界上出现了第一个由螺旋弹簧组成的被动悬架。通过阅读悬架的发展历史，我们不难发现，人类对舒适性的追求一刻都没有停止，不断地在挑战自己，超越自己。

学习笔记

请按图 7-1-6 所示思维导图格式，总结检修下摆臂的学习过程，搜集 2 个下摆臂故障现象，利用思维导图分析故障原因，各做成 500 字的案例，梳理案例结构（满分 50 分）。

图 7-1-6　思维导图

学习笔记

任务二　检修减振器总成

职业行动

步骤一：作业准备

1. 作业场地

选择带有消防设施的作业场地。

2. 设备设施

2007 款卡罗拉 1.6 L 手动 GL 型轿车减振器总成、举升机、工具车、零件车、三件套、维修手册等。

3. 工量辅具（见表 7-2-1）

表 7-2-1　检修减振器总成工量辅具

常用工具一套	气动扳手	轮胎扳手
扭力扳手	专用拆装工具	弹簧拆装器

4. 耗材

干净抹布、手套。

职业知识

相关技术要求

车轮紧固螺栓力矩	100 N・m
减振器自锁螺栓力矩	60 N・m
减振器固定螺栓力矩	95 N・m

减振器

功能	• 迅速衰减汽车的振动，改善汽车的行驶平顺性，增强车轮和地面的附着力。 • 降低车身部分的动载荷，延长汽车的使用寿命	
类型	双向作用筒式减振器	阻力可调式减振器

7-5 减振器功用

学习笔记

步骤二：拆卸车轮（见图 7-2-1）

（1）使用车轮起拔钩，取下车轮螺栓盖罩。

（2）使用直角扳手拧松 5 颗车轮螺栓。

（3）使用气动冲击扳手，选用 17 mm 套筒，拆下 3 颗车轮固定螺栓。

（4）按照举升机操作规范，举升车辆至合适位置，拆下剩余 2 颗车轮固定螺栓。

（5）拆下车轮并将车轮放在轮胎架上。

步骤三：拆卸左前减振器总成

（1）按照举升机操作规范，将车辆举升至合适位置。

（2）选用气动冲击扳手，拆卸半轴固定螺栓。

（3）使用 18 mm 套筒、气动冲击扳手，拆卸转向横拉杆固定螺母（见图 7-2-2），断开转向横拉杆。

图 7-2-1　拆卸车轮

图 7-2-2　拆卸转向横拉杆固定螺母

7-6

拆卸减振器总成

双向筒式液压减振器

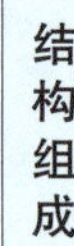

结构组成

- 一个杆：中间有 1 个活塞杆。
- 两个端：减振器上端与车架或车身连接，下端与车桥或车轮连接。
- 三个筒：它有 3 个同心缸筒，外面的缸筒是防尘套，中间是储油缸筒，内部装有一定量的油液，里面是工作缸筒，里面充满油液。
- 四个阀：流通阀和补偿阀是单向阀，弹簧压力很弱；压缩阀和伸张阀是卸载阀，弹簧压力很强

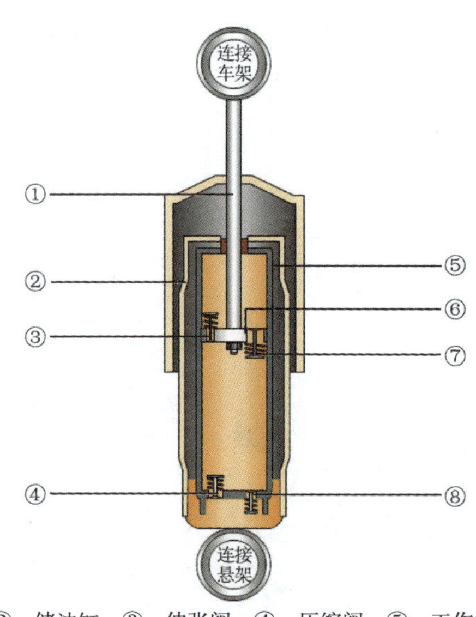

①—活塞杆；②—储油缸；③—伸张阀；④—压缩阀；⑤—工作缸；⑥—活塞；⑦—流通阀；⑧—补偿阀

没有创新生活就是死水一潭。

学习笔记

（4）使用一字螺丝刀断开轮速传感器连接器并拔下线束。

（5）拔开制动液管卡扣，取下制动液管，转动制动盘。

（6）选用气动冲击扳手、21 mm 套筒，拆下 2 颗车辆制动分泵固定螺栓，使用挂钩将制动分泵悬挂在车架上，如图 7-2-3 所示。

（7）转动制动盘，使用气动冲击扳手、18 mm 套筒，拆下连接杆固定螺母，拔下连接杆。

（8）按照举升机操作规范，举升车辆至合适位置。

（9）使用气动冲击扳手、16 mm 套筒，拆下 3 颗车轮悬架壁固定螺母，从车轮悬架壁拉出带球头节的车轮轴承总成，并将驱动轴拉出。

（10）按照举升机操作规范降下车辆。

（11）打开发动机舱盖，铺设翼子板布。

（12）使用一字螺丝刀支撑防水板。

（13）使用棘轮扳手和 13 mm 套筒拆卸 3 颗左前减振器总成上部固定螺栓，拆卸左前减振器总成，如图 7-2-4 所示。

图 7-2-3　拆卸制动分泵

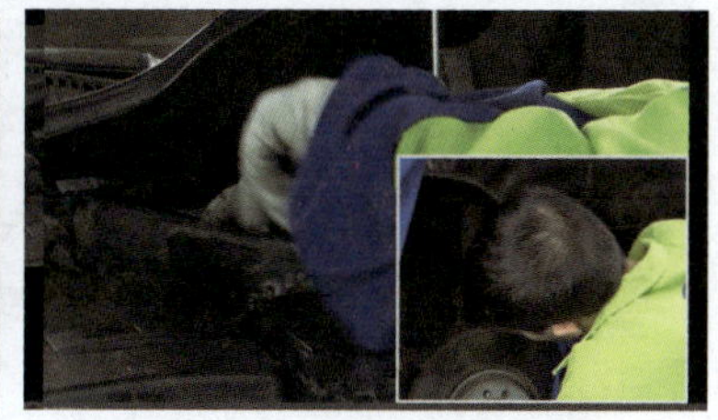

图 7-2-4　拆卸左前减振器总成

双向筒式液压减振器（续）		
工作原理	压缩运动	
	车轮移进车身，减振器被压缩，活塞向下移动，一部分油液冲开流通阀流入下腔，另一部分油液推开压缩阀，流入储油缸内	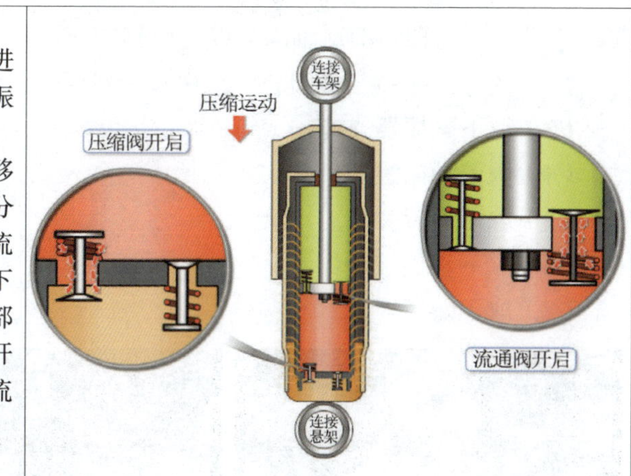
	伸张运动	
	车轮远离车身，减振器受拉伸，活塞向上移动，上部油液压开伸张阀流入下腔，储油缸中的一部分油液推开补偿阀流入工作缸进行补偿	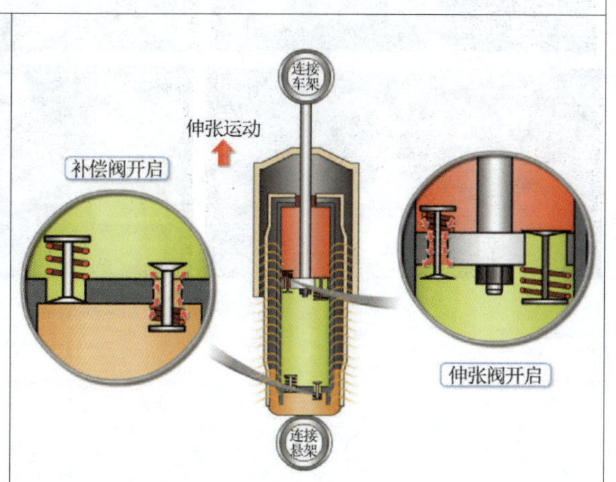

学习笔记

步骤四：分解左前减振器总成（见图 7-2-5）

（1）两人配合使用弹簧夹紧装置，VAG1752-1 先加紧螺旋弹簧，直至上部的轴向滚珠轴承可以自由移动。

（2）使用减振器套件组合，拧出减振器杆的六角螺母。

（3）取下减振器支座。

（4）取下轴向滚珠轴承。

（5）取下螺旋弹簧。

（6）取下直挡缓冲器。

（7）取下防护罩。

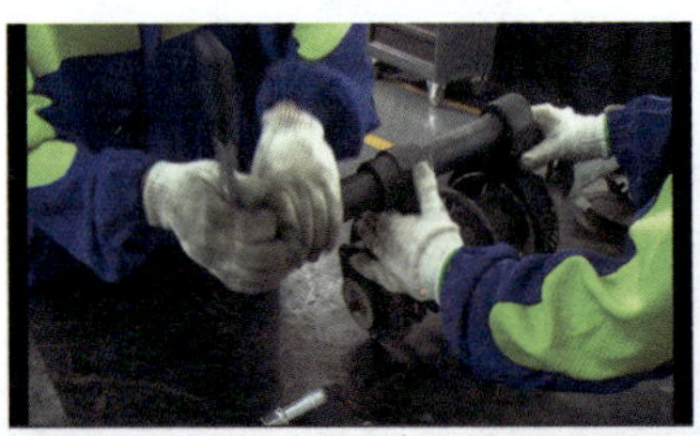

图 7-2-5　分解左前减振器总成

悬架系统总体结构——弹性元件

类型	说明	图示
钢板弹簧	钢板弹簧是汽车悬架中应用最广泛的弹性元件，它是由若干片等宽不等长的合金弹簧片组合而成的弹性梁，多应用于非独立悬架的汽车	前板簧盖板 U形螺栓 卷耳 钢板弹簧 套管 螺栓
螺旋弹簧	螺旋弹簧广泛用于独立悬架中，螺旋弹簧本身没有减振作用，因此必须和减振器一起配合使用，而且只能承受垂直载荷，所以须加装导向机构	
扭杆弹簧	扭杆弹簧本身是一根弹簧钢制成的扭杆，其一端固定在车架上，另一端固定在悬架的摆臂上，摆臂与车轮相连，多应用于后轮非独立悬架上	摆臂 扭杆
气体弹簧	气体弹簧是在一个密封的容器中冲入压缩气体，利用气体的可压缩性实现其弹簧作用。随着载荷增加，容器内的气体被压缩，气压升高，弹簧的刚度增大。在安装有主动悬架的汽车上，气体弹簧被广泛应用	卷动膜片 上调缓冲块 气压缸 底部单向阀 可调减振器 活塞杆

没有创新生活就是死水一潭。

步骤五：组装左前减振器总成（见图 7-2-6）

（1）首先将前减振器支座、轴向滚珠轴承、止挡缓冲器组装为一体。

（2）将防护罩放入减振器内。

（3）用弹簧张紧装置将螺旋弹簧装入减振器内。

（4）将减振支座、减振平面轴承、减振缓冲胶套整体装入减振器上端。

（5）用手将螺母旋入减振器顶部。

（6）使用专业工具套件组合拧紧螺母。

（7）在保证螺旋弹簧的端部贴紧直板块的情况下，逐渐松开螺旋弹簧。

（8）安装防护罩并再次拧紧螺母。

图 7-2-6　组装左前减振器总成

<table>
<tr><th colspan="2">典型非独立悬架</th></tr>
<tr><td>钢板弹簧式</td><td>由于钢板弹簧可兼起导向机构的作用，使得悬架系统大为简化。这种悬架广泛用于货车的前、后悬架中。某些 SUV 的后悬架也使用钢板弹簧式非独立悬架。它中部用 U 形螺栓将钢板弹簧固定在车桥上
</td></tr>
<tr><td>螺旋弹簧式</td><td>螺旋弹簧式非独立悬架一般只用于轿车的后悬架。两根纵向推力杆的中部与后桥焊接为一体，前端通过带橡胶的支承座与车身作铰链连接，后端与轮毂相连接。纵向推力杆用以传递纵向力及其力矩
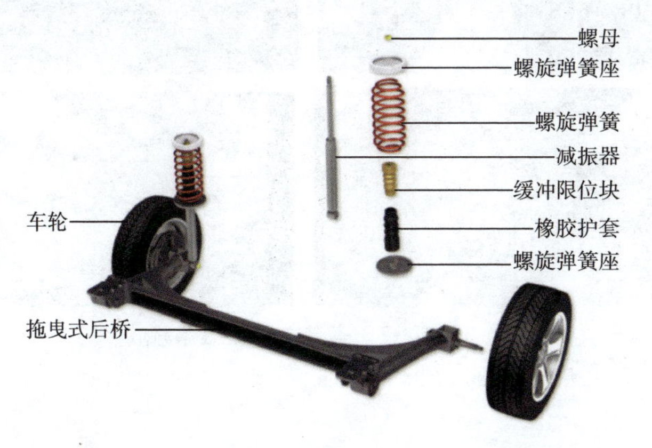
</td></tr>
</table>

学习笔记

学习笔记

步骤六：安装左前减振器总成（见图 7-2-7、图 7-2-8）

（1）首先将左前减振器总成对齐螺栓孔，用手将 3 颗螺栓轻轻拧入螺栓孔并预紧。

（2）使用棘轮扳手和 13 mm 套筒紧固左前减振器总成 3 颗固定螺栓。

（3）按照举升机操作规范，举升车辆至合适位置。

（4）将车轮驱动轴装入左前车轮轴承内。

（5）将车轮悬架壁对准左前减振器总成螺栓，用手将 3 颗固定螺母轻轻拧入并预紧。

（6）用手将 1 颗驱动轴固定螺栓轻轻拧入螺栓孔并预紧。

（7）安装制动分泵，并用 2 颗制动分泵固定螺栓固定。

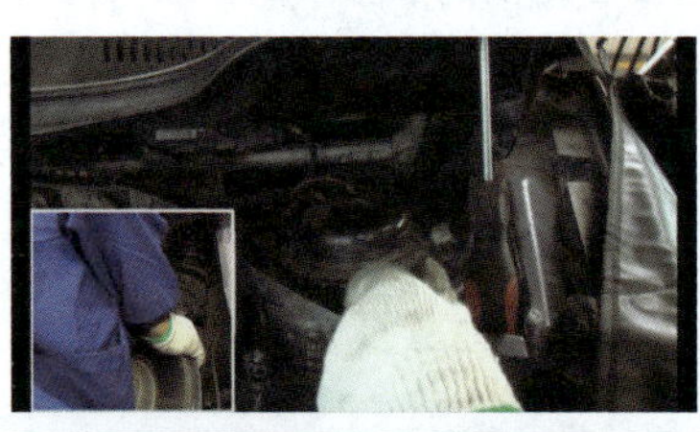
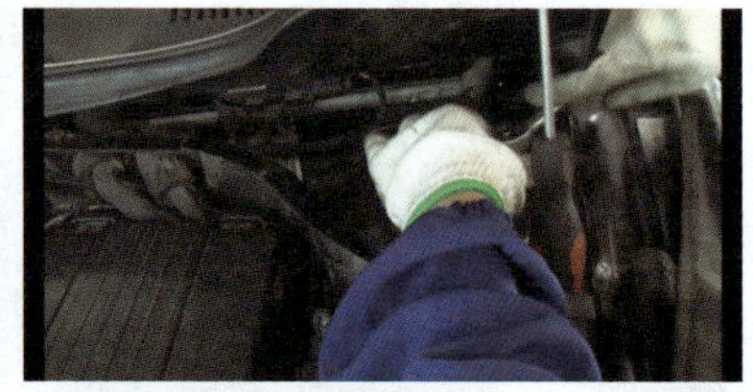

图 7-2-7　安装左前减振器总成

7-7

安装减振器总成

典型独立悬架	
横臂式	横臂式独立悬架旋转轴与车辆纵轴平行，横臂承受横向力和侧向力，常用于轿车前悬架 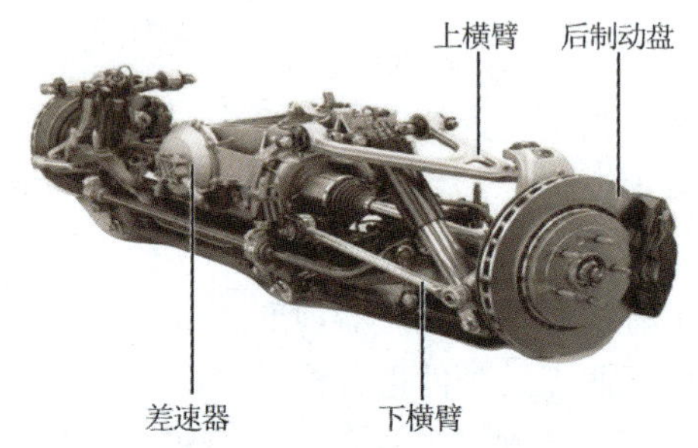
纵臂式	纵臂式独立悬架与车辆纵轴成 90°，纵臂只承受纵向力。纵臂式独立悬架常用于后悬架 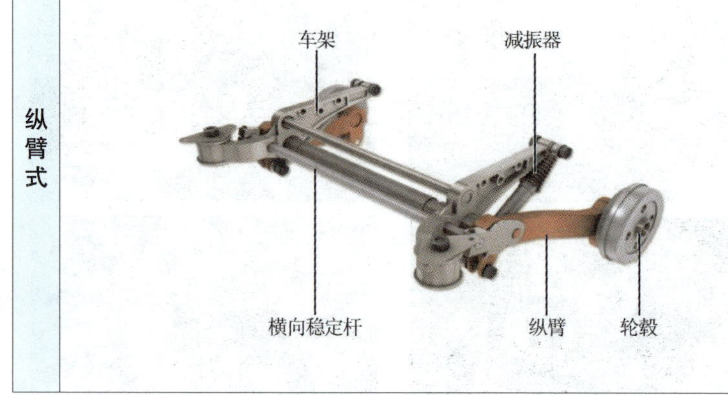

没有创新生活就是死水一潭。

（8）使用气动冲击扳手、21 mm 套筒，紧固制动分泵固定螺栓。

（9）使用气动冲击扳手、16 mm 套筒，紧固车轮悬架臂固定螺母。

（10）使用气动冲击扳手、24 mm 套筒，紧固驱动轴固定螺栓。

（11）安装连接杆，并用 1 颗连接杆固定螺母预紧固定，使用气动冲击扳手、18 mm 套筒，紧固连接杆固定螺母。

（12）安装转向横拉杆，并用 1 颗转向横拉杆固定螺母预紧固定，使用气动冲击扳手、18 mm 套筒，紧固转向横拉杆固定螺母。

（13）按照维修手册要求，使用扭力扳手紧固各部件固定螺栓。

（14）安装制动液管和固定卡扣。

（15）安装轮速传感器连接器并连接线束。

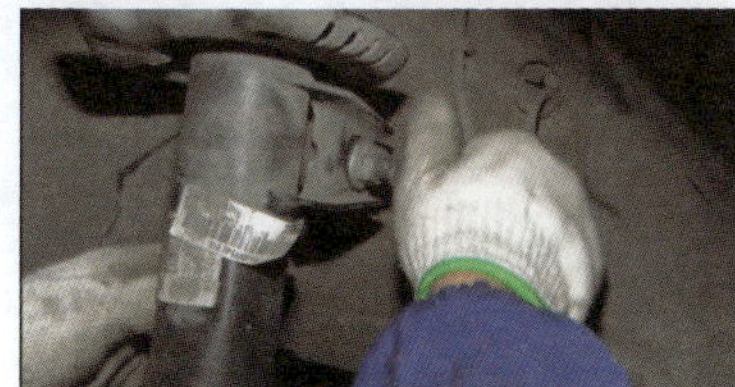

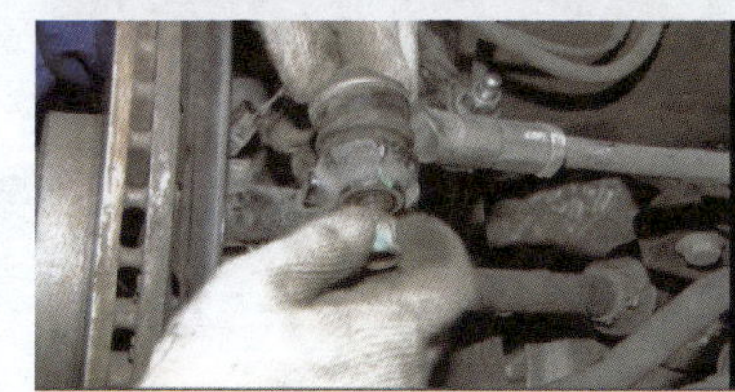

图 7-2-8　安装其他总成和附件

典型独立悬架（续）

麦弗逊式

麦弗逊式独立悬架通常由两个基本部分组成：支柱式减振器和横摆臂或 A 字形托臂。下托臂通常是横臂或 A 字形的设计，用于给车轮提供部分横向支撑力，以及承受全部的前后方向应力。整个车体的质量和汽车在运动时车轮承受的所有冲击就靠这两个部件承担。所以，麦弗逊式独立悬架的一个最大的设计特点就是结构简单。结构简单能带来的两个直接好处是，悬架质量小和占用空间小

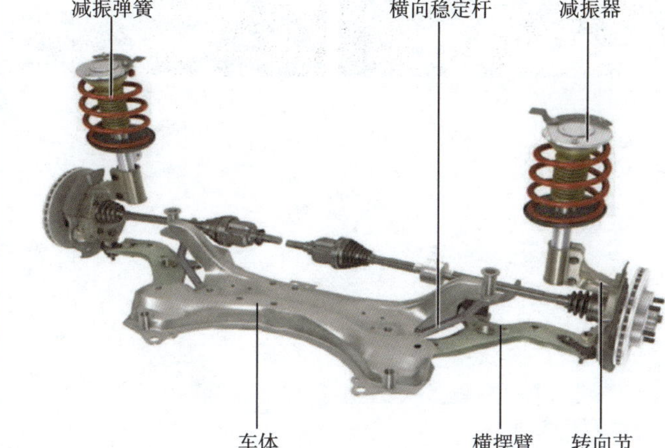

学习笔记

没有创新生活就是死水一潭。

学习笔记

步骤七：安装车轮（见图 7-2-9）

（1）首先将车轮螺栓孔对齐，用手将 5 颗固定螺栓轻轻拧入螺栓孔内。

（2）使用气动冲击扳手、17 mm 套筒，采用对角顺序紧固车轮固定螺栓。

（3）按照举升机操作规范，降下车辆。

（4）按照维修手册规定，使用扭力扳手拧紧车轮固定螺栓。

（5）安装车轮螺栓盖罩。

图 7-2-9　安装车轮

典型独立悬架（续）

类型	说明
双叉臂式	双叉臂式独立悬架又称双 A 臂式独立悬架。双叉臂式独立悬架拥有上下两个叉臂，横向力由两个叉臂同时吸收，支柱只承载车身质量，因此横向刚度大 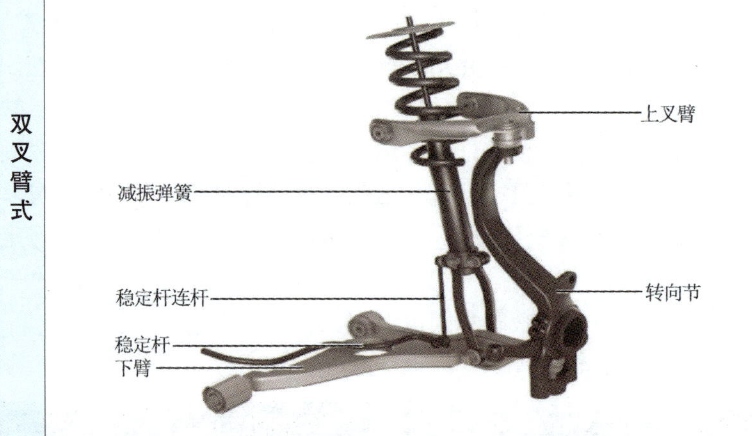
多连杆式	多连杆式独立悬架是由连杆、减振器和螺旋弹簧组成的。按惯例，一般都把 4 连杆或更多连杆结构的悬架，称为多连杆 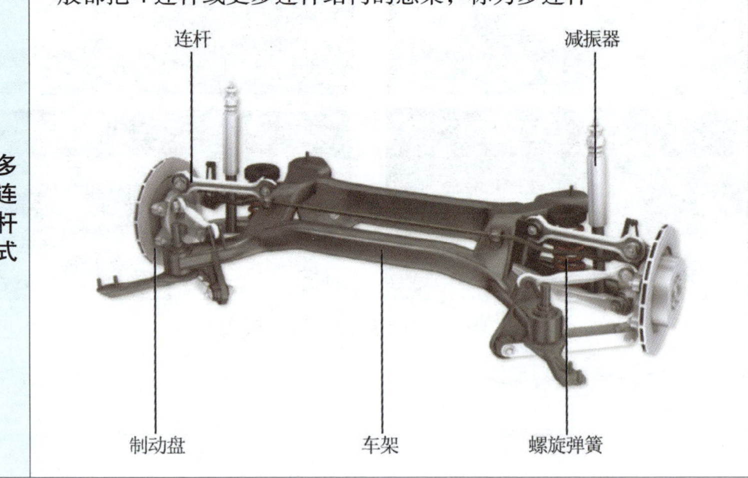

没有创新生活就是死水一潭。

任务测评

一、知识测评

确定本任务关键词，按重要程度进行关键词排序并举例解读。

根据自己对重要信息捕捉、排序、表达、创新和划分权重能力进行自评，满分 100 分（见表 7-2-2）。

表 7-2-2　检修减振器总成知识测评表

序号	关键词	举例解读	评分自定
1			
2			
3			
4			
5			
总分			

二、能力测评

对表 7-2-3 所列作业内容，操作规范即得分，操作错误或未操作即零分。

表 7-2-3　检修减振器总成能力测评表

序号	能力点	配分	得分
1	拆卸车轮	20	
2	拆卸左前减振器总成	20	
3	分解和组装左前减振器总成	20	
4	安装左前减振器总成	20	
5	安装车轮	20	
总分		100	

三、素养测评

对表 7-2-4 所列素养点，做到即得分，未做到即零分。

表 7-2-4　检修减振器总成素养测评表

序号	素养点	配分	得分
1	设备和工具安全检查	20	
2	车辆安全防护	20	
3	工具清洁、校准、存放	20	
4	工量辅具、零部件、油水液体“三不落地”	20	
5	工位“5S”	20	
总分		100	

四、拓展训练

（1）请列举出在检修减振器总成过程中易出现的问题，分析产生问题的原因并制定解决问题的措施（满分 20 分）。

（2）现有一辆 2014 款卡罗拉 1.6 L 手动变速器轿车，行驶过程中底盘有规律性异响，初步判断为减振器总成故障。试制定检修流程并进行检修（满分 30 分）。

（3）翻阅汽车悬架发展历史，空气悬架的历史之悠久想必是很多人所没有想到的，而它的发展之路可以说充满了坎坷，多次的停滞发展以及技术限制使它历经了近百年之后才真正得以普及，而空气悬架系统的优势与特点也是各大厂商坚持研发的原因，毕竟在这个人们越来越注重享受的时代，人的需求是促进科技发展的一大因素。

学习笔记

请按图 7-2-10 所示思维导图格式，总结检修减振器总成的学习过程，搜集 2 个减振器总成故障现象，找 3 名同学组成一个小组，推选 1 名组长，运用讨论的方式，用故障树分析可能原因，并各写成 500 字的案例，体会小组成员合作的作用，总结一下讨论的方法（满分 50 分）。

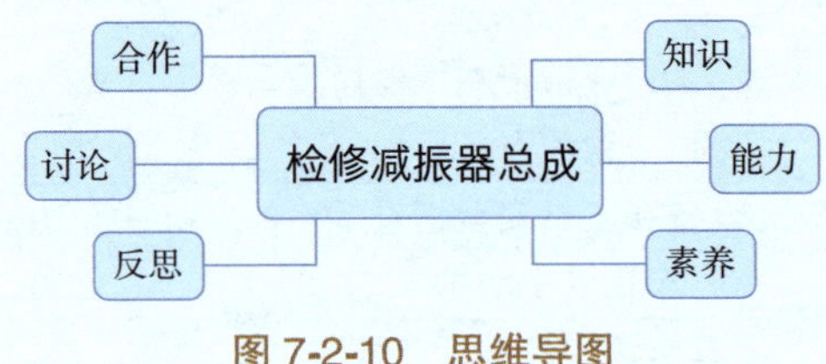

图 7-2-10　思维导图

没有创新生活就是死水一潭。

学习笔记

学习考评

一、考评项目

请制定出2019款别克凯越1.6 L轿车悬架系统总成的检修计划并实施，完成考评报告。

二、实施准备

1. 学生准备

学生按照教学进度计划，已经完成了以下学习任务并达到了75分以上，可进行该学习考评的实施。

（1）理解并掌握学习考评需要的相关知识和方法，得分大于75分。

（2）运用学习考评需要的相关知识和方法进行作业，得分大于75分。

（3）按时、按质、按量完成相应作业，得分大于80分。

（4）具有自觉遵守技术标准和要求规定、规范操作、安全、环保、“5S”作业、团结协作的好习惯，得分大于80分。

（5）能制定2019款别克凯越1.6 L轿车悬架系统总成的检修方案。

2. 教师准备

（1）在安排学生实施学习考评前，通过课堂问题研讨、作业、实训、考核及其他方式，确认学生已经具备了实施学习考评所需的知识、技能和素养，并确保学生在安全状态下独立进行。

（2）对协助教师进行测评的学生进行测评、监督方法的培训，确保测评结果的准确性、公平性。

（3）准备好测评记录。

三、验证方法与标准

（1）每位测评人员负责对2名学生进行定点、全过程的监控和测评。

（2）详细记录学生在实施学习考评过程中的相关信息、数据、结果、操作方法、完成时间，以及出现错误、事故等情况。

（3）学习考评的作业过程和数据记录等，要求在90 min内完成，时间不足，可在即将结束时，口述剩余部分的作业方法。

（4）考评内容及评分标准见下表。

考评内容及评分标准

评分项	得分条件	评分标准	配分	得分
职业素养能力	（1）能进行工位5S操作（5分）。 （2）能进行设备和工具安全检查（3分）。 （3）能进行工具清洁、校准、存放操作（3分）。 （4）能进行三不落地操作（4分）	依据得分条件进行评分	15	
专业技能操作能力	（1）能够拆卸车轮总成（5分）。 （2）能够拆卸下摆臂（7分）。 （3）能够拆卸减振器总成（7分）。 （4）能够更换下摆臂与减振器总成（7分）。 （5）能够分解和组装减振器总成（7分）。 （6）能够安装下摆臂（7分）。 （7）能够安装减振器总成（5分）。 （8）能够安装车轮（5分）	依据得分条件进行评分	50	

学习笔记

续表

评分项	得分条件	评分标准	配分	得分
信息查询处理能力	（1）能正确使用维修手册查询资料（2分）。 （2）能在规定时间内查询所需资料（3分）。 （3）能正确记录所查询资料章节页码（2分）。 （4）能正确记录所需维修信息（3分）	依据得分条件进行评分	10	
工具选择使用能力	（1）能正确选用维修工具（2分）。 （2）能正确使用维修工具进行拆装（2分）。 （3）能正确使用游标卡尺（2分）。 （4）能正确使用专用工具（2分）。 （5）能熟练使用办公软件（2分）	依据得分条件进行评分	10	
分析判断能力	（1）能判断下摆臂是否可以继续使用（5分）。 （2）能判断减振器是否可以继续使用（5分）	依据得分条件进行评分	10	
表单填写能力	（1）语句通顺（2分）。 （2）无错别字（1分）。 （3）无抄袭（2分）	依据得分条件进行评分	5	
总计			100	

四、考评报告

说明：考评分为理论考评和实操考评，理论考评根据项目要求以及考评模板格式制定项目实施方案，方案经教师审核合格后，方可进行实操考评。考评报告模板详见附录A。

学习笔记

拓展阅读——汽车空气悬架进化史

不知从何时起，人们似乎默认空气悬架的性能是优秀的，可高可低、可软可硬，20 世纪 90 年代的林肯城市，标配的后空气悬架使其成为了人们对于豪华、舒适认知的启蒙车型。1886 年世界第一辆汽车应用的是板式弹簧，但在螺旋弹簧出现之前，1902 年美国人就申请了空气减震气垫的专利，只是受制于当时科技水平、材料以及设计、加工水平都无法达到实用的目的，而对材料以及加工技术要求相对较低的螺旋弹簧与扭杆弹簧得到了广泛应用。

1920 年，法国人设计了第一个真正意义上的空气弹簧，并进行了实车试验。1929 年，捷克斯洛伐克在 T24 卡车后轴上装备了空气弹簧。

虽然此时的空气弹簧已经接近如今的空气悬架概念与结构，但是依然受到了制造工艺以及材料的限制，并达不到实用的目的。

终于在 1946 年，美国人威廉·布什内尔为他设计的 Stout Scarab 实验车上装备了由凡士通公司设计生产的空气弹簧，这也是世界上第一辆采用全空气悬架的汽车。

空气弹簧经历了四十余年的发展，依然没有解决制造工艺以及材料的问题，减震性能与耐用性的问题依然没有得到解决。

1957 年，第一个装备空气悬架的量产车型是凯迪拉克，此时的空气悬架系统已经具备了如今空气悬架系统的雏形，车身高度传感器与自动平衡功能都有配备，但实际功效却并不乐观，传感器的反应速度并没有使该系统达到理想的效果。

1960 年，推出了德国第一款装备空气悬架的轿车 P100。很快，奔驰也推出了自己的空气悬架系统，看似很有普及趋势的空气悬架系统发展至此时，它的实际使用效果并没有多么理想，距当时有着“魔毯”之称的雪铁龙液压悬架系统还有很大差距，液压悬架系统依然是当时最舒适的悬架系统。

1962 年，空气悬架在奔驰 300SE 上的配备开启了一个小范围潮流，但是这并不代表空气悬架从此走上了正轨，充当“小白鼠”的 300SE 车型在舒适度上虽然并没有超于雪铁龙，但是这已经是一个质的飞跃，所以奔驰决定继续发展空气悬架系统。

1965 年，代表着绝对豪华与舒适的劳斯莱斯银影车型安装了空气悬架系统。

1986 年，丰田推出了自己的空气悬架系统，并首次配有电控调节功能。

1992 年，路虎第一代揽胜配备了空气悬架系统，使其成为第一款使用空气悬架系统的豪华 SUV。

进入 21 世纪后，空气悬架经过了一个世纪的发展，性能与耐用度都有了很大程度的提升，功能也变得越来越丰富，应用范围也覆盖到了各个类别。更多车型的使用使得人们很容易就能体验到它所带来的舒适驾乘感受。

空气悬架的历史之悠久想必是很多人所没有想到的，而它的发展之路可以说充满了坎坷，多次的停滞发展以及技术限制使它历经了近百年之后才真正得以普及，而空气悬架系统的优势与特点也是各大厂商坚持研发的原因，毕竟在这个人们越来越注重享受的时代，人的欲望是促进科技发展的一大因素。

思考

搜集并阅读相关资料，列举不低于 5 项主动悬架系统最新技术进展，并对空气悬架的优缺点进行总结。

学习笔记

项目八　检修车轮总成

一、项目描述

完成 2007 款丰田卡罗拉 1.6 L 手动 GL 型轿车车轮总成检修作业。

二、项目要求

依据 2007 款丰田卡罗拉 1.6 L 手动 GL 型轿车维修手册和汽车运用与维修“1+X”职业技能等级证书（中级）标准相关要求，正确使用工具，安全规范地完成如下检修作业：

（1）检查车轮与拆装轮胎；

（2）检测与调整车轮动平衡。

三、学习目标

（1）准确识别车轮总成的主要部件；

（2）正确描述车轮和轮胎的功用；

（3）准确辨识汽车轮胎的规格及信息；

（4）规范拆装车轮总成；

（5）熟练检查车轮总成；

（6）养成自觉遵守技术标准和要求规定、规范操作、安全、环保、“5S”作业的好习惯；

（7）感受珍惜时光、马上行动带来的获得感。

四、学习载体

2007 款丰田卡罗拉 1.6 L 手动 GL 型轿车车轮总成如下图所示。

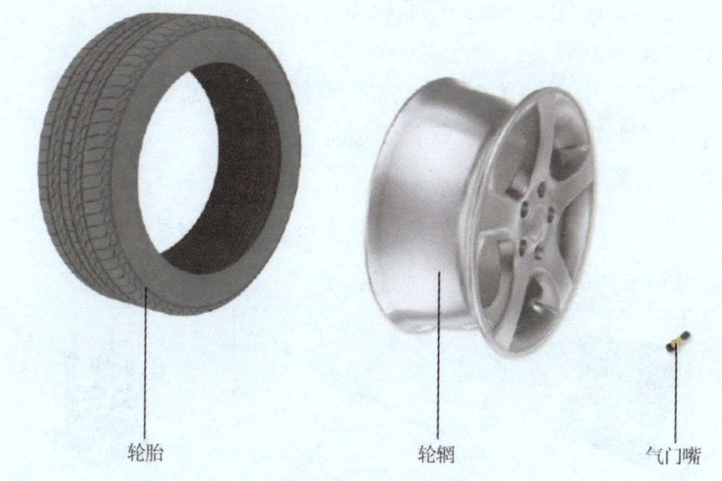

车轮和轮胎结构图

车轮和轮胎是汽车的脚和鞋，它是汽车安全、稳定行驶的保障。本项目以车轮和轮胎为载体来学习来车轮与轮胎构造与检修。

学习笔记

学习笔记

任务一　检查与更换车轮总成

职业行动

步骤一：作业准备

1. 作业场地

选择带有消防设施的作业场地。

2. 设备设施

2007 款卡罗拉 1.6 L 手动 GL 型轿车车轮总成、举升机、工具车、零件车、三件套、维修手册等。

3. 工量辅具（见表 8-1-1）

表 8-1-1　检查与更换车轮总成工量辅具

常用工具一套	轮胎扳手	轮胎拆装机
扭力扳手	轮胎深度规	撬棍

4. 耗材

干净抹布、手套。

职业知识

相关技术要求

项目	要求
轮胎压力	220 kPa
轮胎花纹深度	1.6 mm
车轮紧固螺栓扭矩	100 N · m

车轮总成

	辐条式车轮	辐板式车轮
功用	• 支承整车质量。 • 缓和由路面传递来的冲击载荷。 • 通过轮胎和路面之间的附着作用为汽车提供驱动力和制动力。 • 产生平衡汽车转向离心力的侧向力，以便顺利转向。此外，车轮和轮胎（特别是轿车轮胎）还是汽车重要的安全件	
分类	使用辐条使轮辋与轮毂连接成一体，辐条可以是铸钢或铸铝制成 轮毂　轮辋　辐条　螺栓	轿车的辐板所用钢板较薄，常做成起伏状，提高刚度，大多用铝合金铸造而成 轮毂　轮辋　辐板　螺栓

时间就像海绵里的水，要挤总是有的。

步骤二：拆卸车轮（见图 8-1-1）

（1）车辆停稳熄火，拉紧驻车制动。

（2）使用轮胎扳手或者扭力扳手、短接杆和 19 mm 套筒对角拧松轮胎固定螺栓。注意：拧松轮胎固定螺栓即可，不要旋出或完全拆下螺栓。

（3）按照举升机操作规范，举升车辆至合适的位置，保证车轮离开地面。

（4）使用气动扳手对角旋出车轮固定螺栓。

（5）取下车轮。

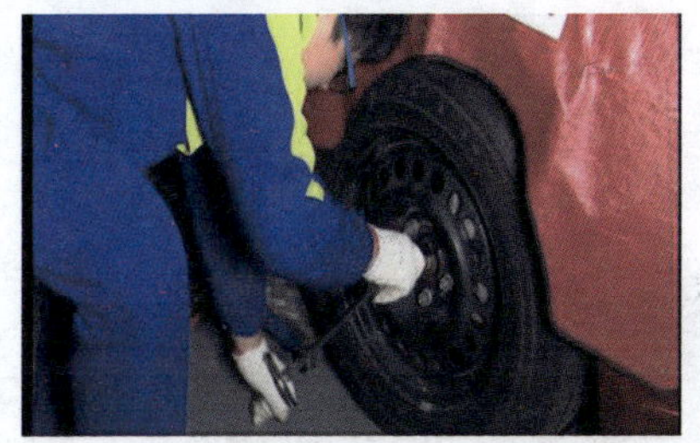

图 8-1-1　拆卸车轮

步骤三：检查车轮总成（见图 8-1-2）

（1）目视检查轮胎外观是否有异常磨损、损伤等现象。

（2）检查胎面是否有异物，如有石子等异物，需要使用一字螺丝刀进行清洁并取出。

（3）检查胎壁是否有鼓包等现象。

（4）检查轮辐、轮辋等是否有变形、裂纹、损坏等现象。

轮胎

作用	
作用一：支撑功能 	作用二：传力功能 
作用三：减震功能 	作用四：附着功能 

分类依据	类型
按胎体结构分类	充气轮胎、实心轮胎
按胎压分类	高压胎、低压胎、超低压胎
按帘线排列方式分类	斜交轮胎、子午线轮胎
按用途分类	货车轮胎、轿车轮胎
按花纹分类	普通花纹轮胎、越野花纹轮胎

学习笔记

学习笔记

8-1

子午线轮胎结构

（5）检查气门嘴是否有损伤。

（6）使用轮胎深度规检测轮胎花纹深度，按照技术要求读取数据并判断轮胎是否能继续使用。

（7）选用合适的轮胎气压表，检查轮胎气压值是否在维修手册规定范围内，如不在规定范围内，需要做出调整。

（8）使用专业平衡钳取下轮辋上原有的平衡块。

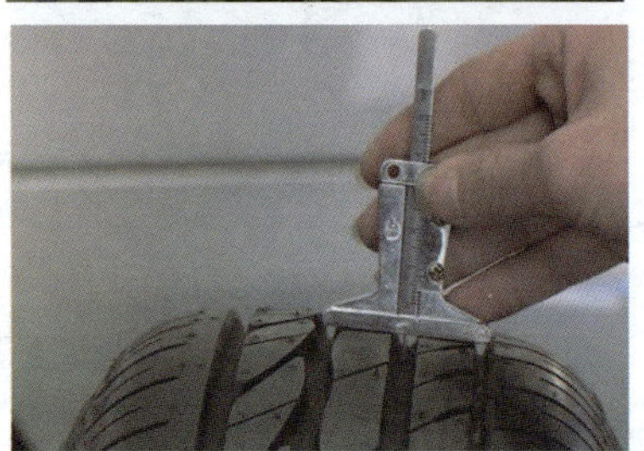

图 8-1-2　检查车轮总成

轮胎（续）	
构成	• 外胎由胎面、帘布层、缓冲层和胎圈组成。 • 胎面是轮胎的外表面，可分为胎冠、胎肩和胎侧 3 部分。 • 帘布层是外胎的骨架，主要用于承受载荷，保持外胎的形状和尺寸，并使其具有足够的强度。 • 缓冲层又称带束层，位于帘布层与胎面之间。 • 胎圈由钢丝圈、帘布层包边和胎圈包布组成，它是胎体的根基，轮胎靠胎圈固装在轮辋上 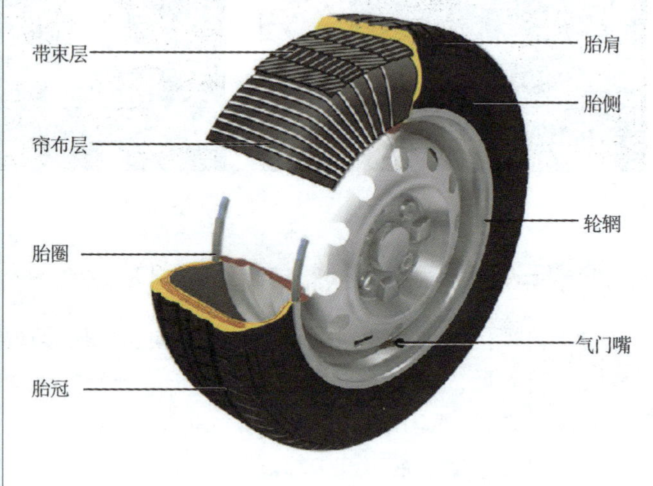

时间就像海绵里的水，要挤总是有的。

步骤四：拆卸轮胎

1. 轮胎放气（见图 8-1-3）

（1）选用气门芯拆装专用工具。

（2）旋出气门芯。注意：要等气体全部放出后再取下气门芯，不要一次性拧下气门芯，防止气流和气门芯冲出伤人。

2. 分离轮辋与轮胎密封面（见图 8-1-3）

（1）通过手柄把分离轮胎密封面的专用工具分离铲扳到距离轮辋边缘 1 cm 处，并贴靠轮胎胎侧位置。

（2）踩下分离踏板，使轮胎胎缘与轮辋分离。翻转车轮，重复以上步骤，使轮胎的另一胎缘与轮辋彻底分离。

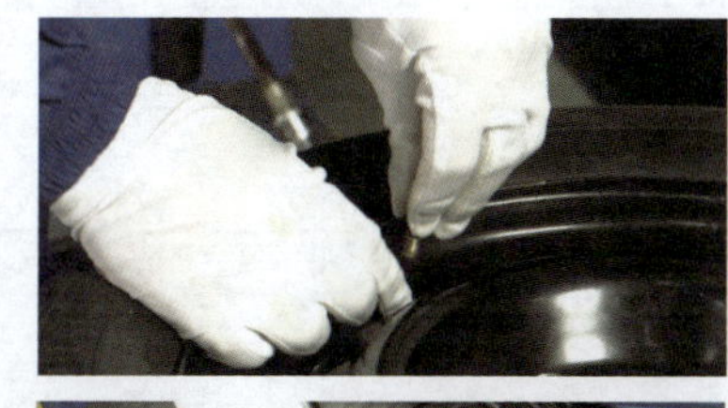

图 8-1-3　轮胎放气和分离

子午线轮胎规格表示方法

含义						
	205	轮胎断面宽度	R	子午线结构代号	91	负荷指数
	55	高宽比	16	轮辋直径	V	速度等级

示意图

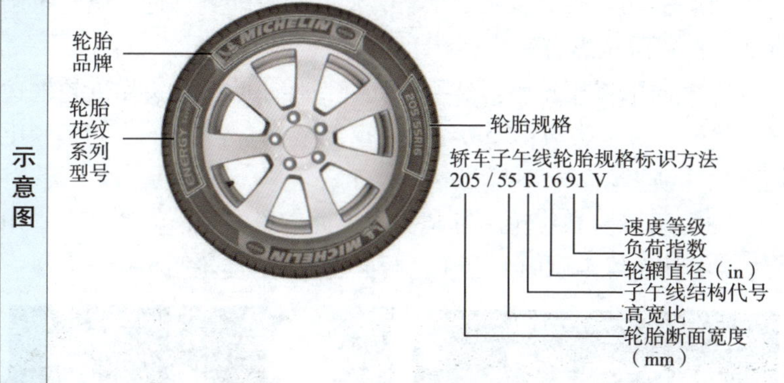

标记方法

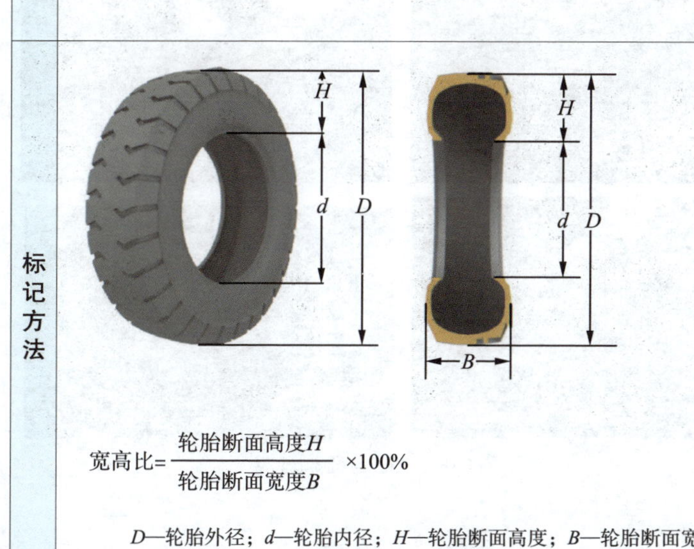

$$宽高比=\frac{轮胎断面高度H}{轮胎断面宽度B}\times100\%$$

D—轮胎外径；*d*—轮胎内径；*H*—轮胎断面高度；*B*—轮胎断面宽度

学习笔记

学习笔记

3. 把车轮固定在转盘上

（1）将轮胎密封面与轮辋分离的车轮放在扒胎机的转盘上。

（2）将轮辋有气门嘴的一侧朝上，踩下夹紧踏板，将车轮可靠地固定在转盘上。

4. 轮胎与轮辋分离（见图 8-1-4）

（1）移动轮胎拆装头的摆臂，使其往轮辋侧靠近，调整轮胎拆装头摆臂限位螺钉。

（2）向下按压轮胎拆装头的立柱，使轮胎拆装头靠近轮辋边缘，将轮胎拆装头与轮辋边缘的距离调整为 1 ～ 2 mm，用锁紧手柄将立柱锁紧。

（3）用撬棒靠住轮胎拆装头，手握撬棒上端，朝轮辋中心用力扳动，使胎缘内侧向上套在轮胎拆装头上，使轮胎与轮辋分离。

图 8-1-4　轮胎与轮辋分离

子午线轮胎规格表示方法（续）

负荷指数

负荷指数：轮胎在标准规定的使用条件下，按速度符号标明的速度行驶时，所能承受最大负荷的数字代号

荷重指数	78	79	80	81	82	83	84	85	86	87
载荷 /kg	425	437	450	462	475	487	500	515	530	545
荷重指数	88	89	90	91	92	93	94	95	96	97
载荷 /kg	560	580	600	615	630	650	670	690	710	730
荷重指数	98	99	100	101	102	103	104	105	106	107
载荷 /kg	750	775	800	825	850	875	900	925	950	975

速度等级

速度级别代号	速度 /（km/h）	速度级别代号	速度 /（km/h）
A1	5	K	110
A2	10	L	120
A3	15	M	130
A4	20	N	140
A5	25	P	150
A6	30	Q	160
A7	35	R	170
A8	40	S	180
B	50	T	190
C	60	U	200
D	65	H	210
E	70	V	240
F	80	W	270
G	90	Y	300
J	100	ZR 速度等级 240 以上	

时间就像海绵里的水，要挤总是有的。

5. 轮胎与轮辋的组装（见图 8-1-5）

（1）将轮辋固定在转盘上，有气门嘴的一面朝上。

（2）把轮胎放在轮辋上，使用相关工具进行轮胎与轮辋的组装。

6. 轮胎的充气

（1）用气枪对准轮胎气门嘴进行充气，直至轮胎两侧密封层与轮辋边缘完全贴合，把气门芯装入气门嘴中拧紧。

（2）用气枪对准轮胎气门嘴进行充气，直至气压达到标准值。

（3）用肥皂水涂抹气门嘴、气门芯、轮胎与轮辋密封处，检查是否漏气。装上轮胎气门嘴防尘帽。

图 8-1-5　轮胎与轮辋的组装

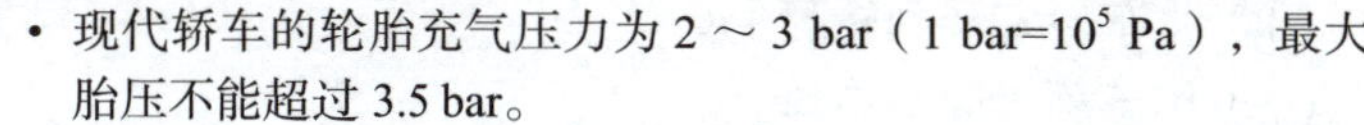

轮胎使用与保养操作要点

充气压力	• 现代轿车的轮胎充气压力为 2 ～ 3 bar（1 bar=10^5 Pa），最大胎压不能超过 3.5 bar。 • 不正确的轮胎气压直接影响轮胎的行驶安全、寿命和车辆的操控稳定性。 • 胎压偏高，造成轮胎中央磨损加速，降低轮胎使用寿命；胎压偏低，造成两胎肩处磨损加速，降低轮胎使用寿命。 • 建议定期检测胎压，每月检测一次
轮胎换位	为了使全车轮胎负荷合理和磨损均匀，克服偏重或偏磨现象，延长使用寿命，规定对轮胎进行定程换位。厂家一般推荐 8 000 ～ 10 000 km 应将轮胎换位一次 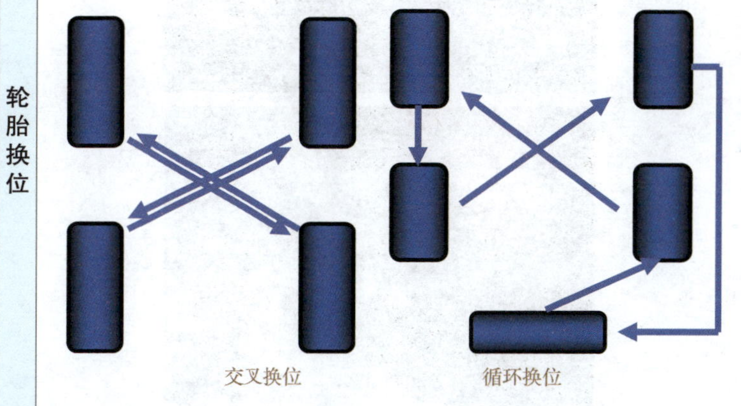
修补	轮胎发生损伤后，部分情况可以进行修补后继续使用。轮胎修补作业主要有内补法和外补法

学习笔记

学习笔记

步骤五：安装车轮（见图 8-1-6）

（1）将车轮安装到轮毂上。

（2）用手旋入固定螺栓。

（3）选用气动扳手将车轮固定螺栓预紧。

（4）按规范操作举升机，降下车辆至地面。

（5）根据维修手册，使用扭力扳手将车轮固定螺栓紧固至规定值。

图 8-1-6　安装轮胎

8-2

拆装轮胎

轮胎异常磨损原因分析

名称	中央磨损	两边磨损	局部磨损
图示			
原因	轮胎气压过高，使胎面中心部分接地压力过高而造成	轮胎气压过低，使两胎肩接地压力过高而造成	制动抱死及制动不均造成轮辋变形，形成偏心导致局部磨损

名称	羽状磨损	单边磨损
图示		
原因	四轮定位（倾角及前束等）不当	四轮定位（倾角及前束等）不当

时间就像海绵里的水，要挤总是有的。

学习笔记

任务测评

一、知识测评

确定本任务关键词，按重要程度进行关键词排序并举例解读。

根据自己对重要信息捕捉、排序、表达、创新和划分权重能力进行自评，满分 100 分（见表 8-1-2）。

表 8-1-2　检查与更换车轮总成知识测评表

序号	关键词	举例解读	评分自定
1			
2			
3			
4			
5			
总分			

二、能力测评

对表 8-1-3 所列作业内容，操作规范即得分，操作错误或未操作即零分。

表 8-1-3　检查与更换车轮总成能力测评表

序号	能力点	配分	得分
1	拆卸车轮总成	20	
2	检查车轮总成	20	
3	拆卸轮胎	20	
4	安装轮胎	20	
5	安装车轮总成	20	
总分		100	

三、素养测评

对表 8-1-4 所列素养点，做到即得分，未做到即零分。

表 8-1-4　检查与更换车轮总成素养测评表

序号	素养点	配分	得分
1	设备和工具安全检查	20	
2	车辆安全防护	20	
3	工具清洁、校准、存放	20	
4	工量辅具、零部件、油水液体“三不落地”	20	
5	工位“5S”	20	
总分		100	

四、拓展训练

（1）请列举出在检查与更换车轮总成过程中易出现的问题，分析产生问题的原因并制定解决问题的措施（满分 20 分）。

（2）现有一辆 2014 款卡罗拉 1.6 L 轿车，行驶过程中轮胎有偏磨，初步判断为车轮总成故障。试制定检修流程并进行检修（满分 30 分）。

（3）最早发明轮子的是生活在两河流域（今伊拉克）的美索不达米亚人。在公元前 3500 年—公元前 3000 年，当时的轮子有两种：车轮与转盘。最早的轮子是固定在轮轴上的，轮子与轮轴一起转动，滚动得不够灵活，而且震动大。后来，人们就把轮轴固定在车身上，让轮子自由转动。时间的车轮滚滚向前，谁都无

学习笔记

法改变，只有珍惜时间，人类才会不断进步。

请按图 8-1-7 所示思维导图格式，总结检查与更换车轮总成的学习过程，搜集 2 个减振器总成故障现象，找 4 名同学组成一个小组，自命为组长，运用讨论的方式，用鱼骨图分析可能的原因，并各写成 500 字的案例。

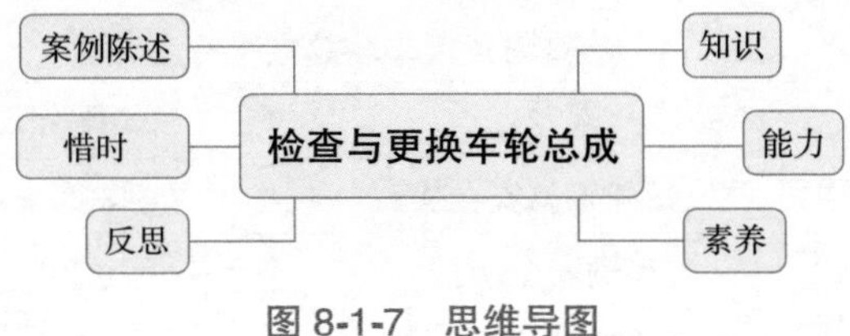

图 8-1-7　思维导图

时间就像海绵里的水，要挤总是有的。

学习笔记

任务二　检测与调整车轮动平衡

职业行动

步骤一：作业准备

1. 作业场地

选择带有消防设施的作业场地。

2. 设备设施

2007 款卡罗拉 1.6 L 手动 GL 型轿车车轮总成、举升机、工具车、零件车、三件套、维修手册等。

3. 工量辅具（见表 8-2-1）

表 8-2-1　检测与调整车轮动平衡工量辅具

常用工具一套	气动扳手	胎压检测表
扭力扳手	专用平衡锤	车轮动平衡机

4. 耗材

干净抹布、手套。

职业知识

相关技术要求

轮胎压力	220 kPa
车轮动平衡质量要求	小于或等于 5 g

车轮动平衡机的分类

离车式车轮动平衡机	就车式车轮动平衡机
使用离车式车轮动平衡机时，是把车轮从车上拆下，安装到动平衡机主轴上进行平衡状况检测。在离车式车轮动平衡机中，目前应用最多的是硬式支承离车式车轮动平衡机，其机械结构和传感装置简单，价格低廉	就车式车轮动平衡机可以在不拆卸车轮的前提下，对汽车进行车轮动平衡和静平衡检测，其主要由驱动装置、测量装置、制动装置、指示与控制装置等组成。它能将车轮不平衡量产生的振动变成电信号，送至指示与控制装置。指示与控制装置由频闪灯、不平衡量表或数字显示屏等组成

学习笔记

步骤二：检查设备与车轮状况

（1）接通动平衡机电源。

（2）检查显示器及设备正常。

（3）清理车轮和轮胎上的石子和杂物。

（4）检查车轮充气压力。

（5）拆除旧平衡块。

步骤三：检测车轮动平衡

1. 安装车轮（见图 8-2-1）

（1）将车轮安装在动平衡机上。

（2）将锥形套安装到动平衡机轴上，安装快速紧固螺母并紧固。

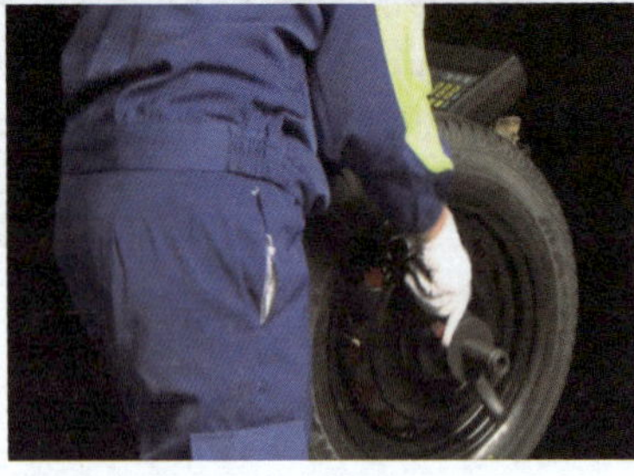

图 8-2-1 安装车轮

车轮动平衡概述

动平衡概念	• 汽车的车轮是由轮胎、轮毂组成的一个整体，但经过拆装后，这个整体各部分的质量分布不可能非常均匀，此时汽车车轮高速旋转就会进入转动不平衡状态，造成车辆在行驶中出现车轮抖动、转向盘振动的现象。 • 为了避免或消除这种现象，就要在车轮动态情况下通过增加配重的方法，使车轮校正各边缘部分的平衡，这个校正的过程就是动平衡
动平衡机组成	• 对车轮做动平衡时要使用动平衡机。 • 动平衡机主要由平衡机主轴、车轮锁紧锥套、轮胎锁紧扳手、显示器、测量尺、车轮防护罩、机座等部件组成 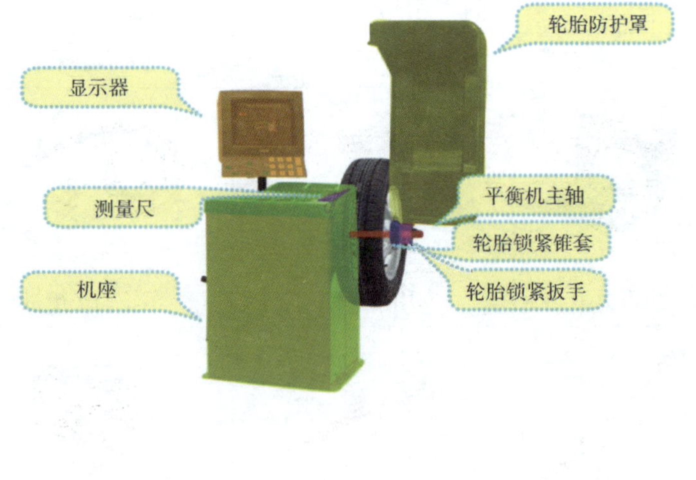

再长的路，一步一步也能走完，再短的路，不迈开双脚也无法到达。

2. 输入数据（见图 8-2-2）

（1）打开轮胎动平衡机电源。

（2）输入轮辋数据：

① 输入轮辋距离 a。拉出测量尺，顶住轮辋边缘，读出距离值，并输入动平衡机。

② 输入轮辋宽度 b。用轮辋宽度测量尺测量车轮轮辋宽度，按宽度输入键，将正确的轮辋宽度输入动平衡机。

③ 输入轮辋直径 d。在轮胎上标有直径值。按直径键，输入轮辋直径。

3. 车轮动平衡检测

（1）确认安全后，按下启动开关，让轮胎在动平衡机上转动。

（2）当车轮停止转动后，查看所测车轮两侧的动不平衡量数据。

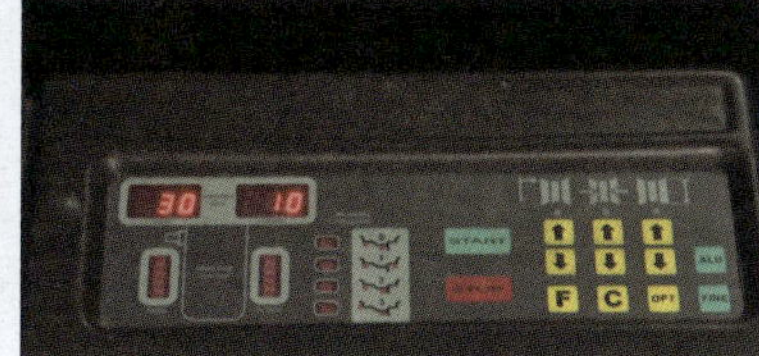

图 8-2-2　输入数据并检测

车轮不平衡实质

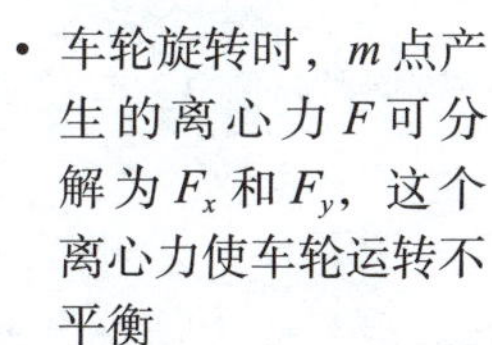 静不平衡实质	• 车轮静不平衡的实质就是车轮的质心（质量中心，指物质系统上被认为质量集中于此的一个假想点）和车轮旋转中心（车轮围绕转动的中心）不重合。 • 车轮旋转时，m 点产生的离心力 F 可分解为 F_x 和 F_y，这个离心力使车轮运转不平衡	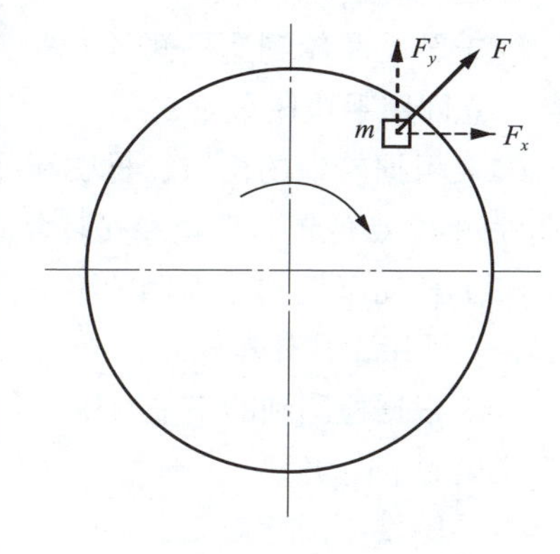
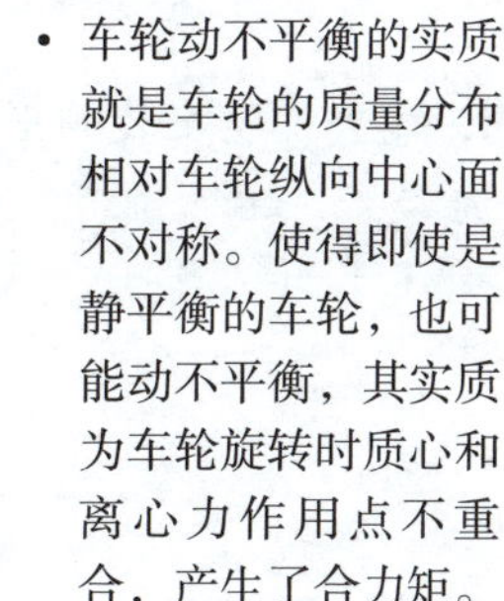 动不平衡实质	• 车轮动不平衡的实质就是车轮的质量分布相对车轮纵向中心面不对称。使得即使是静平衡的车轮，也可能动不平衡，其实质为车轮旋转时质心和离心力作用点不重合，产生了合力矩。 • 在 m_1 和 m_2 半径相同、方向相反的位置上配置相同质量的 m_1 和 m_2，则车轮处于动平衡中，合力力矩为零	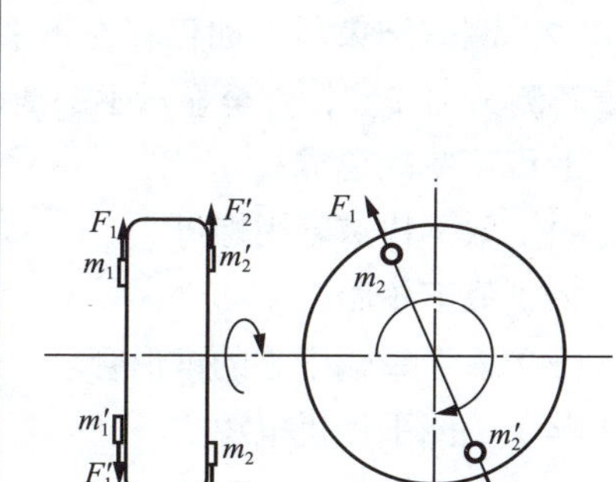

学习笔记

8-3 车轮不平衡原理

学习笔记

步骤四：调整车轮动平衡（见图 8-2-3）

1. 在轮辋上装平衡块

（1）转动车轮到达外侧的不平衡点，此时该不平衡点指示灯亮起，立即用手扶住车轮。

（2）根据轮辋的构造、材质和屏幕显示的不平衡量，在车轮轮辋外侧 12 点位置，选择和安装合适形状和质量的平衡块。

（3）转动车轮到达内侧的不平衡点，此时该不平衡点指示灯亮起，立即用手扶住车轮。

（4）根据检测到的不平衡量，在车轮轮辋内侧 12 点位置装上相应质量的平衡块。

2. 轮胎动平衡的复测

（1）重新进行动平衡测试。确认安全后，按下启动开关，让轮胎在动平衡机上转动。

（2）测试结束后，如仍存在不平衡，应去掉已安装的平衡块并重新测试和安装，直至显示不平衡量为零。

3. 取下车轮总成

（1）取下快速紧固螺母。

（2）取下轮胎。

（3）取下轮辋中心的锥形管。

（4）关闭平衡机电源。

车轮动不平衡的原因和危害

原因	• 车轮定位不当，尤其是前束和车轮外倾角。 • 轮胎和轮辋一级挡圈等几何形状失准或密度不均匀而造成先天的质心偏离。 • 轮毂和轮辋定位误差使安装中心与旋转中心不重合。 • 维修过程的拆装改变了整体综合质心，破坏了原有的良好平衡状态。 • 轮辋直径过小，运行中轮胎相对于轮辋在圆周方面滑移，从而发生波状不均匀磨损。 • 车轮碰撞造成变形引起质心位移。 • 轮胎翻新中因定位精度不高而造成新胎冠厚度不均匀，从而使质心改变。 • 高速行驶中制动抱死而引起的纵向和模向滑移，造成轮胎局部不均匀磨损
危害	• 车轮动不平衡时，不平衡力的水平和垂直分力的大小和方向都在不断变化。垂直分力使车辆产生振动和噪声，影响乘坐舒适性，使驾驶员容易疲劳，更易发生交通事故。 • 水平分力的大小和方向的变化使其对主销中心产生的力矩和方向也随之变化，引起转向轮摆振，影响汽车的操纵稳定性、直线行驶稳定性和行驶安全，加剧轮胎和转向系统机件的磨损，缩短其使用寿命

再长的路，一步一步也能走完，再短的路，不迈开双脚也无法到达。

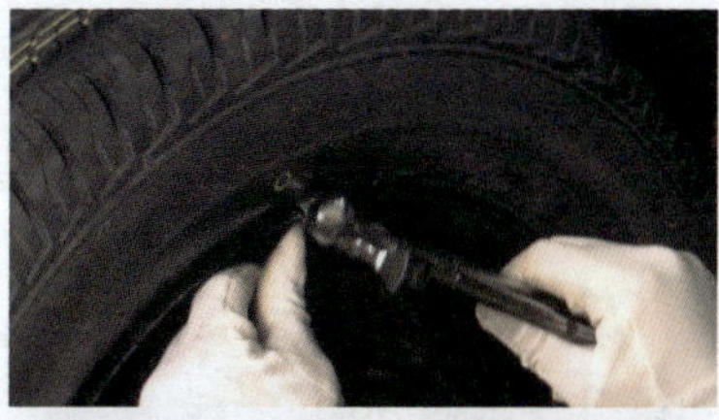

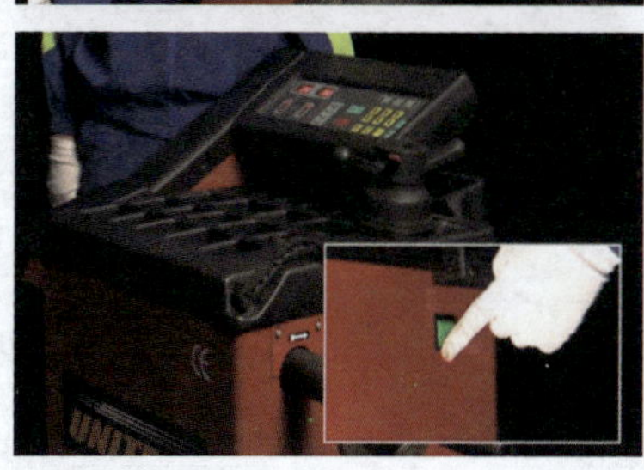

图 8-2-3　调整车轮动平衡

车轮动不平衡的调整方法

方法	步骤	图示
敲击挂钩式平衡块	• 使用专用平衡锤清除掉原有平衡块。 • 清洁平衡块的安装位置。 • 选择合适质量的平衡块。 • 使用专用平衡锤在合适的位置挂上并敲击至牢固。 • 重新检测	
粘贴式平衡块	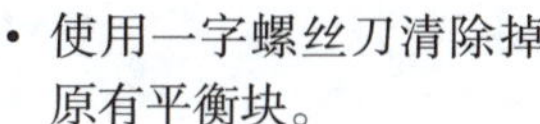 • 使用一字螺丝刀清除掉原有平衡块。 • 使用砂纸或干净的抹布清洁安装位置。 • 选择合适质量的平衡块。 • 撕掉平衡块背面的胶带。 • 贴上平衡块并用手压紧	

学习笔记

8-4

检测与调整车轮动平衡

学习笔记

任务测评

一、知识测评

确定本任务关键词，按重要程度进行关键词排序并举例解读。

根据自己对重要信息捕捉、排序、表达、创新和划分权重能力进行自评，满分100分（见表8-2-2）。

表8-2-2　检测与调整车轮动平衡知识测评表

序号	关键词	举例解读	评分自定
1			
2			
3			
4			
5			
总分			

二、能力测评

对表8-2-3所列作业内容，操作规范即得分，操作错误或未操作即零分。

表8-2-3　检测与调整车轮动平衡能力测评表

序号	能力点	配分	得分
1	检查并安装车轮	20	
2	输入检测数据	20	
3	检测车轮动平衡	20	
4	调整车轮动平衡	20	
5	再次测量	20	
总分		100	

三、素养测评

对表8-2-4所列素养点，做到即得分，未做到即零分。

表8-2-4　检测与调整车轮动平衡素养测评表

序号	素养点	配分	得分
1	设备和工具安全检查	20	
2	车辆安全防护	20	
3	工具清洁、校准、存放	20	
4	工量辅具、零部件、油水液体“三不落地”	20	
5	工位“5S”	20	
总分		100	

四、拓展训练

（1）请列举出在检测与调整车轮动平衡过程中易出现的问题，分析产生问题的原因并制定解决问题的措施（满分20分）。

（2）现有一辆2014款卡罗拉1.6 L轿车，行驶过程中轮胎有偏磨，初步判断为车轮动不平衡造成的。试制定检修流程并进行检修（满分30分）。

（3）你很难想象，100年前的18 km/h是当时风驰电掣的速度，缺少减震功能的木质、金属或者实心橡胶车轮造成的颠簸使乘车的安全性和舒适性大打折扣。充气轮胎的出现彻底解决了这个问题。请认真阅读本项目的拓展阅读内容，体会轮胎的进化给人类带来的巨大改变。

再长的路，一步一步也能走完，再短的路，不迈开双脚也无法到达。

请按图 8-2-4 所示思维导图格式，总结检查与调整车轮动平衡的学习过程，搜集 2 个动平衡故障现象，找 7 名同学组成一个小组，推选 1 名组长，运用头脑风暴方法，分析可能的原因，写成 500 字的案例。

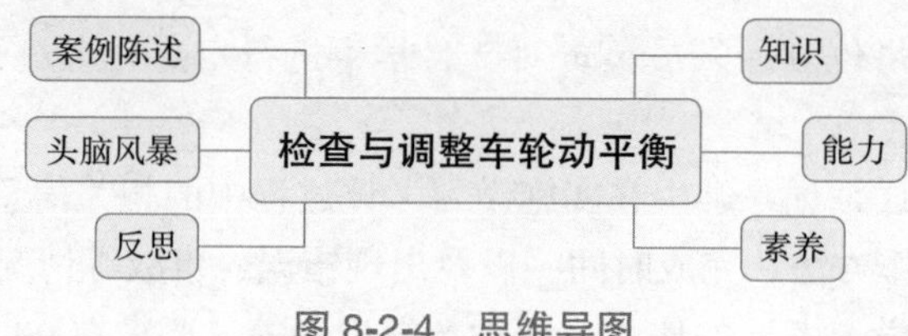

图 8-2-4　思维导图

学习笔记

学习笔记

学习考评

一、考评项目

请制定出 2019 款别克凯越 1.6 L 轿车车轮总成的检修计划并实施，完成考评报告。

二、实施准备

1. 学生准备

学生按照教学进度计划，已经完成了以下学习任务并达到了 75 分以上，可进行该学习考评的实施。

（1）理解并掌握学习考评需要的相关知识和方法，得分大于 75 分。

（2）运用学习考评需要的相关知识和方法进行作业，得分大于 75 分。

（3）按时、按质、按量完成相应作业，得分大于 80 分。

（4）具有自觉遵守技术标准和要求规定、规范操作、安全、环保、“5S” 作业、团结协作的好习惯，得分大于 80 分。

（5）能制定 2019 款别克凯越 1.6 L 轿车车轮总成的检修方案。

2. 教师准备

（1）在安排学生实施学习考评前，通过课堂问题研讨、作业、实训、考核及其他方式，确认学生已经具备了实施学习考评所需的知识、技能和素养，并确保学生在安全状态下独立进行。

（2）对协助教师进行测评的学生进行测评、监督方法的培训，确保测评结果的准确性、公平性。

（3）准备好测评记录。

三、验证方法与标准

（1）每位测评人员负责对 2 名学生进行定点、全过程的监控和测评。

（2）详细记录学生在实施学习考评过程中的相关信息、数据、结果、操作方法、完成时间，以及出现错误、事故等情况。

（3）学习考评的作业过程和数据记录等，要求在 90 min 内完成，时间不足，可在即将结束时，口述剩余部分的作业方法。

（4）考评内容及评分标准见下表。

考评内容及评分标准

评分项	得分条件	评分标准	配分	得分
职业素养能力	（1）能进行工位 5S 操作（5 分）。 （2）能进行设备和工具安全检查（3 分）。 （3）能进行工具清洁、校准、存放操作（3 分）。 （4）能进行三不落地操作（4 分）	依据得分条件进行评分	15	
专业技能操作能力	（1）能够拆卸车轮总成（7 分）。 （2）能够检查车轮（7 分）。 （3）能够拆卸轮胎（6 分）。 （4）能够检查轮胎（7 分）。 （5）能够安装轮胎（6 分）。 （6）能够检测车轮动平衡（7 分）。 （7）能够调整车轮动平衡（5 分）。 （8）能够安装车轮（5 分）	依据得分条件进行评分	50	

学习笔记

续表

评分项	得分条件	评分标准	配分	得分
信息查询处理能力	（1）能正确使用维修手册查询资料（2分）。 （2）能在规定时间内查询所需资料（3分）。 （3）能正确记录所查询资料章节页码（2分）。 （4）能正确记录所需维修信息(3分)	依据得分条件进行评分	10	
工具选择使用能力	（1）能正确选用维修工具（2分）。 （2）能正确使用维修工具进行拆装（2分）。 （3）能正确使用游标卡尺（2分）。 （4）能正确使用专用工具（2分）。 （5）能熟练使用办公软件（2分）	依据得分条件进行评分	10	
分析判断能力	（1）能判断车轮轮胎是否可以继续使用（5分）。 （2）能判断车轮动平衡是否符合标准（5分）	依据得分条件进行评分	10	
表单填写能力	（1）语句通顺（2分）。 （2）无错别字（1分）。 （3）无抄袭（2分）	依据得分条件进行评分	5	
总计			100	

四、考评报告

说明：考评分为理论考评和实操考评，理论考评根据项目要求以及考评模板格式制定项目实施方案，方案经教师审核合格后，方可进行实操考评。考评报告模板详见附录A。

学习笔记

拓展阅读——汽车轮胎进化史

在过去的一百多年的时间里，我们大多数人只关心汽车的推陈出新，却很少有人关心黑乎乎的轮胎。汽车的演变也催生了轮胎的不断进化，下面就介绍一下轮胎的进化史。

一百年前的 18 km/h 是当时风驰电掣的速度，缺少减震功能的木质、金属或者实心橡胶车轮造成的颠簸使乘车的安全性和舒适性大打折扣。

1888 年，一位名叫约翰·邓洛普的英国兽医将汽车轮胎的进化推向了一个革命性的阶段——充气轮胎。有一天他在花园里浇花，看到他儿子骑着三轮车，突然灵光闪现，觉得要是把这个浇水的橡皮管子贴到车轮上，儿子骑起来应该会舒服很多吧，这个最初应用到了自行车上。

1891 年，为了维修方便，安德鲁·米其林研制出了可拆换的自行车轮胎，同时又开始设计并研制可充气的汽车轮胎，可当时无人相信，因为汽车太重了。1895 年 6 月 11 日，一场检验汽车性能的竞赛在法国巴黎举行，46 名选手中，唯有米其林兄弟的参赛汽车配备了充气轮胎，最后 10 位选手跑到终点，大部分选手的车都由于颠簸散了架,米其林兄弟的充气轮胎表现优异,一举成名。

1903 年，斜纹纺织品的发明促成了斜交轮胎的问世，大大延长了轮胎的使用寿命。

1930 年，米其林公司制造了第一个无内胎轮胎，又称真空轮胎。这种轮胎内壁上附加了一层厚 2 ~ 3 mm 的橡胶密封层，在密封层下面贴着一层用未硫化橡胶特殊混合物制成的自粘层。利用轮胎内壁和胎圈的气密层保证轮胎与轮辋间良好的气密性，从而代替了传统内胎的作用。1955 年起无内胎轮胎成为新上市车型的标准配置。

1946 年，米其林公司又发明了举世闻名的子午线轮胎，与斜交轮胎相比，其弹性大，耐磨性好，使用寿命提高 30% 以上，同时汽车油耗降低 8% 左右。子午线轮胎的使用，使轮胎工业迎来了一场真正意义的技术革命。

创新无止境。轮胎的结构、花纹及帘布方面的研究一直在进步。

1895 年，在法国首批出现的汽车轮胎样品是由平纹帆布制成的单管式轮胎，虽有胎面胶而无花纹。直到 1908 年至 1912 年间，轮胎才有了显著的变化，即胎面胶上有了提高使用性能的花纹，从而开拓了轮胎胎面花纹的历史，并增加了轮胎的断面宽度，允许采用较低的内压，以保证其获得较好的缓冲性能。之后，各种轮胎花纹应用于各类汽车上，如普通车辆、载重车辆、工程车辆、越野车辆、赛车等。

1948 年出现了尼龙胎芯织物，直到 1959 年才和人造纤维竞争。1960 年尼龙终于在价格方面取得了竞争优势并开始主导市场。1962 年，一种新的聚酯胎芯织物首次面世。20 世纪 70 年代钢丝胎芯模式引领并席卷了欧洲市场。

汽车所消耗的近五分之一的燃油用于克服行驶时轮胎的滚动阻力，因此降低轮胎的滚动阻力是提高燃油经济性的重要手段之一。

1992 年，米其林将硅原料作为炭黑的部分替代物融到轮胎胎面中，在不降低轮胎抓地力和耐磨性的前提下，降低 25% 左右的滚动阻力，油耗每百公里降低 0.15 L。轮胎技术的不断革新，使得轮胎的耐用性、操控性、舒适性和节油性能都得到大大提升，

学习笔记

但每年因为轮胎而造成的交通事故仍然不计其数。据统计，高速公路超过 42% 的意外交通事故都是由爆胎引起的，而时速在 150 km 以上发生高速爆胎死亡率接近 100%，高速爆胎已成为高速公路意外事故的“头号杀手”！

2002 年，马牌德国研发中心发明了世界第一条缺气保用轮胎 SSR。缺气保用轮胎对于普通的扎钉、划伤，基本可以保证正常安全行驶。如今缺气保用轮胎的技术几乎每个轮胎品牌都有涉及，缺气保用轮胎的发明和普及，让行驶安全比以往的普通轮胎更安全和便利。

非充气轮胎和智能化是轮胎未来发展的趋势。非充气轮胎可以彻底避免爆胎带来的危害。轮胎智能化即随时监控行车时轮胎状态，保证驾驶安全。

思考

请想象一下智能轮胎应该具备什么样的智慧功能？未来的轮胎应该是什么样子的呢？

学习笔记

项目九　检修车架和车桥

一、项目描述

完成 2007 款丰田卡罗拉 1.6 L 手动 GL 型轿车车架和车桥检修作业。

二、项目要求

依据 2007 款丰田卡罗拉 1.6 L 手动 GL 型轿车维修手册和汽车运用与维修“1+X”职业技能等级证书（中级）标准相关要求，正确使用工具，安全规范地完成如下检修作业：

（1）检修副车架；

（2）检测与调整车轮定位。

三、学习目标

（1）准确识别车架和车桥的类型；

（2）正确描述车轮定位的主要参数；

（3）规范完成副车架的拆装与更换；

（4）正确检测车轮定位；

（5）熟练调整车轮定位；

（6）养成自觉遵守技术标准和要求规定、规范操作、安全、环保、“5S”作业的好习惯；

（7）体验凡事用心、坚定信心的优秀品质。

四、学习载体

2007 款丰田卡罗拉 1.6 L 手动 GL 型轿车车架和车桥如下图所示。

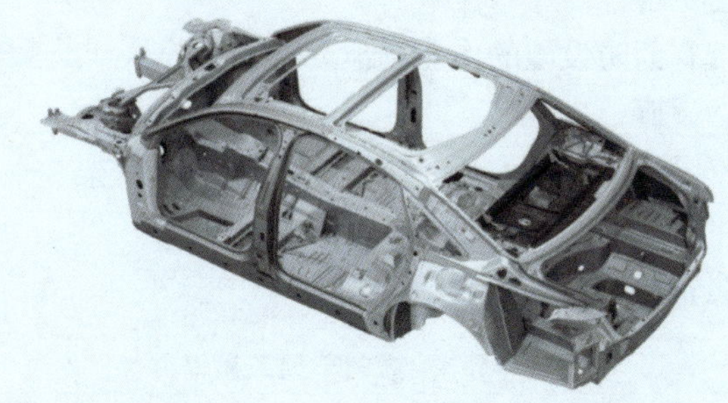

车架和车桥示意图

汽车的车架和车桥是汽车的骨架，是汽车行驶系统的重要组成部分。汽车车轮的定位直接影响汽车行驶的稳定性和安全性。

学习笔记

学习笔记

任务一　检修副车架

职业行动

步骤一：作业准备

1. 作业场地

选择带有消防设施的作业场地。

2. 设备设施

2007 款卡罗拉 1.6 L 手动 GL 型轿车及副车架、举升机、工具车、零件车、三件套、维修手册等。

3. 工量辅具（见表 9-1-1）

表 9-1-1　检修副车架工量辅具

常用工具一套	气动扳手	举升装置
扭力扳手	撬棍	橡胶锤

4. 耗材

干净抹布、手套。

职业知识

相关技术要求

稳定杆安装到副车架上螺栓扭矩	20 N·m+ 继续旋转 90°
稳定杆安装到连接杆上螺栓扭矩	65 N·m
转向器安装到副车架上螺栓扭矩	50 N·m+ 继续旋转 90°
转向节主销连接到控制臂上螺栓扭矩	65 N·m

车架功用

安装汽车的各总成和部件，支撑连接汽车的各零部件，并承受来自车内外的各种载荷

9-1

车架的功用

你可以选择这样的三心二意：信心、恒心、决心和创意、乐意。

步骤二：拆卸车轮

（1）使用轮胎扳手或者扭力扳手、短接杆和 19 mm 套筒对角拧松轮胎固定螺栓。注意：拧松轮胎固定螺栓即可，不要旋出或完全拆下螺栓。

（2）按照举升机操作规范，举升车辆至合适的位置，保证车轮离开地面。

（3）使用气动扳手对角旋出车轮固定螺栓，旋出最后一颗螺栓时，需要用手扶着轮胎，避免轮胎滑落。

（4）取下车轮。

步骤三：拆卸副车架

（1）从副车架上取下机油温度传感器。

（2）拧下控制臂螺母，如图 9-1-1 所示，拔出控制臂。

（3）拆下副车架上的排气装置支架，如图 9-1-2 所示。

（4）拆下稳定杆的连接杆。

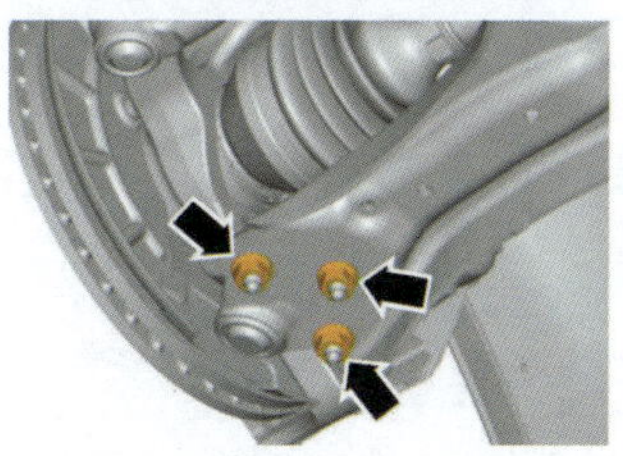

图 9-1-1　拧下控制臂螺母

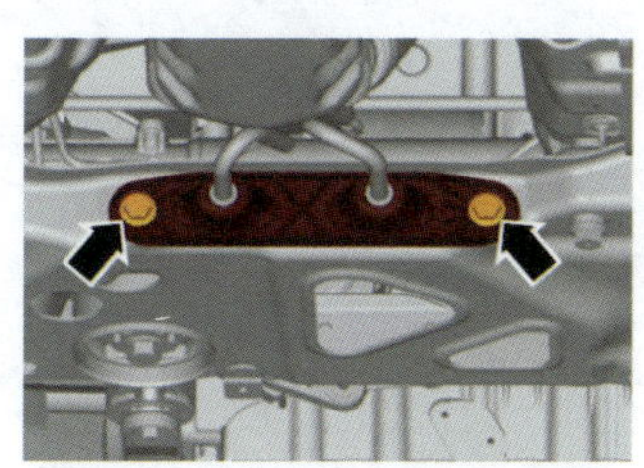

图 9-1-2　拆下副车架上的排气装置支架

梁式车架

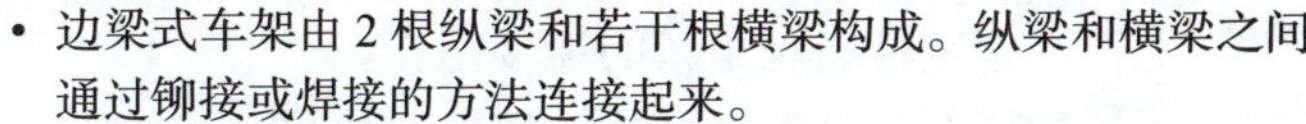

类型	说明
边梁式车架	• 边梁式车架由 2 根纵梁和若干根横梁构成。纵梁和横梁之间通过铆接或焊接的方法连接起来。 • 这种车架结构简单、便于整车的布置，所以在各种类型的汽车上都有广泛应用 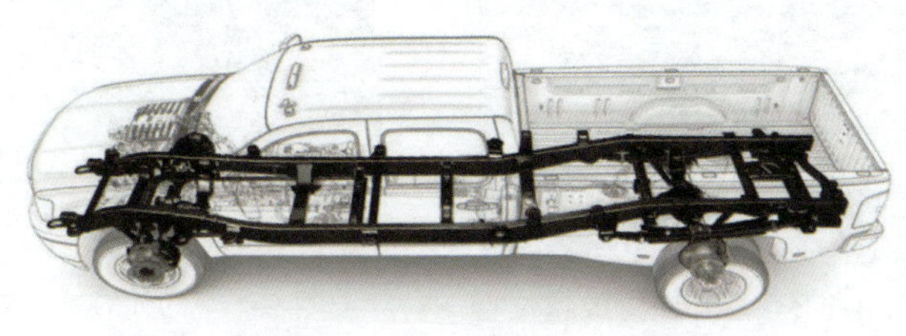
脊梁式车架	• 脊梁式车架有较好的抗扭转刚度和较大的前轮转向角，在结构上允许车轮有较大的跳动空间，便于装用独立悬架，从而提高了汽车的越野性；车架的强度和刚度较大；脊梁还能起封闭传动轴的防尘罩作用。 • 脊梁式车架的缺点：制造工艺复杂，精度要求高，总成安装困难，维护修理也不方便，故目前应用较少 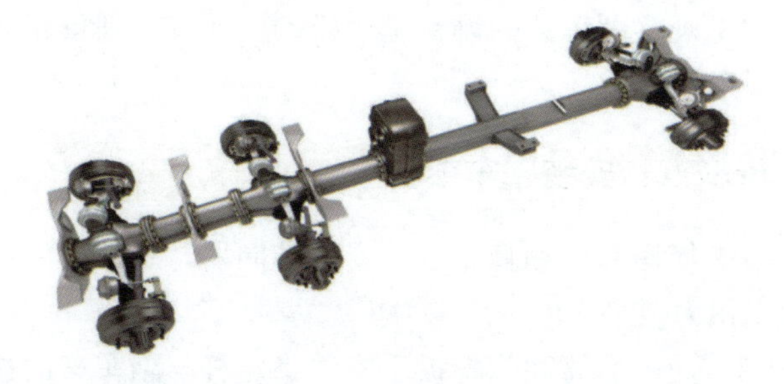

学习笔记

学习笔记

（5）将举升装置放置于副车架下，如图 9-1-3 所示。

（6）拆卸转向器与副车架的连接螺栓。

（7）拆卸稳定杆与副车架的连接螺栓。

（8）拆卸副车架与车身的连接螺栓，如图 9-1-4 所示。

（9）用举升装置降下副车架。

图 9-1-3　举升装置放置位置

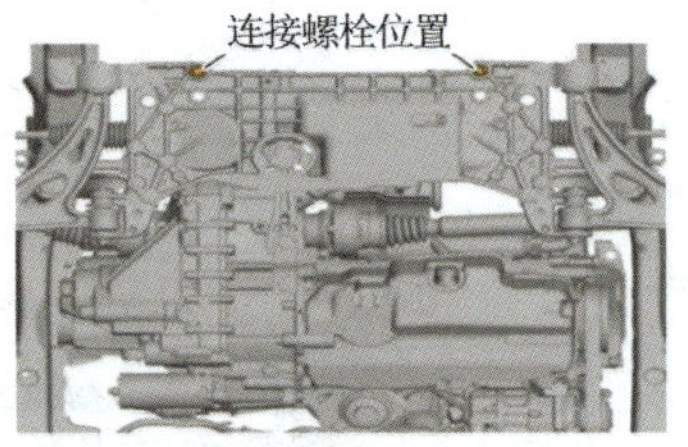

图 9-1-4　副车架与车身的连接螺栓位置

步骤四：检修副车架

（1）观察副车架是否有较大弯曲、变形。如有，则更换新的副车架。

（2）观察副车架是否有腐蚀、裂纹，如有，则更换新的副车架。

（3）观察副车架的铆钉是否松动。如有，则重新铆接或更换新的副车架。

步骤五：安装副车架

（1）使用套筒和棘轮扳手安装转向器与副车架的连接螺栓，并使用扭力扳手紧固至规定力矩。

（2）使用套筒和棘轮扳手安装稳定杆与副车架的连接螺栓，并使用扭力扳手紧固至规定力矩。

梁式车架（续）

综合式车架

- 综合式车架是综合边梁式车架和脊梁式车架的结构特点形成的，其前后段采用边梁式结构，用以安装发动机；中部采用脊梁式结构，传动轴从中梁管内通过。
- 由于安装车门门槛的位置附近没有边梁的影响，故可以使地板的外侧高度有所降低。缺点是脊梁的断面尺寸大，造成底板中部的凸起。另外，不规则的结构增加了车架的制造难度

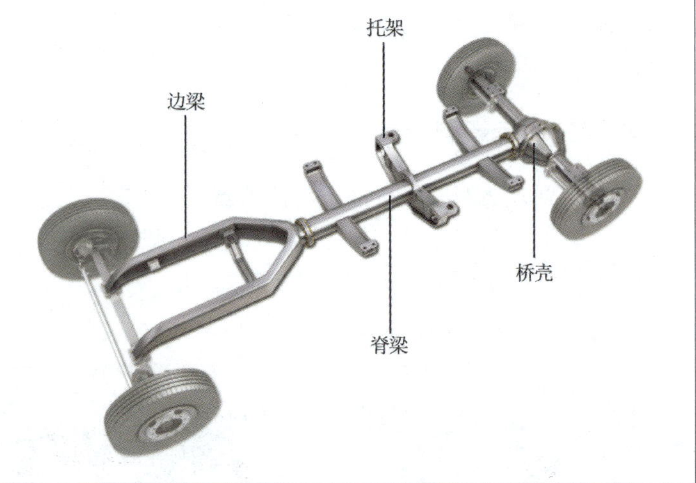

你可以选择这样的三心二意：信心、恒心、决心和创意、乐意。

（3）使用套筒和棘轮扳手安装副车架与车身的连接螺栓，并使用扭力扳手紧固至规定力矩。

（4）取下举升装置。

（5）安装稳定杆的连接杆。

（6）安装副车架上的排气装置支架。

（7）安装机油油位和机油温度传感器。

步骤六：安装车轮

（1）将车轮安装到轮毂上。

（2）用手旋入固定螺栓。

（3）选用气动扳手将车轮固定螺栓预紧。

（4）按规范操作举升机，降下车辆至地面。

（5）根据维修手册，使用扭力扳手将车轮固定螺栓紧固至规定值。

无梁式车架

无梁式车架是用车身兼作车架。汽车的所有零部件、总成都安装在车身上，车身要承受各种载荷的作用，因而这种车身又称承载式车身，广泛用于轿车和客车上

副车架

- 副车架并非完整的车架，只是支承前后车桥、悬架的支架，使车桥、悬架通过它再与“正车架”相连，习惯上称为“副架”。
- 副车架的作用是阻隔振动和噪声，减少振动和噪声直接进入车厢，所以大多出现在豪华的轿车和越野车上，有些汽车还为发动机装上副车架

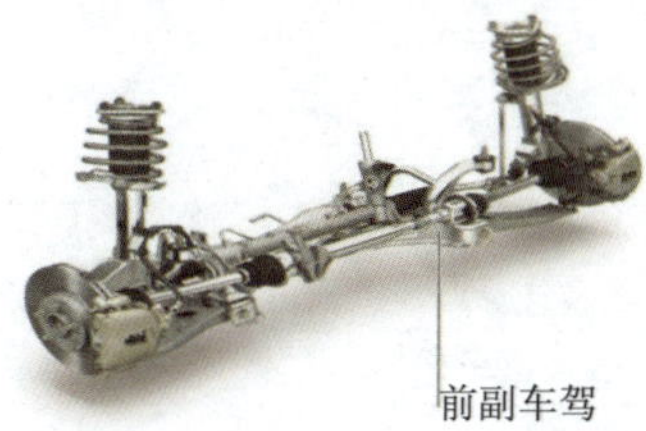

学习笔记

9-2
检修副车架

学习笔记

任务测评

一、知识测评

确定本任务关键词，按重要程度进行关键词排序并举例解读。

根据自己对重要信息捕捉、排序、表达、创新和划分权重能力进行自评，满分 100 分（见表 9-1-2）。

表 9-1-2　检修副车架知识测评表

序号	关键词	举例解读	评分自定
1			
2			
3			
4			
5			
总分			

二、能力测评

对表 9-1-3 所列作业内容，操作规范即得分，操作错误或未操作即零分。

表 9-1-3　检修副车架能力测评表

序号	能力点	配分	得分
1	拆卸车轮	20	
2	拆卸副车架	20	
3	检修副车架	20	
4	安装副车架	20	
5	安装车轮	20	
总分		100	

三、素养测评

对表 9-1-4 所列素养点，做到即得分，未做到即零分。

表 9-1-4　检修副车架素养测评表

序号	素养点	配分	得分
1	设备和工具安全检查	20	
2	车辆安全防护	20	
3	工具清洁、校准、存放	20	
4	工量辅具、零部件、油水液体“三不落地”	20	
5	工位“5S”	20	
总分		100	

四、拓展训练

（1）请列举出在检修副车架过程中易出现的问题，分析产生问题的原因并制定解决问题的措施（满分 30 分）。

（2）现有一辆 2014 款卡罗拉 1.6 L 轿车，行驶过程中底盘不稳，初步判断为副车架损坏造成的。试制定检修流程并进行检修（满分 40 分）。

（3）你可能不知道，早期汽车的车身属于开放式的，这就降低了汽车乘坐的安全性和舒适性。随着汽车工业的飞速发展，汽车的速度越来越快，于是人们发明了承载式车身。每一次技术的进步都离不开汽车人用心的努力和付出，更体现了摒弃缺陷、继承优良的创新精神。

你可以选择这样的三心二意：信心、恒心、决心和创意、乐意。

学习笔记

请按图 9-1-5 所示思维导图格式，总结检修副车架的学习过程，搜集 2 个车身维修案例，重新梳理维修过程，探讨车身修复的困难之处，做成自己的案例（满分 50 分）。

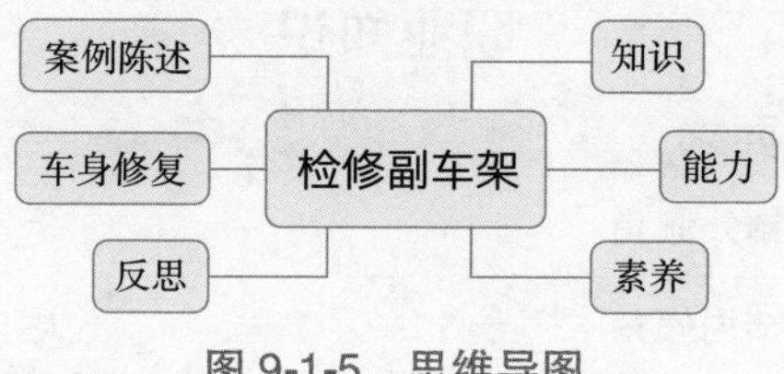

图 9-1-5　思维导图

学习笔记

任务二　检测与调整车轮定位

职业行动

步骤一：作业准备

1. 作业场地

选择带有消防设施的作业场地。

2. 设备设施

2007 款卡罗拉 1.6 L 手动 GL 型轿车车轮总成、举升机、工具车、零件车、三件套、维修手册等。

3. 工量辅具（见表 9-2-1）

表 9-2-1　检测与调整车轮定位工量辅具

常用工具一套	胎压检测表	转向盘固定器
扭力扳手	四轮定位仪	制动踏板固定器

4. 耗材

干净抹布、手套。

职业知识

相关技术要求

主销外倾角	5° ～ 8°
主销内倾角	不大于 3°
车轮外倾角	1° 左右
前束值	0 ～ 12 mm

车桥的功用

- 车桥是传递车架（或承载式车身）与车轮之间各方向作用力及其力矩，其对汽车的动力性、稳定性、承载能力等性能有着重要的影响。
- 如果是作为驱动桥，除了承载作用外还起到驱动、减速和差速的作用

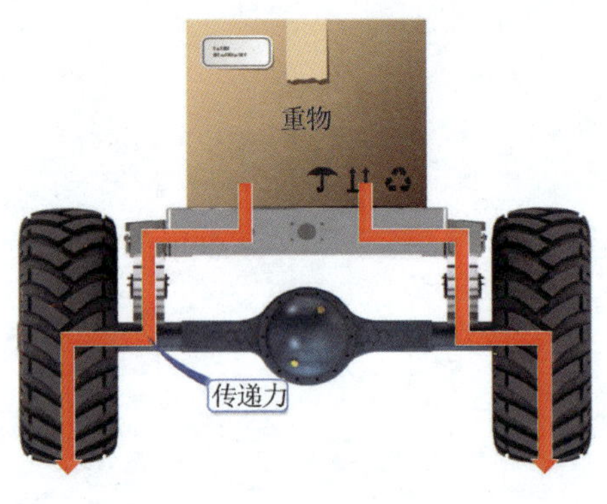

9-3
车桥功用

我未曾见过一个早起勤奋谨慎诚实的人抱怨命运不好。

步骤二：建立客户信息（见图 9-2-1）

（1）连接电源，打开操作计算机。

（2）双击车轮定位软件图标进入初始画面。

（3）选择车辆品牌信息并填写识别号信息。

步骤三：测量准备

（1）准备相应工具设备。

（2）车辆停稳，安装车内三件套。

步骤四：车辆检查（见图 9-2-2）

（1）使用胎压表测量 4 个车轮的气压，检查气压是否在标准范围内。如不在，应进行调整。

（2）选用轮胎深度尺测量轮胎磨损情况。

（3）选用一字螺丝刀清除轮胎杂物。

（4）检查轮胎规格。

（5）检查轮辋有无变形。

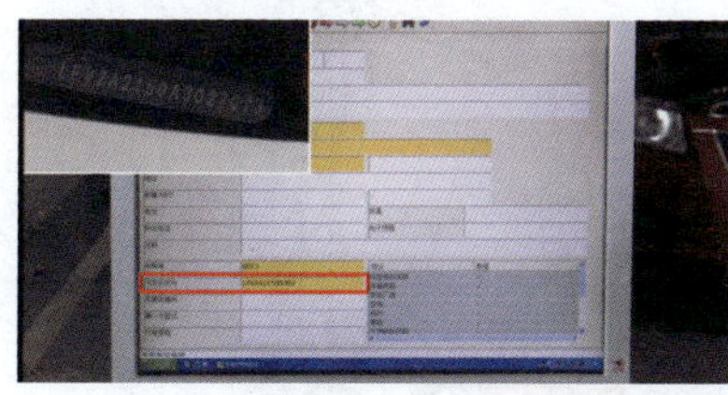

图 9-2-1　建立客户信息

图 9-2-2　车辆检查

车桥类型

整体式车桥	
整体式支持桥	整体式驱动桥
整体式转向桥	整体式转向驱动桥
断开式车桥	
断开式支持桥	断开式驱动桥
断开式转向桥	断开式转向驱动桥

学习笔记

学习笔记

（6）举升车辆至合适高度。

（7）依次检查前悬架、转向球头、转向横拉杆有无损坏变形。

（8）依次检查稳定杆、后桥减振器、拖曳臂有无损坏变形。

步骤五：安装传感器（见图 9-2-3）

（1）安装卡具，将车轮卡具的上卡爪卡在轮辋上，旋紧并紧固。

（2）将卡具使用保险钩固定在轮辋上。

（3）依次安装 4 个车轮传感器。

（4）依次连接 4 个传感器传输线。

（5）调整传感器至水平位置，当传感器水平气泡处于中间位置且计算机画面为绿色时停止调整。

步骤六：车轮偏心补偿（见图 9-2-4）

（1）缓慢转动两前车轮，进入偏心补偿画面。

（2）当计算机屏幕上两前轮偏心补偿全部为绿色时，停止转动确认并锁止。

（3）以同样的方法对两后轮进行偏心补偿调整。

图 9-2-3　安装传感器

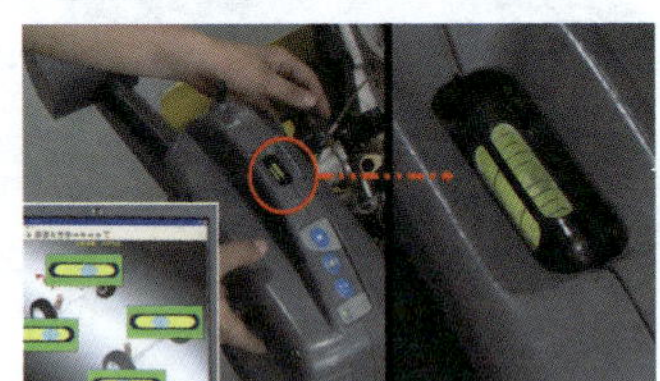

图 9-2-4　车轮偏心补偿

车轮定位	
概念	车轮定位就是汽车的每个车轮、转向节和车桥与车架的安装应保持一定的相对位置
参数	转向轮定位参数有：主销后倾、主销内倾、前轮前束、前轮外倾。通常车轮定位主要是指前轮定位，现在也有许多车辆需要进行四轮定位
作用	保持汽车直线行驶的稳定性，保证汽车转弯时转向轻便，且使转向轮自动回正，减少轮胎磨损
主销	主销是传统汽车上转向轮转向时的回转中心，是一根较粗的销轴。现代许多独立悬架的汽车已经没有实体主销了。但在车轮定位中，仍然沿用主销这个名词，把它作为转向轮的转向轴线的代名词，这种虚拟主销采用上、下球头销代替主销，上、下球头销球头中心的连线相当于主销轴线 转向主销 转向轴线 （a）实体主销 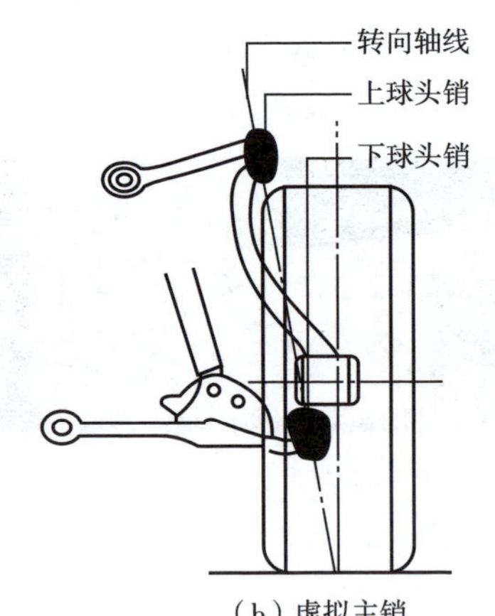 （b）虚拟主销

我未曾见过一个早起勤奋谨慎诚实的人抱怨命运不好。

步骤七：定位检测（见图 9-2-5）

（1）取下盘锁销和侧滑板锁销，拉紧驻车制动。

（2）根据定位仪提示进行操作检测。

（3）根据转向操作画面进行调整，按照操作画面提示转动转向盘。

（4）安装制动锁，降下车辆。

（5）按动车辆数次，使减振器回位。

（6）进入调整前检测水平气泡画面，调整气泡。

（7）根据转向操作画面进行调整，按照操作画面提示转动转向盘，向左、右各转动 20°。

（8）选用转向盘固定装置固定转向盘，使转向盘处于中间位置。

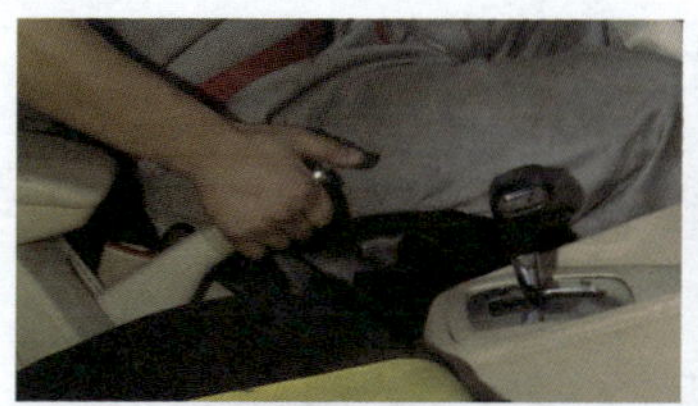

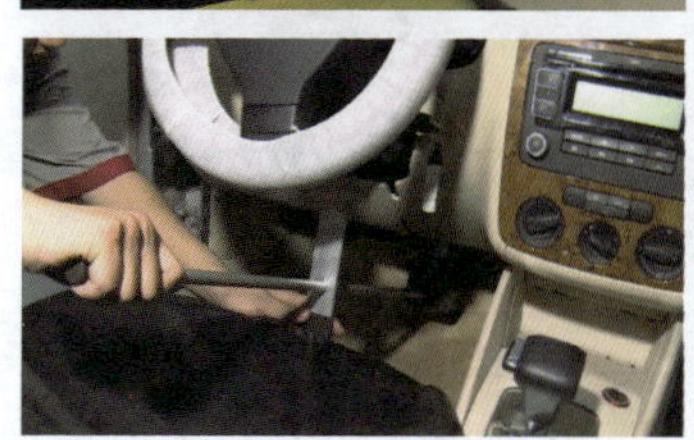

图 9-2-5　定位检测

车轮定位（续）

主销后倾	• 概念：在汽车纵向垂直平面内主销轴线与通过前轮中心垂线的夹角称为主销后倾角。 • 作用：保证汽车直线行驶的稳定性；适当加大主销后倾角是帮助车轮回正的有效方法。转向轮发生偏转时，主销后倾角可帮助转向轮自动回正到中间位置	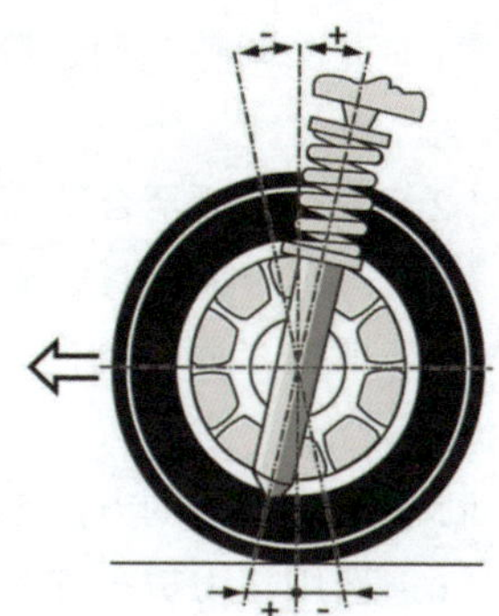
主销内倾	• 概念：在汽车横向平面内主销轴线与铅垂线的夹角即为主销内倾角。 • 作用：帮助转向轮自动回正；使转向轻便	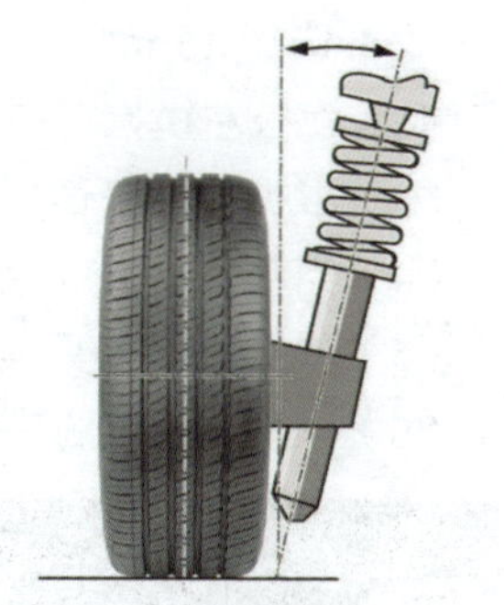

学习笔记

9-4 主销后倾基本原理

9-5 主销内倾基本原理

学习笔记

步骤八：定位调整（见图 9-2-6）

1. 调整前轮外倾角

（1）进入调整画面，读取数据值，数据值为红色的，需要进行调整。

（2）举升车辆至合适高度，并锁止可靠。

（3）选用合适工具，松开控制臂六角螺栓。

（4）根据界面选择向外推动车轮，直至数据合格，预紧控制臂六角螺栓。

（5）采用同样的方法调整另一侧车轮。

（6）选用扭力扳手拧紧螺栓（20 N • m+90°）。

2. 调整前轮前束角

（1）进入调整画面，读取数据值，数据值为红色的，需要进行调整。

（2）选用 15 mm 开口扳手固定左前横拉杆球头，将 22 mm 开口扳手旋松左横拉杆锁止螺母。

（3）根据检测画面，使用 13 mm 开口扳手调整左横拉杆。

（4）当数值变为绿色时，停止调整。

（5）使用正确工具锁紧锁止螺母。

（6）采用同样的方法调整另一侧车轮。

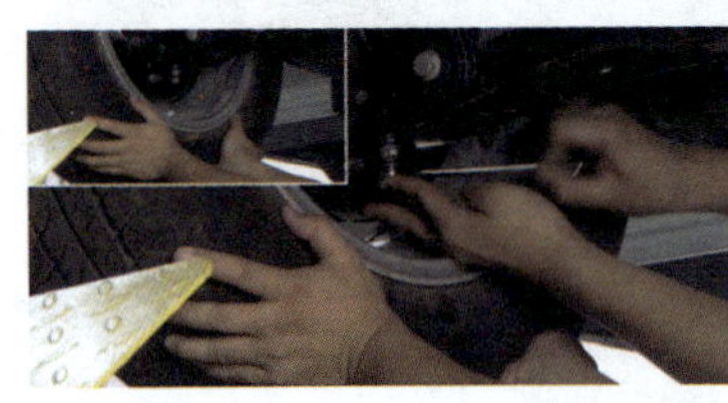

图 9-2-6　定位调整

9-6 前轮前束基本原理

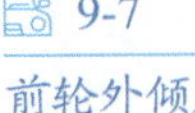

9-7 前轮外倾基本原理

车轮定位（续）

前轮前束	• 概念：前轮前束是从汽车正上方向下看，由轮胎的中心与汽车的纵向线之间的夹角为前束角。如右图所示，*A* 减去 *R* 的值为前束，如果此值为负，则为负前束。 • 作用：消除由于外倾角所产生的轮胎侧滑	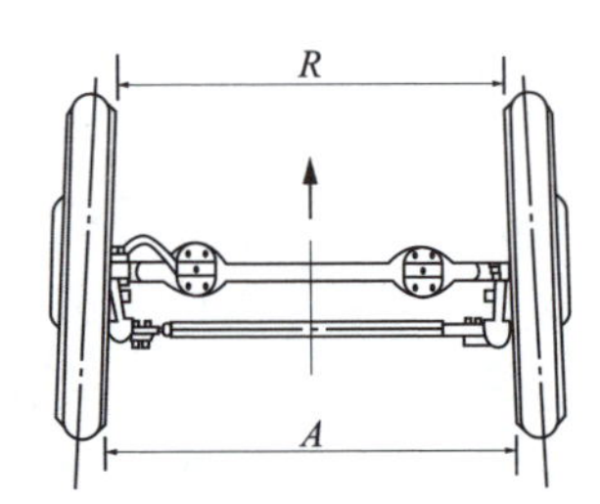
前轮外倾	• 概念：从汽车的前方看，轮胎的几何中心线与地面的铅垂线的夹角称为外倾角。如果车轮顶部偏向车的垂直中心线外侧则为正；反之，为负。 • 作用：汽车转向时可避免车身过分倾斜。车轮外倾角负方向过大，轮胎的内侧容易磨损；外倾角正向过大，轮胎的外侧容易磨损，同时会降低转向行驶的性能	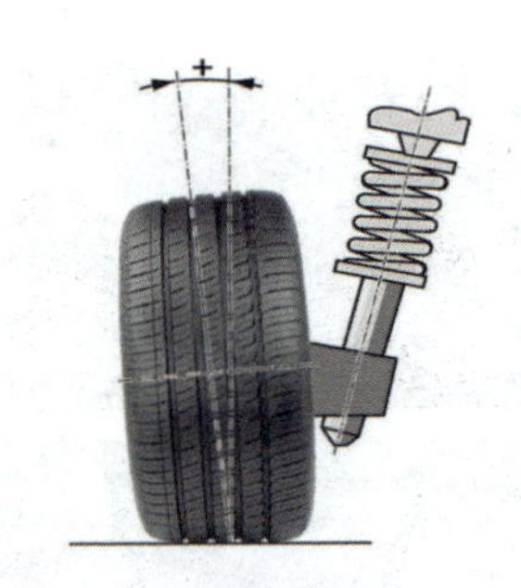

我未曾见过一个早起勤奋谨慎诚实的人抱怨命运不好。

步骤九：输出检测报告

（1）调整后按照操作画面再次检测，如图 9-2-7 所示。

（2）读取检测报告。

（3）保存数据并打印，如图 9-2-8 所示。

（4）整理工具。

图 9-2-7　再次检测

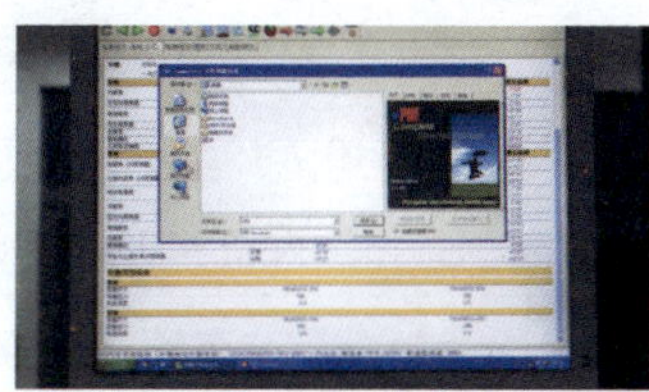

图 9-2-8　保存数据并打印

车轮定位检测标准

- 车辆年检前。
- 新车行使达 3 000 km 时。
- 车辆每行驶半年或车辆行驶达 10 000 km 时。
- 车辆更换或调整轮胎、悬架系统后。
- 车辆更换转向系统及零件时。
- 车辆直行时转向盘不正。
- 车辆直行时需紧握方向盘。
- 车辆转向时，转向盘太重或无法自动回正。
- 轮胎不正常磨损。
- 事故车维修后

学习笔记

9-8

四轮定位

我未曾见过一个早起勤奋谨慎诚实的人抱怨命运不好。

学习笔记

任务测评

一、知识测评

确定本任务关键词，按重要程度进行关键词排序并举例解读。

根据自己对重要信息捕捉、排序、表达、创新和划分权重能力进行自评，满分 100 分（见表 9-2-2）。

表 9-2-2　检测与调整车轮定位知识测评表

序号	关键词	举例解读	评分自定
1			
2			
3			
4			
5			
总分			

二、能力测评

对表 9-2-3 所列作业内容，操作规范即得分，操作错误或未操作即零分。

表 9-2-3　检测与调整车轮定位能力测评表

序号	能力点	配分	得分
1	建立客户信息	20	
2	车辆检查	20	
3	安装传感器	20	
4	偏心补偿与定位检测	20	
5	定位调整	20	
总分		100	

三、素养测评

对表 9-2-4 所列素养点，做到即得分，未做到即零分。

表 9-2-4　检测与调整车轮定位素养测评表

序号	素养点	配分	得分
1	设备和工具安全检查	20	
2	车辆安全防护	20	
3	工具清洁、校准、存放	20	
4	工量辅具、零部件、油水液体“三不落地”	20	
5	工位“5S”	20	
总分		100	

四、拓展训练

（1）请列举出在检测与调整车轮定位过程中易出现的问题，分析产生问题的原因并制定解决问题的措施（满分 20 分）。

（2）现有一辆 2014 款卡罗拉 1.6 L 轿车，行驶过程中车辆跑偏，初步判断为前轮定位出现问题。试制定检修流程并进行检修（满分 30 分）。

（3）历史车轮滚滚向前，时代潮流浩浩荡荡；历史只会眷顾坚定者、奋进者、搏击者，而不会等待犹豫者、懈怠者、畏难者。新时代汽车工业的车轮如何向前滚动，就要靠新时代的青年来完成。加油吧！未来的汽车接班人。

我未曾见过一个早起勤奋谨慎诚实的人抱怨命运不好。

学习笔记

请按图 9-2-9 所示思维导图格式，总结检测与调整车轮定位的学习过程，搜集 2 个车轮定位的故障现象，教师主持，用头脑风暴的方式，分析故障可能原因，各写成 500 字的案例（满分 50 分）。

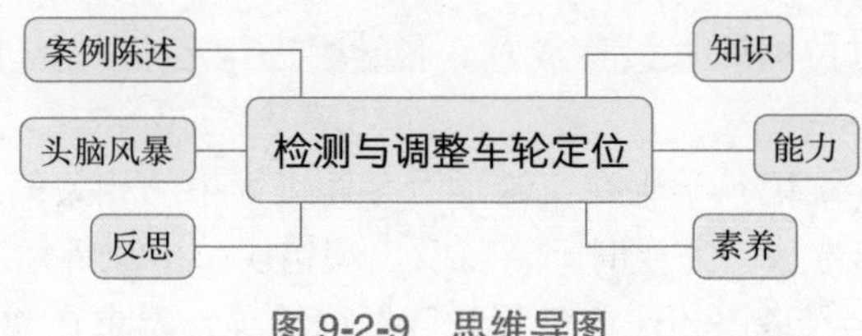

图 9-2-9　思维导图

学习笔记

学习考评

一、考评项目

请制定出2019款别克凯越1.6 L轿车车架和车桥的检修计划并实施，完成考评报告。

二、实施准备

1. 学生准备

学生按照教学进度计划，已经完成了以下学习任务并达到了75分以上，可进行该学习考评的实施。

（1）理解并掌握学习考评需要的相关知识和方法，得分大于75分。

（2）运用学习考评需要的相关知识和方法进行作业，得分大于75分。

（3）按时、按质、按量完成相应作业，得分大于80分。

（4）具有自觉遵守技术标准和要求规定、规范操作、安全、环保、“5S”作业、团结协作的好习惯，得分大于80分。

（5）能制定2019款别克凯越1.6 L轿车车架和车桥的检修方案。

2. 教师准备

（1）在安排学生实施学习考评前，通过课堂问题研讨、作业、实训、考核及其他方式，确认学生已经具备了实施学习考评所需的知识、技能和素养，并确保学生在安全状态下独立进行。

（2）对协助教师进行测评的学生进行测评和监督方法的培训，确保测评结果的准确性和公平性。

（3）准备好测评记录。

三、验证方法与标准

（1）每位测评人员负责对2名学生进行定点、全过程的监控和测评。

（2）详细记录学生在实施学习考评过程中的相关信息、数据、结果、操作方法、完成时间，以及出现错误、事故等情况。

（3）学习考评的作业过程和数据记录等，要求在90 min内完成，时间不足，可在即将结束时，口述剩余部分的作业方法。

（4）考评内容及评分标准见下表。

考评内容及评分标准

评分项	得分条件	评分标准	配分	得分
职业素养能力	（1）能进行工位5S操作（5分）。 （2）能进行设备和工具安全检查（3分）。 （3）能进行工具清洁、校准、存放操作（3分）。 （4）能进行三不落地操作（4分）	依据得分条件进行评分	15	
专业技能操作能力	（1）能够拆装车轮（5分）。 （2）能够拆装副车架（7分）。 （3）能够检修副车架（6分）。 （4）能够检查车辆（7分）。 （5）能够安装传感器（6分）。 （6）能够检测车轮定位（7分）。 （7）能够调整车轮定位（7分）。 （8）能够整理工位（5分）	依据得分条件进行评分	50	

学习笔记

续表

评分项	得分条件	评分标准	配分	得分
信息查询处理能力	（1）能正确使用维修手册查询资料（2分）。 （2）能在规定时间内查询所需资料（3分）。 （3）能正确记录所查询资料章节页码（2分）。 （4）能正确记录所需维修信息（3分）	依据得分条件进行评分	10	
工具选择使用能力	（1）能正确选用维修工具（2分）。 （2）能正确使用维修工具进行拆装（2分）。 （3）能正确使用游标卡尺（2分）。 （4）能正确使用专用工具（2分）。 （5）能熟练使用办公软件（2分）	依据得分条件进行评分	10	
分析判断能力	（1）能判断副车架是否可以继续使用（5分）。 （2）能判断车轮定位是否符合标准要求（5分）	依据得分条件进行评分	10	
表单填写能力	（1）语句通顺（2分）。 （2）无错别字（1分）。 （3）无抄袭（2分）	依据得分条件进行评分	5	
总计			100	

四、考评报告

说明：考评分为理论考评和实操考评，理论考评根据项目要求以及考评模板格式制定项目实施方案，方案经教师审核合格后，方可进行实操考评。考评报告模板详见附录A。

学习笔记

拓展阅读——电动汽车进化史

电动汽车发展如火如荼，我国的蔚来、理想、小鹏以及比亚迪与特斯拉同场竞技，市场竞争越来越激烈，传统汽车生产商也正在不惜血本地投资电动汽车市场。不过，电动汽车并非什么新鲜事物，第一台电动汽车诞生于1834年的美国，比燃油车早了半个多世纪。

在汽车诞生之初的前30年的时间里，电动汽车、蒸汽汽车以及燃油汽车并存竞争。得益于电动汽车比燃油汽车、蒸汽汽车在启动、噪声、操作方便以及行驶里程等方面的优势，电动汽车一度处于领先地位。

1900年，电动汽车生产量占到美国汽车总产量的28%，所出售的电动汽车总价值超过了当年燃油汽车和蒸汽汽车总和。

1912年仅美国就有超过34 000辆电动汽车注册。1915年美国电动汽车保有量达5万辆，电动汽车市场占有率比内燃机汽车高出16%。

但到了1935年，燃油汽车在性能、价格、使用成本等方面以绝对的优势超越了电动汽车，电动汽车风光不再，这一沉寂就是30年。

1970年代，第一次石油危机，燃起了人们开发燃油汽车替代品的兴趣。电动汽车开始复苏，越来越多的电动汽车出现了，但是大多销量一般，主要受限于时速、续航里程和外形设计，电动汽车在进入20世纪80年代后，受欢迎度逐渐减弱。

1990年代，废气排放量监管促使汽车生产商将目标投向电动汽车。从1996年开始，通用共生产了1 117辆EV1电动汽车，不过这款汽车仅在美国几个州使用，并且不能卖，只能租。这款电动汽车据悉续航里程能够达到100 mile（1 mile=1 609.344 m），从0加速到60 mile/h只需要7 s时间。由于EV1并不盈利，通用在租赁期到后，召回所有这些电动汽车，并销毁了大部分汽车，只留下40辆捐赠给博物馆或者其他组织。

1997年，丰田混动汽车普锐斯投产，截止到2017年，全球累计销量超过1 000万台。

2010年，尼桑在美国开始交付其电动汽车Leaf，续航里程为100 mile，价格在3万美元左右。

2011年，特斯拉拥有了其第一款电动跑车Roadster，其续航里程超过了240 mile，售价超过10万美元。2017年上市的Model 3成了特斯拉爆款车型，这款汽车续航里程超过200 mile，售价在3.5美元左右。

“十三五”期间，我国完成电动汽车产销490余万辆，2020年国家发布的《新能源汽车产业发展规划（2021—2035年）》指出，到2025年，纯电动乘用车新车平均电耗降至12.0千瓦时/百公里，新能源汽车新车销售量达到汽车新车销售总量的20%左右，高度自动驾驶汽车实现限定区域和特定场景商业化应用。到2035年，纯电动汽车成为新销售车辆的主流，公共领域用车全面电动化。

思考

查阅相关资料，梳理一下电动汽车的优势和技术难点，以及我国在电动汽车方面的优势与不足。

项目十　检修液压制动装置

一、项目描述

完成 2007 款丰田卡罗拉 1.6 L 手动 GL 型轿车液压制动装置检修作业。

二、项目要求

依据 2007 款丰田卡罗拉 1.6 L 手动 GL 型轿车维修手册和汽车运用与维修“1+X”职业技能等级证书（中级）标准相关要求，正确使用工具，安全规范地完成如下检修作业：

（1）检测与调整制动踏板自由行程；

（2）检修制动总泵。

三、学习目标

（1）准确识别液压制动装置的主要部件；

（2）正确描述液压制动装置的工作过程；

（3）规范检测与调整制动踏板行程；

（4）正确完成液压传动装置的检修；

（5）养成自觉遵守技术标准和要求规定、规范操作、安全、环保、“5S”作业的好习惯；

（6）体会精益求精的工匠精神。

（7）体会创新就是坚持不懈精进的精神。

四、学习载体

2007 款丰田卡罗拉 1.6 L 手动 GL 型轿车制动液压装置如下图所示。

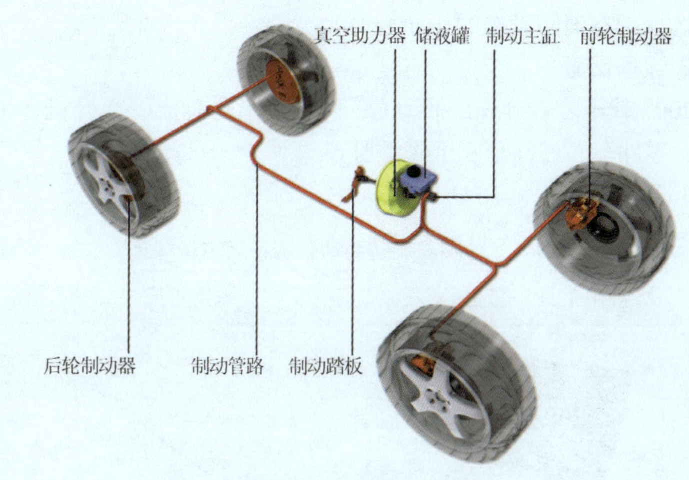

液压制动系统示意图

液压制动装置是整个制动系统的动力传递装置的总称，包括供能装置、控制装置和传动装置。本项目以制动踏板自由行程的检查与调整和制动总泵的检修为主要内容进行学习。

学习笔记

任务一　检修与调整制动踏板行程

职业行动

步骤一：作业准备

1. 作业场地

选择带有消防设施的作业场地。

2. 设备设施

2007 款卡罗拉 1.6 L 手动 GL 型轿车车轮总成、举升机、工具车、零件车、三件套、维修手册等。

3. 工量辅具（见表 10-1-1）

表 10-1-1　检测与调整制动踏板行程工量辅具

常用工具一套	钢直尺
扭力扳手	螺丝刀

4. 耗材

干净抹布、手套。

职业知识

相关技术要求

制动踏板的自由行程	1 ～ 6 mm
标准制动踏板高度	145.8 ～ 155.8 mm

制动系统

- 使行驶中的汽车按照驾驶员的要求减速至停车。
- 使已停驶的汽车在各种道路条件下（包括在坡道上）稳定驻车。
- 使下坡行驶的汽车速度保持稳定

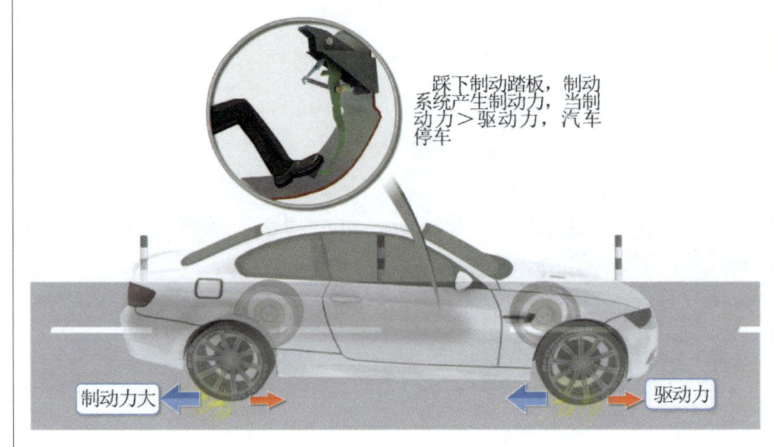

10-1

制动系统功用

精益求精，善益求善。

学习笔记

步骤二：测量制动踏板高度

（1）取下汽车主驾驶室脚垫。

（2）翻起地毯。

（3）按照维修手册规定，选用钢直尺。将钢直尺沿制动踏板一侧弧顶中心向下移至于制动底板完全抵靠，读出数值并记录制动踏板高度值，如图 10-1-1 所示。

步骤三：调整制动踏板高度

（1）拆卸制动灯开关。

（2）按照维修手册规定，选用 14 mm 开口扳手，松开推杆锁紧螺母，如图 10-1-2 所示。

（3）按照维修手册规定，选用鲤鱼钳，转动推杆以调整制动踏板高度。

（4）将钢直尺沿制动踏板一侧弧顶中心向下移至于制动底板完全抵靠，读出数值并记录制动踏板高度值。

（5）按照维修手册规定，选用 14 mm 开口扳手，拧紧推杆锁紧螺母。

（6）安装制动灯开关。

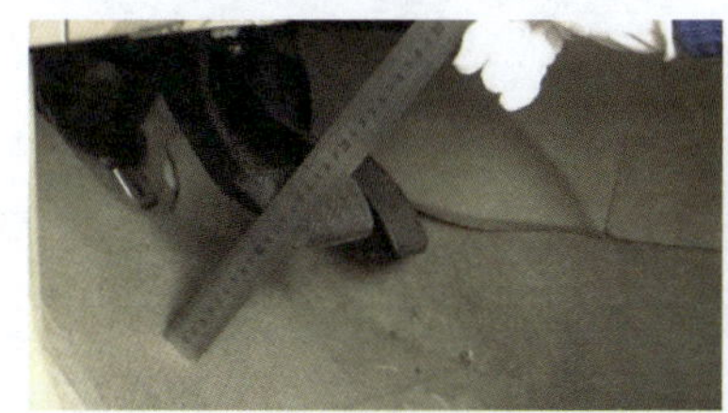

图 10-1-1　测量制动踏板高度

图 10-1-2　调整制动踏板高度

制动系统组成

- 供能装置：供给、调节制动所需能量以及改善传能介质状态的各种部件。如气压制动系统中的空气压缩机、液压制动系统中驾驶员的脚。
- 控制装置：产生制动动作和控制制动效果的各种部件，如制动踏板等。
- 传动装置：将制动能量传输到制动器的各个部件，如制动主缸、制动轮缸等。
- 制动器：产生阻碍车辆的运动或运动趋势的力的部件。常见的制动器主要有鼓式制动器和盘式制动器

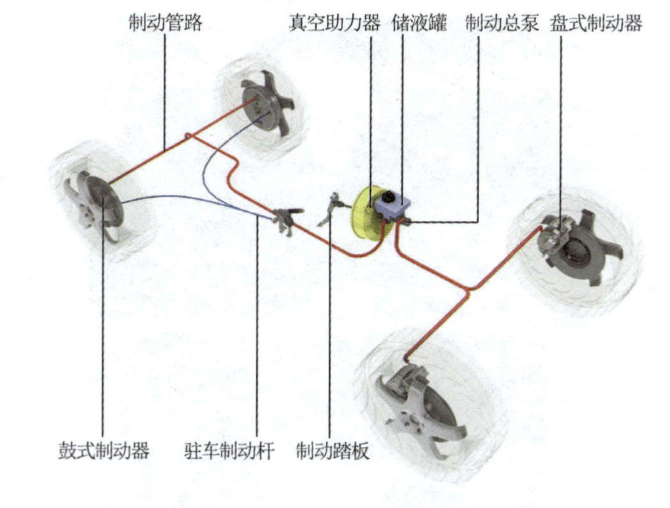

学习笔记

步骤四：测量制动踏板自由行程（见图 10-1-3）

（1）确认点火开关处于关闭位置。

（2）多次踩下制动踏板直至真空助力器内无空气。

（3）松开制动踏板。

（4）将钢直尺沿制动踏板一侧弧顶中心向下移至于制动底板完全抵靠，用大拇指按下制动踏板直至感到轻微的阻力，读出数值并记录此时制动踏板高度值。

（5）松开大拇指，记录此时制动踏板高度值，两者的差值为制动踏板的自由行程。

（6）如果测量结果不符合要求，则应调整制动灯开关推杆凸出部分与缓冲垫之间的间隙。

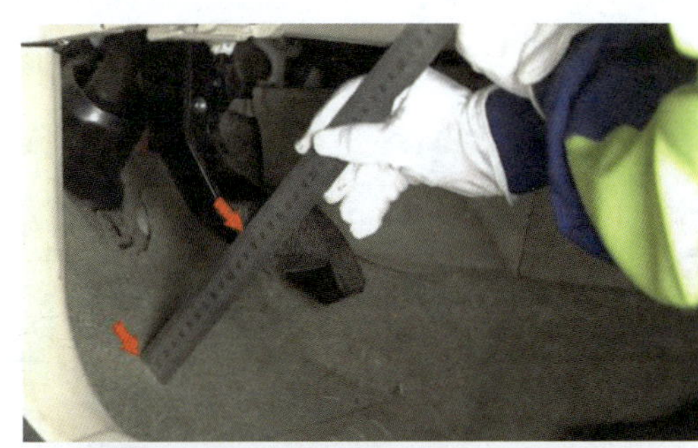

图 10-1-3　测量制动踏板自由行程

制动系统的分类

- 按功能的不同，制动系统可以分为行车制动系统、驻车制动系统、应急制动系统、安全制动系统和辅助制动系统。
- 应急制动系统是用独立的管路控制车轮的制动器，作为备用系统，其作用是当行车制动系统失效的情况下保证汽车仍能实现减速或停车。
- 安全制动系统是当制动气压不足时起制动作用，使车辆无法行驶。
- 辅助制动系统是为了下长坡时减轻行车制动器的磨损而设置的，其中利用发动机排气制动应用最广

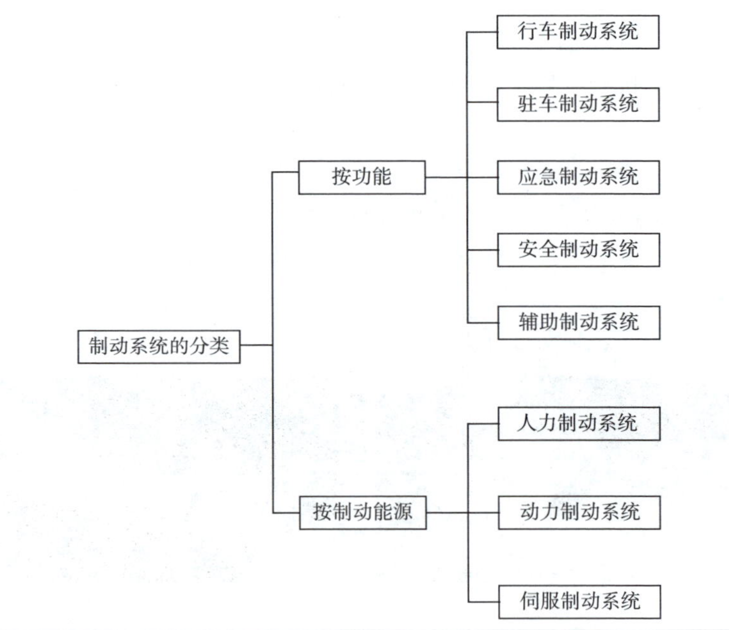

精益求精，善益求善。

步骤五：调整制动踏板自由行程（见图 10-1-4）

（1）检查变速杆是否处于 P 挡或 N 挡位置。

（2）检查驻车制动器是否拉紧。

（3）启动发动机，保持怠速运转。

（4）松开驻车制动手柄，观察仪表板上的驻车制动指示灯是否熄灭。

（5）将钢直尺沿制动踏板一侧弧顶中心向下移至于制动底板完全抵靠，用力踩下制动踏板并保持不变，读出并记录此时制动踏板高度值。

（6）拉上驻车制动手柄，关闭点火开关。

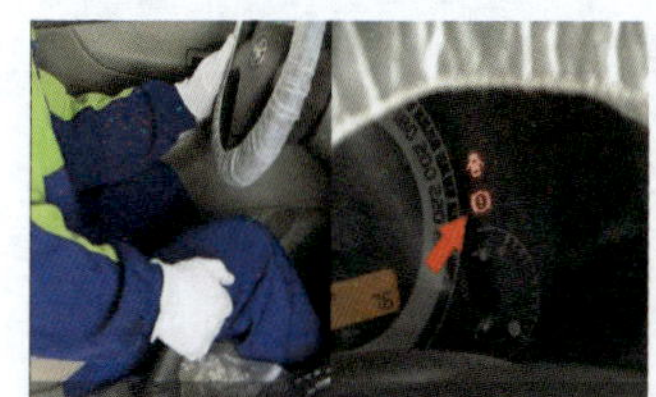
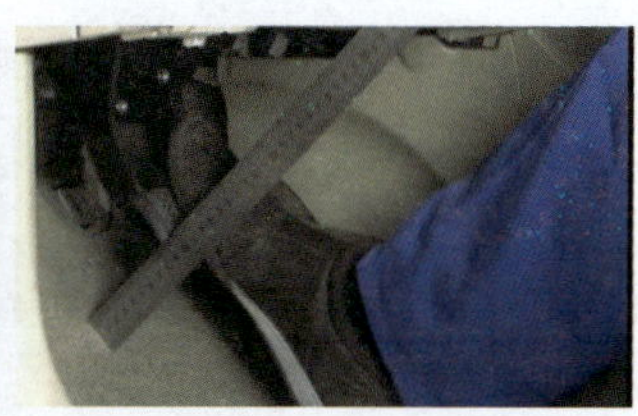

图 10-1-4　调整制动踏板自由行程

制动踏板结构与行程

结构	制动踏板主要由制动踏板分总成、制动踏板回位弹簧、制动踏板支架等几部分组成，主要用于驾驶员控制行驶中的汽车减速甚至停车	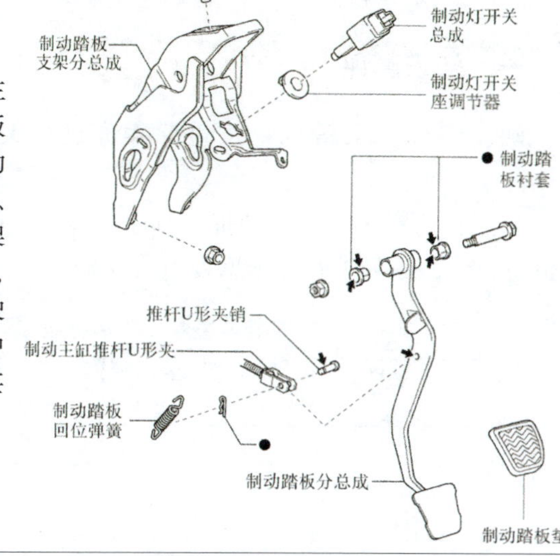
行程	• 制动踏板总行程：制动踏板从初始位上部运动到最下部的距离。 • 制动踏板自由行程：指制动踏板踩下时，推杆接触到主缸活塞的过程中制动踏板移动的距离，是制动主缸推杆与主缸活塞之间的间隙在制动踏板上的反映。 • 制动踏板工作行程 = 制动踏板总行程 − 制动踏板自由行程	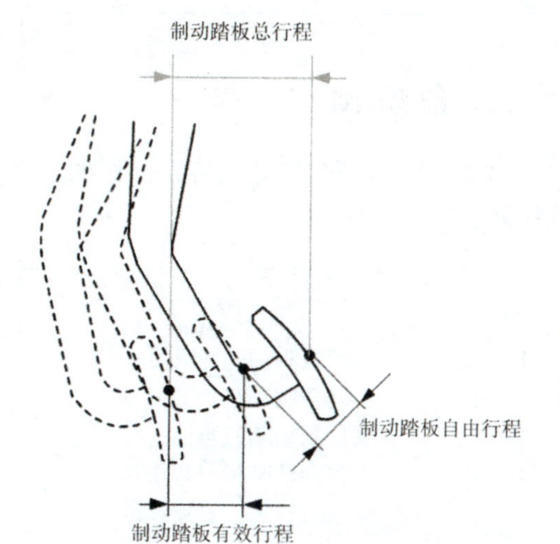

学习笔记

10-2 检测与调整制动踏板行程

学习笔记

任务测评

一、知识测评

确定本任务关键词，按重要程度进行关键词排序并举例解读。

根据自己对重要信息捕捉、排序、表达、创新和划分权重能力进行自评，满分 100 分（见表 10-1-2）。

表 10-1-2　检测与调整制动踏板行程知识测评表

序号	关键词	举例解读	评分自定
1			
2			
3			
4			
5			
总分			

二、能力测评

对表 10-1-3 所列作业内容，操作规范即得分，操作错误或未操作即零分。

表 10-1-3　检测与调整制动踏板行程能力测评表

序号	能力点	配分	得分
1	测量制动踏板高度	20	
2	调整制动踏板高度	20	
3	测量制动踏板自由行程	20	
4	检查制动踏板行程余量	20	
5	整理工具	20	
总分		100	

三、素养测评

对表 10-1-4 所列素养点，做到即得分，未做到即零分。

表 10-1-4　检测与调整制动踏板行程素养测评表

序号	素养点	配分	得分
1	设备和工具安全检查	20	
2	车辆安全防护	20	
3	工具清洁、校准、存放	20	
4	工量辅具、零部件、油水液体“三不落地”	20	
5	工位“5S”	20	
总分		100	

四、拓展训练

（1）请列举出在检测与调整制动踏板行程过程中易出现的问题，分析产生问题的原因并制定解决问题的措施（满分 20 分）。

（2）现有一辆 2014 款卡罗拉 1.6 L 轿车，制动过程中制动踏板踩不到底，初步判断为制动踏板自由行程问题。试制定检修流程并进行检修（满分 30 分）。

（3）当你驾车安全行驶在城市之中，你是否想到，今天的安全行驶来之不易。翻开汽车制动控制系统的历史，最原始的制动控制只是驾驶员操纵一组简单的机械装置向制动器施加作用力，随后出现了真空助力和液压制动，如今的电控防抱死技术，可以说经历了翻天覆地的变化。

精益求精，善益求善。

请按图 10-1-5 所示思维导图格式，总结检查与调整制动踏板行程的学习过程，列举至少 5 个自己或身边发生的忽视安全的事例，搜集 2 个制动踏板故障现象，分析故障原因，各做成 500 字的案例（满分 50 分）。

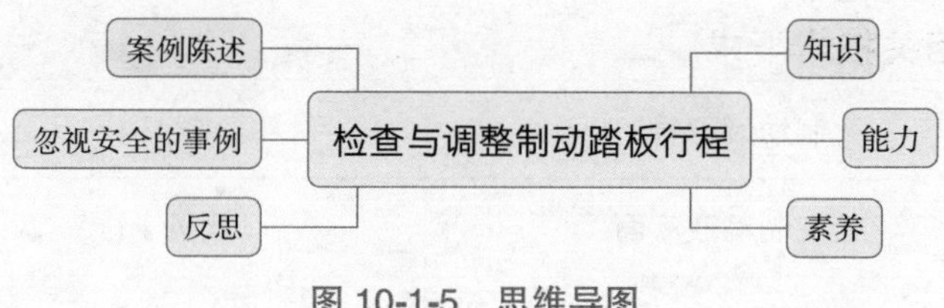

图 10-1-5　思维导图

学习笔记

任务二　检修液压传动装置

职业行动

步骤一：作业准备

1. 作业场地

选择带有消防设施的作业场地。

2. 设备设施

2007 款卡罗拉 1.6 L 手动 GL 型轿车车轮总成、举升机、工具车、零件车、三件套、维修手册等。

3. 工量辅具（见表 10-2-1）

表 10-2-1　检修液压传动装置工量辅具

常用工具一套	制动液
扭力扳手	手电筒

4. 耗材

干净抹布、手套。

职业知识

相关技术要求

制动液型号	DOT4
检查制动液液面	接近上限
检查制动管路	是否泄漏
检查紧固件、密封件	是否符合要求

制动系统类型

液压制动系统	气压制动系统
液压制动在管路里是专门的制动液。制动时是用制动踏板直接驱动制动总泵产生压力，通过液压管传递到各制动分泵上去的。一般液压制动器多采用盘式制动器，应用于轿车、小型客车等	气压制动根据制动踏板的行程控制从储气筒通向各制动分泵的空气压力，制动管路里的空气压力使制动分泵动作，带动制动器工作。气压制动一般使用鼓式制动器，大多应用于载重汽车上

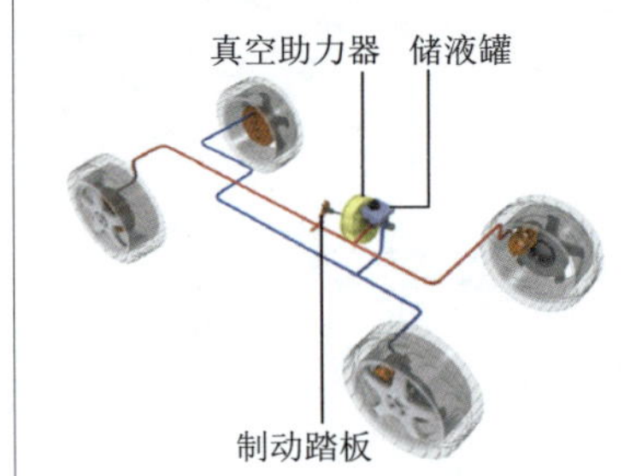

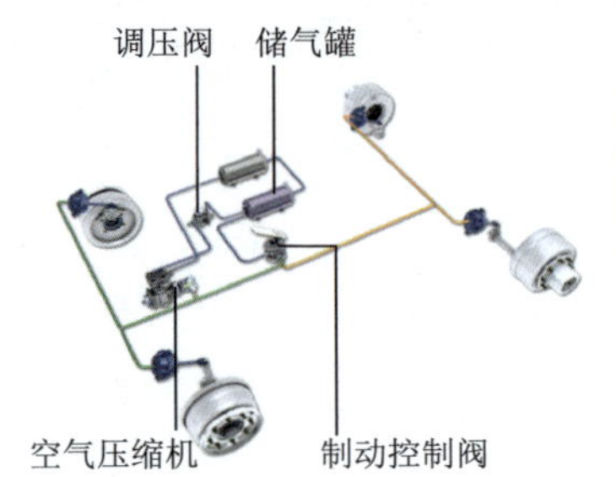

学习笔记

步骤二：检查与补充制动液

（1）检查制动液液面位置（见图 10-2-1），液位正常位置应接近于上限位置。注意：过量加注制动液，会导致在制动系统工作过程中制动液溢流到发动机排气部件上。制动液是易燃品，如果接触发动机排气系统部件，会导致起火和伤人。

（2）如果制动液液面位置过低，应补充制动液至正常高度位置（见图 10-2-2）。

（3）打开储液罐盖前，先要进行清理，以免尘土和杂物进入储液罐。

（4）手动打开储液罐旋盖。

（5）选择合适的制动液型号加注制动液至合适位置。

（6）安装储液罐旋盖。

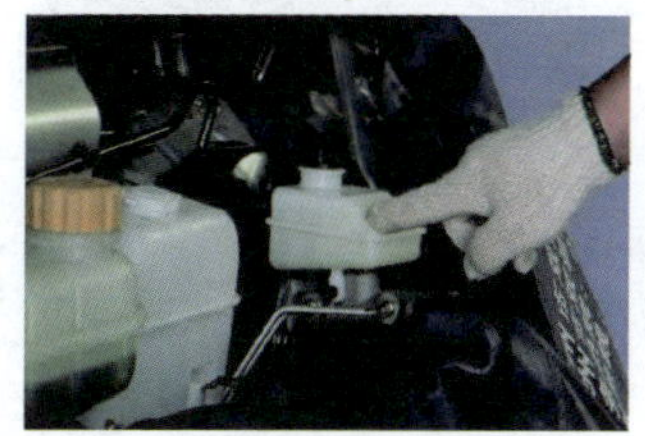

图 10-2-1　检查制动液液面位置

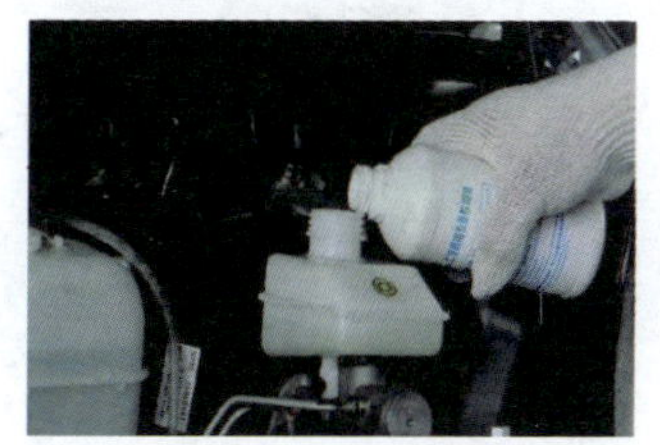

图 10-2-2　补充制动液

步骤三：检查制动液的泄漏

（1）检查制动主缸储液罐液面位置。正常的摩擦衬片磨损会导致储液罐内的液面轻微下降。如果储液罐液位异常降低，会导致制动警告灯亮，这表明系统有泄漏。液压系统可能存在内部或外部泄漏。

（2）检查制动管和制动软管连接处是否有泄漏。如果存在泄漏，检查紧固件的拧紧力矩，更换油管或软管。

液压传动装置的作用、特点和类型

<table>
<tr><td>作用和特点</td><td colspan="2">• 作用：液压传动装置以制动液为介质，将驾驶员施加在制动踏板上的控制力通过主缸由机械能转换为液压力，再通过装在车轮制动器内的轮缸，将液压能转换为机械力，促使制动器进入工作状态。
• 特点：其优点是制动柔和灵敏，结构简单，维护方便，不消耗发动机功率；但操纵较费力，制动力不大，制动液受温度变化而降低其制动效能</td></tr>
<tr><td rowspan="3">类型</td><td colspan="2">• 制动传动装置按传力介质的不同，可分为液压式、气压式和气 - 液综合式。
• 按制动管路的套数可分为单管路和双管路制动传动装置。
• 按照交通法规的要求，现代汽车的行车制动系统须采用双管路制动传动装置，若其中一套管路损坏时，另一套管路仍然起制动作用，从而提高了制动的可靠性和安全性</td></tr>
<tr><td>前后布置双管路制动装置</td><td>对角布置双管路制动装置</td></tr>
<tr><td>双腔制动主缸
后制动管路
前制动管路</td><td>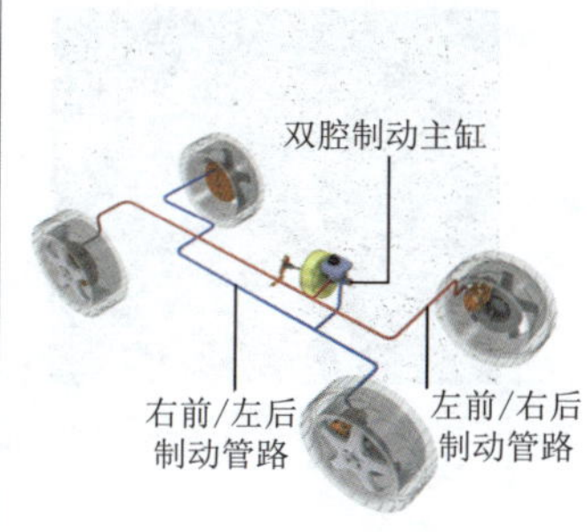
</td></tr>
</table>

学习笔记

（3）检查连接制动器的元件是否损坏。如有必要，重装或更换连接制动器的元件。

（4）检查制动钳和制动轮缸是否有泄漏。如确有泄漏，必要时重装或更换这些元件。

步骤四：排放液压制动系统中的空气

（1）检查制动主缸储液罐液面高度是否正常，必要时加注制动液至合适液面高度。

（2）举升并适当支承车辆。将透明塑料排气软管安装到右后排气阀上，如图 10-2-3 所示。

（3）将透明塑料排气软管的另一端浸入盛有部分清洁制动液的容器中。

（4）使用合适的扳手打开排气阀。

（5）连续 3 次踩制动踏板（见图 10-2-4），将制动踏板踩到全程约 75% 并保持。

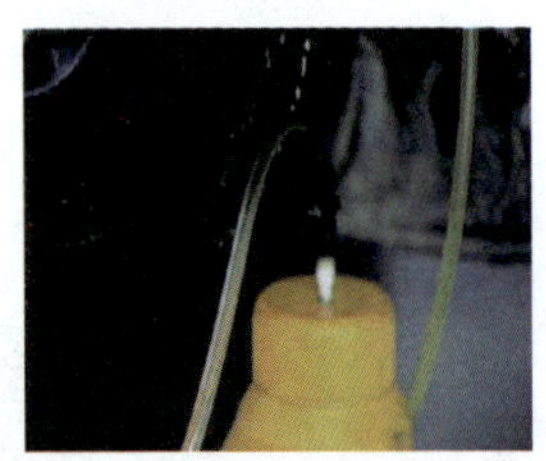

图 10-2-3　安装透明塑料排气软管

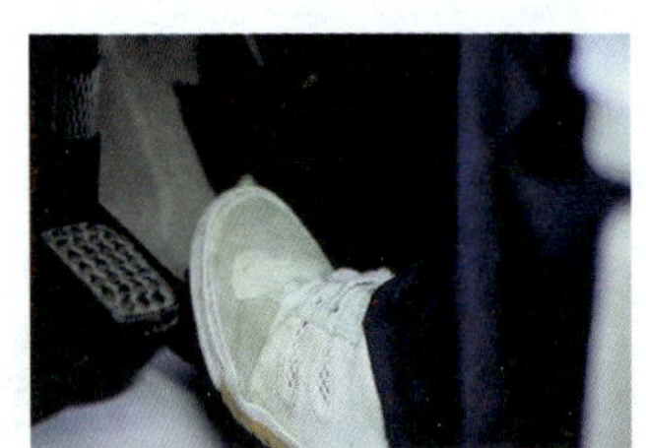

图 10-2-4　踩制动踏板

液压传动装置的组成和工作原理

组成	液压制动传动装置由制动踏板、制动主缸、储液罐、制动轮缸、油管等组成。现代汽车上采用了各种制动力调节装置，用以调节前后车轮制动管路的工作压力，常用的调节装置有限压阀、比例阀、感载比例阀和惯性阀等 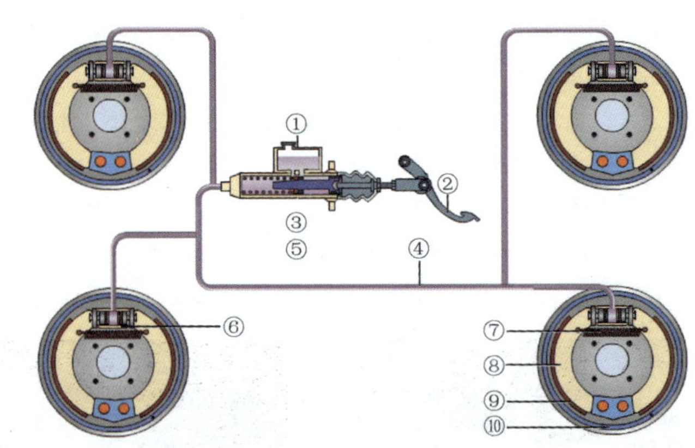 ①—储液罐；②—制动踏板；③—制动主缸；④—制动液；⑤—制动管路；⑥—制动轮缸；⑦—回位弹簧；⑧—制动器；⑨—摩擦片；⑩—制动鼓
工作原理	• 踩下制动踏板，制动主缸将储液罐中的制动液经过制动管路压入前后制动轮缸，产生制动力，使制动蹄推向制动鼓。 • 释放制动踏板，制动蹄和轮缸活塞在回位弹簧作用下回位，将制动液经过管路压回主缸，并流回储液罐

熟是经验，巧是创造。

（6）另一维修人员打开排气阀，再关闭排气阀。

（7）松开制动踏板。

（8）重复步骤（3）～（7），直到制动液中不再出现气泡。

（9）紧固排气阀至 8 ～ 12 N・m。注意：应确保排放阀没有泄漏。

（10）从排气阀上拆卸透明塑料排气软管。

（11）降下车辆。拆下制动液储液罐盖。

（12）检查储液罐中的制动液液位。必要时，将储液罐加注到正确的液面高度。

（13）安装制动液储液罐盖。

（14）将点火起动开关拨到 START（运行）位置，然后关闭发动机。用中等力量踩制动踏板并保持踏板的位置。注意：踏板行程和脚感。

（15）如果制动踏板感到坚实而稳定且踏板行程不过大，则起动发动机。在发动机运行时，重新检查踏板行程。

（16）如果制动踏板仍感到坚实而稳定且踏板行程不过大，则进行车辆路试。以中速试几次正常制动，以确保制动系统功能正常。

（17）如果在开始时或发动机启动后制动踏板脚感软或行程过大，重复手动排气程序，从步骤（1）开始。注意：必须在踩实制动踏板后，方能移动车辆。在移动车辆前，如果制动踏板不坚实，会导致事故发生。

（18）路试车辆。以中速试几次正常制动，以确保制动系统功能正常。

液压传动装置核心部件介绍

真空助力器

- 功用：真空助力器位于制动踏板板推杆和制动总泵之间，主要作用是增加制动效果，减轻驾驶员的疲劳强度。真空助力器可使制动轻便，提高制动效能。
- 工作原理：真空助力器是一个直径较大的腔体，内部有一个中部装有推杆的膜片（或活塞），将腔体隔成两部分，一部分与大气相通，另一部分通过管道与发动机进气管相连。它是利用发动机工作时吸入空气这一原理，造成真空助力器的一侧真空，相对于另一侧正常空气压力的压力差，利用这压力差来加强制动推力

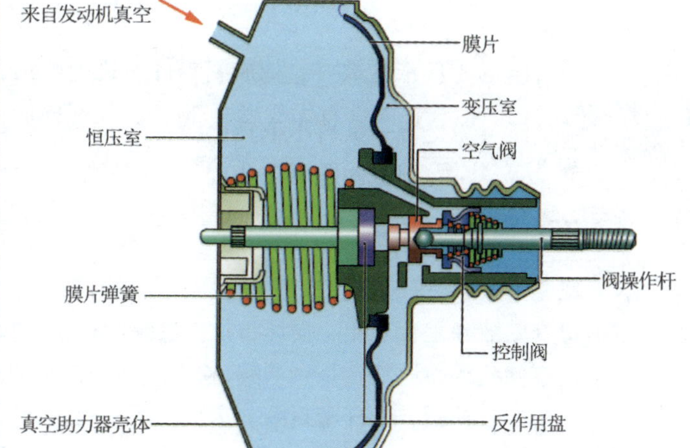

学习笔记

10-3
真空助力器工作原理

学习笔记

步骤五：检查真空助力器

（1）启动发动机运转 1～2 min 后熄火，踩几次制动踏板，消除助力器内原有的真空。踩下的行程逐渐缩小，说明助力器工作良好，否则表明密封不良，有故障。

（2）发动机运转数分钟过后熄火，用同样的力量踩下制动踏板数次，确定制动踏板行程每次无变化，然后将制动踏板保持在踩下位置，起动发动机，如制动踏板稍有下降，表示真空助力器良好，否则有故障。

（3）在发动机运转时，踩下制动踏板不动，将发动机熄火。在 30 s 内，制动踏板高度不允许下降。如有制动踏板回升现象，说明有故障。

（4）拆解真空助力器前，应在前后壳体上做好记号，防止装复错误导致漏气。

（5）将分解的零件依次放好，橡胶密封件应避免油污，并防止膜片座的损伤。检查各零件有无变形 、损伤，发现损伤和变形应修复或更换。

步骤六：检修制动主缸和轮缸

（1）检查主缸和轮缸缸孔的磨损情况。

（2）检查储液罐是否老化、损坏，检查过滤网是否阻塞。

（3）检查储液罐盖通气孔是否通畅，检查浮标是否上下移动。

（4）更换橡胶护圈、推杆密封圈、卡簧、活塞和皮碗。

10-4

检查与更换制动液

液压传动装置的组成和工作原理

液压制动主缸

- 功用：制动主缸可将外界输入的机械能转换成液压能，作用是把驾驶员施加给踏板的力放大之后通过管路再输给制动轮缸。
- 组成：制动主缸主要由制动主缸外壳、第一活塞、第二活塞及回位弹簧、皮碗等组成

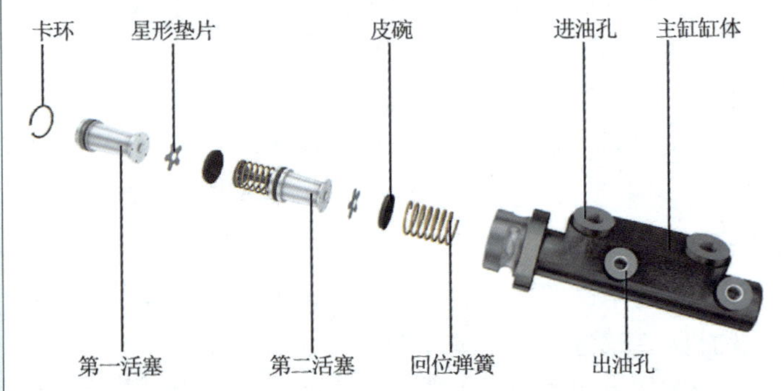

液压制动轮缸

- 功用：将制动主缸输入的液压能，通过活塞转化为机械能输给制动器。
- 组成：制动轮缸一般由壳体、活塞、防尘套、弹簧、皮碗、放气螺栓等组成

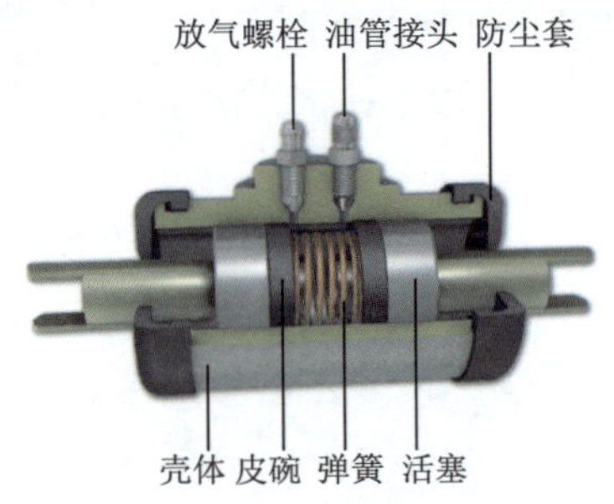

熟是经验，巧是创造。

学习笔记

任务测评

一、知识测评

确定本任务关键词，按重要程度进行关键词排序并举例解读。

根据自己对重要信息捕捉、排序、表达、创新和划分权重能力进行自评，满分 100 分（见表 10-2-2）。

表 10-2-2　检修液压传动装置知识测评表

序号	关键词	举例解读	评分自定
1			
2			
3			
4			
5			
总分			

二、能力测评

对表 10-2-3 所列作业内容，操作规范即得分，操作错误或未操作即零分。

表 10-2-3　检修液压传动装置能力测评表

序号	能力点	配分	得分
1	检测与调整制动踏板行程	20	
2	检查与补充制动液	20	
3	检查真空助力器	20	
4	检查制动主缸和轮缸	20	
5	液压制动系统排气	20	
总分		100	

三、素养测评

对表 10-2-4 所列素养点，做到即得分，未做到即零分。

表 10-2-4　检修液压传动装置素养测评表

序号	素养点	配分	得分
1	设备和工具安全检查	20	
2	车辆安全防护	20	
3	工具清洁、校准、存放	20	
4	工量辅具、零部件、油水液体“三不落地”	20	
5	工位“5S”	20	
总分		100	

四、拓展训练

（1）请列举出在检修液压传动装置过程中易出现的问题，分析产生问题的原因并制定解决问题的措施（满分 20 分）。

（2）现有一辆 2014 款卡罗拉 1.6 L 轿车，行驶过程中制动液泄露，初步判断为液压传动装置出现问题。试制定检修流程并进行检修（满分 30 分）。

（3）仔细研读汽车制动系统的发展历史，不难发现汽车制动系统经历了简单的机械装置到助力装置再到液压控制，最后实现了电子控制。每一次新技术的出现，工程师们都经历了千百次的精进实验和创造，因为制动系统的设计和行车安全息息相关。

学习笔记

请按图 10-2-5 所示思维导图格式，总结检修液压传动装置的学习过程，列举自己能够辨识的安全标志，搜集 2 个液压传动装置故障现象，分析故障原因，各做成 500 字的案例（满分 50 分）。

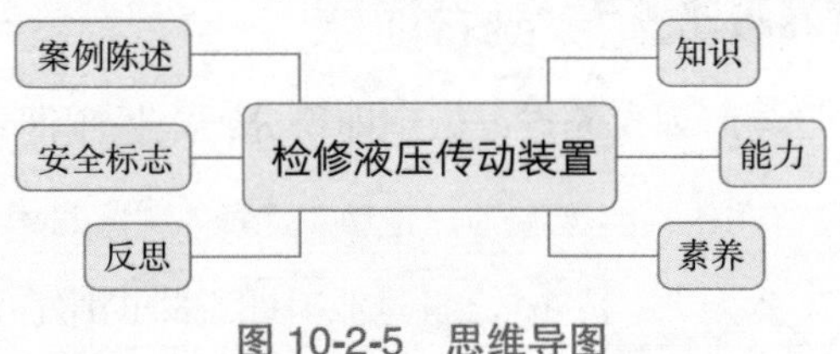

图 10-2-5　思维导图

学习考评

一、考评项目

请制定出 2019 款别克凯越 1.6 L 轿车液压制动装置的检修计划并实施，完成考评报告。

二、实施准备

1. 学生准备

学生按照教学进度计划，已经完成了以下学习任务并达到了 75 分以上，可进行该学习考评的实施。

（1）理解并掌握学习考评需要的相关知识和方法，得分大于 75 分。

（2）运用学习考评需要的相关知识和方法进行作业，得分大于 75 分。

（3）按时、按质、按量完成相应作业，得分大于 80 分。

（4）具有自觉遵守技术标准和要求规定、规范操作、安全、环保、“5S” 作业、团结协作的好习惯，得分大于 80 分。

（5）能制定 2019 款别克凯越 1.6　L 轿车液压制动装置的检修方案。

2. 教师准备

（1）在安排学生实施学习考评前，通过课堂问题研讨、作业、实训、考核及其他方式，确认学生已经具备了实施学习考评所需的知识、技能和素养，并确保学生在安全状态下独立进行。

（2）对协助教师进行测评的学生进行测评和监督方法的培训，确保测评结果的准确性和公平性。

（3）准备好测评记录。

三、验证方法与标准

（1）每位测评人员负责对 2 名学生进行定点、全过程的监控和测评。

（2）详细记录学生在实施学习考评过程中的相关信息、数据、结果、操作方法、完成时间，以及出现错误、事故等情况。

（3）学习考评的作业过程和数据记录等，要求在 90 min 内完成，时间不足，可在即将结束时，口述剩余部分的作业方法。

（4）考评内容及评分标准见下表。

考评内容及评分标准

评分项	得分条件	评分标准	配分	得分
职业素养能力	（1）能进行工位 5S 操作（5 分）。 （2）能进行设备和工具安全检查（3 分）。 （3）能进行工具清洁、校准、存放操作（3 分）。 （4）能进行三不落地操作（4 分）	依据得分条件进行评分	15	
专业技能操作能力	（1）能够检测制动踏板高度和行程（7 分）。 （2）能够调整制动踏板高度和行程（7 分）。 （3）能够检查制动液液位（6 分）。 （4）能够检查制动系统管路泄漏（5 分）。 （5）能够检查真空助力器（6 分）。 （6）能够检查制动主缸（7 分）。 （7）能够检查制动轮缸（5 分）。 （8）能够排出制动系统内空气（7 分）	依据得分条件进行评分	50	

学习笔记

续表

评分项	得分条件	评分标准	配分	得分
信息查询处理能力	（1）能正确使用维修手册查询资料（2分）。 （2）能在规定时间内查询所需资料（3分）。 （3）能正确记录所查询资料章节页码（2分）。 （4）能正确记录所需维修信息(3分）	依据得分条件进行评分	10	
工具选择使用能力	（1）能正确选用维修工具（2分）。 （2）能正确使用维修工具进行拆装（2分）。 （3）能正确使用游标卡尺（2分）。 （4）能正确使用专用工具（2分）。 （5）能熟练使用办公软件（2分）	依据得分条件进行评分	10	
分析判断能力	（1）能判断液压制动装置是否可以继续使用（5分）。 （2）能判断制动踏板自由行程是否符合标准（5分）	依据得分条件进行评分	10	
表单填写能力	（1）语句通顺（2分）。 （2）无错别字（1分）。 （3）无抄袭（2分）	依据得分条件进行评分	5	
总计			100	

四、考评报告

说明：考评分为理论考评和实操考评，理论考评根据项目要求以及考评模板格式制定项目实施方案，方案经教师审核合格后，方可进行实操考评。考评报告模板详见附录A。

学习笔记

拓展阅读——汽车制动系统进化史

从汽车诞生之日起，车辆制动系统在车辆的安全方面就扮演着至关重要的角色。近年来，随着车辆技术的进步和汽车行驶速度的提高，这种重要性表现得越来越明显。

汽车诞生伊始，这时车辆的质量比较小，速度比较低，最原始的制动控制只是驾驶员操纵一组简单的机械装置向制动器施加作用力，机械制动就能满足制动需要。

随着汽车自身质量的增加，助力装置对机械制动器来说已显得十分必要。1932 年生产的质量为 2 860 kg 的凯迪拉克 V16 车，四轮采用直径 419.1 mm 的鼓式制动器，并有制动踏板控制的真空助力装置。 林肯公司也于 1932 年推出 V12 轿车，该车采用通过 4 根软索控制真空加力器的鼓式制动器。

克莱斯勒的四轮液压制动器于 1924 年问世。通用和福特分别于 1934 年和 1939 年采用了液压制动技术。到 20 世纪 50 年代，液压助力制动器才得以实现。

1936 年，博世公司申请一项电液控制的 ABS 装置专利促进了防抱制动系统在汽车上的应用。

1969 年，福特使用了真空助力的 ABS 制动器。

1971 年，克莱斯勒车采用了四轮电子控制的 ABS 装置。这些早期的 ABS 装置性能有限，可靠性不够理想，且成本高。

1979 年，默 • 本茨推出了一种性能可靠、带有独立液压助力器的全数字电子系统控制的 ABS 制动装置。

1985 年，美国开发出了带有数字显示的微处理器、复合主缸、液压制动助力器、电磁阀及执行器“一体化”的 ABS 制动装置。随着大规模集成电路和超大规模集成电路技术的出现，以及电子信息处理技术的高速发展，ABS 已成为性能可靠、成本日趋下降的具有广泛应用前景的成熟产品。

1992 年，ABS 的世界年产量已超过 1 000 万辆，世界汽车 ABS 的装用率已超过 20%。一些国家和地区 (如欧洲、日本、美国等) 已制定法规，使 ABS 成为汽车的标准设备。

德国自 20 世纪 80 年代以来率先发展了 ABS/ASR 系统并投入市场。

1993 年，德国博世公司与斯堪尼公司联合，首次在 Scania 牵引车及挂车上装用了 ABS。

经过了一百多年的发展，汽车制动系统的形式已经基本固定下来。随着电子技术，特别是大规模、超大规模集成电路的发展，汽车制动系统的形式也将发生变化。如凯西 - 海斯 (K-H) 公司在一辆实验车上安装了一种电液制动系统，该系统彻底改变了制动器的操作机理。通过采用 4 个比例阀和电力电子控制装置，K-H 公司的电子制动器 EBM 就能考虑到基本制动、ABS、牵引力控制、巡航控制制动干预等情况，而不需另外增加任何一种附加装置。EBM 系统潜在的优点是比标准制动器能更加有效地分配基本制动力，从而使制动距离缩短 5%。一种完全无油液、完全的电路制动（Brake-By-Wire，BBW）的开发使传统的液压制动装置成为历史。

BBW 是未来制动控制系统的发展方向。全电制动不同于传统的制动系统，因为其传递的是电，而不是液压油或压缩空气，可以省略许多管路和传感器，缩短制动反应时间。

汽车电子制动控制系统将与其他汽车电子系统，如汽车电子悬架系统、汽车主动式转向摆动稳定系统、电子导航系统、无人驾驶系统等融合在一起成为综合的汽车电子控制系统。未来的汽车中就不存在孤立的制动控制系统，各种控制单元集中在一个电子控制单元中，并将逐渐代替常规的控制系统，实现车辆控制的智能化。

思考

查阅相关资料，寻找不低于 5 个最新的制动技术进展。

学习笔记

项目十一　检修车轮制动器

一、项目描述

完成 2007 款丰田卡罗拉 1.6 L 手动 GL 型轿车车轮制动器检修作业。

二、项目要求

依据 2007 款丰田卡罗拉 1.6 L 手动 GL 型轿车维修手册和汽车运用与维修“1+X”职业技能等级证书（中级）标准相关要求，正确使用工具，安全规范地完成如下检修作业：

（1）检修盘式制动器；

（2）检修鼓式制动器。

三、学习目标

（1）正确识别车轮制动器的主要部件；

（2）熟练说明车轮制动器工作过程及原理；

（3）准确检查与更换制动器零部件；

（4）规范拆装与检修车轮制动器；

（5）养成自觉遵守技术标准和要求规定、规范操作、安全、环保、“5S”作业的好习惯；

（6）坚定不服输的精神和敢为天下先的气魄；

（7）体会创新就是无畏拓荒的精神。

四、学习载体

2007 款丰田卡罗拉 1.6 L 手动 GL 型轿车车轮制动器如下图所示。

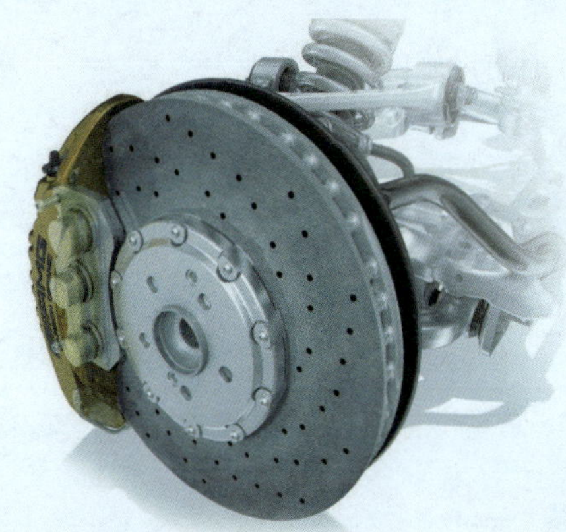

车轮制动器示意图

车轮制动器是汽车制动系统的最后一个部件，在整个制动系统中，它是核心部件。本项目将以盘式制动器和鼓式制动器为载体来进行学习。

学习笔记

任务一　检修盘式制动器

职业行动

步骤一：作业准备

1. 作业场地

选择带有消防设施的作业场地。

2. 设备设施

2007 款卡罗拉 1.6 L 手动 GL 型轿车以及盘式制动器、举升机、工具车、零件车、三件套、维修手册等。

3. 工量辅具（见表 11-1-1）

表 11-1-1　检修盘式制动器工量辅具

常用工具一套	螺丝刀	轮胎扳手
扭力扳手	气动扳手	游标卡尺

4. 耗材

干净抹布、手套。

职业知识

相关技术要求

项目	数值
盘式制动器固定架固定螺栓扭矩	57 N•m
制动轮缸固定螺栓扭矩	32 N•m
制动盘厚度	23 mm
制动摩擦片厚度	9.5 mm

车轮制动器

- 概念：制动器的旋转元件装在车轮上，制动力矩直接作用在车轮上的制动器。
- 分类：车轮制动器分为鼓式和盘式两大类，二者均利用固定元件与旋转元件工作表面的摩擦而产生力矩，均属于摩擦式制动器

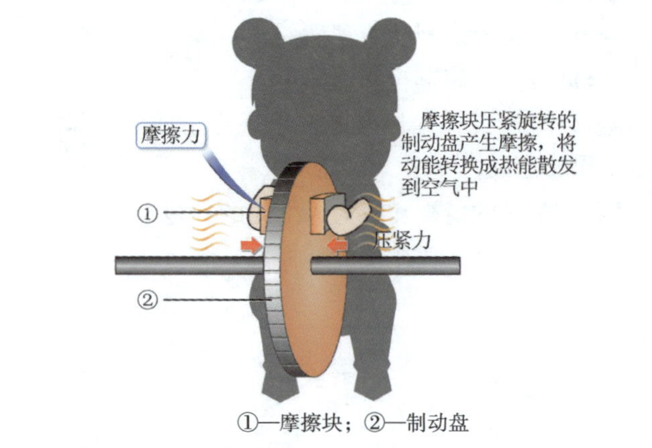

①—摩擦块；②—制动盘

科学常是在千百次失败后最后一次成功的。

学习笔记

步骤二：拆卸车轮总成

（1）使用轮胎扳手拧松车轮固定螺栓。

（2）举升车辆至合适高度。

（3）取下车轮固定螺栓。

（4）取下车轮。

步骤三：拆卸驻车制动器拉索总成（见图 11-1-1）

（1）从左后轮驻车制动器上取下拉索源头。

（2）按照维修手册规定，选用 14 mm 弯颈梅花扳手拆下拉索总成，注意不要损伤橡胶防尘套。

步骤四：拆卸轮速传感器连接器（见图 11-1-2）

（1）松开后轮转速传感器的两个锁扣。

（2）向外拔下连接器。

图 11-1-1　拆卸驻车制动器拉索总成

图 11-1-2　拆卸轮速传感器连接器

盘式制动器结构

- 盘式制动器又称碟式制动器，主要由制动盘、制动钳、摩擦片、轮缸、油管等部分构成。
- 制动盘：摩擦副中的旋转元件是以端面工作的金属圆盘，用螺钉固定在车轮上，随车轮一起转动。
- 制动块：工作面积不大的摩擦片与其金属背板组成制动块，装在活塞和制动盘之间。
- 制动钳：横跨在制动盘两侧的夹钳形支架，其上安装制动块及其促进装置，用螺钉固定在转向节或车桥的凸缘上。
- 盘式制动器广泛应用在轿车或轻型货车上，近年来前后轮都采用钳盘式制动器的结构日渐增多

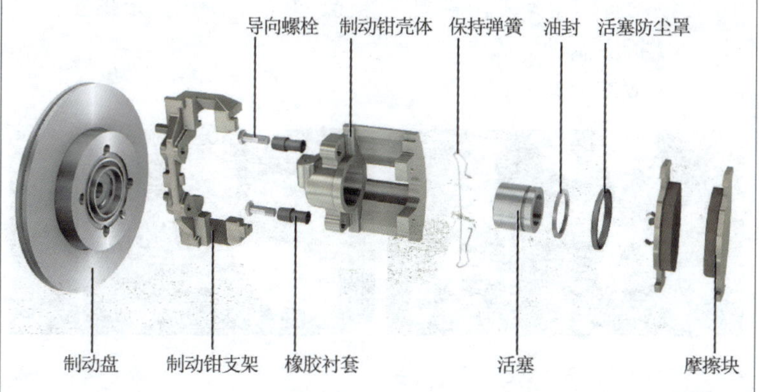

学习笔记

步骤五：拆卸挠性软管

（1）使用干净的抹布清洁挠性软管接头螺栓及周围。

（2）按照维修手册规定，选用 14 mm 套筒和棘轮扳手拆下挠性软管的接头和衬垫。

（3）取下挠性软管，并用塑料袋包裹好管头，防止制动液滴漏。

步骤六：拆卸盘式制动器总成（见图 11-1-3）

（1）按照维修手册规定，选用 14 mm 开口扳手、14 mm 梅花扳手配合拧松制动器固定螺栓。

（2）用手依次旋出制动器固定螺栓，取下后盘式制动器轮缸总成。

（3）用手取下导向销和防尘套，拆下两块制动衬块。

（4）按照维修手册规定，选用 14 mm 套筒扭力扳手拧松盘式制动器制动缸固定架上两颗固定螺栓，并依次旋出固定螺栓。

（5）拆下制动缸固定架。

（6）取下后制动盘。

图 11-1-3　拆卸盘式制动器总成

盘式制动器类型

分类		
按制动盘的结构分	普通盘式制动器	通风盘式制动器
按制动钳的结构分	浮钳盘式制动器 活塞 制动钳 摩擦块 制动盘	定钳盘式制动器 活塞 制动钳 摩擦块 制动盘

科学常是在千百次失败后最后一次成功的。

步骤七：检修盘式制动器总成（见图 11-1-4）

（1）检查制动片磨损情况，是否存在烧蚀、沟槽、硬点、偏磨。

（2）使用游标卡尺测量制动块的厚度，记录测量值并与标准值对比。

（3）检查制动盘是否存在下列故障：裂缝、刮痕、锈蚀（无锈层）、制动盘边缘的毛刺。如出现上述现象，可更换制动盘。

（4）使用千分尺测量制动盘的厚度，记录测量值并与标准值对比。

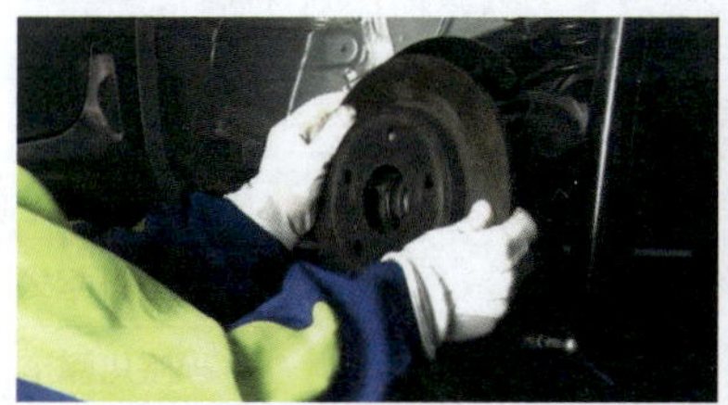

图 11-1-4　检修盘式制动器总成

步骤八：安装盘式制动器总成

（1）将制动盘安装到后桥轮毂轴承总成上。

（2）将盘式制动器制动缸固定架安装至车桥梁上，用手拧上固定螺栓。

（3）使用 14 mm 套筒和棘轮扳手预紧固定架固定螺栓。

（4）使用扭力扳手紧固固定螺栓至维修手册规定的 57 N・m。

（5）按照安装标记，将两个制动衬块安装至固定架固定位置。

（6）涂抹润滑脂，安装防尘套和导向销至固定架上。

（7）安装制动器轮缸，选用 14 mm 开口扳手、14 mm 梅花扳手安装两颗固定螺栓，并使用扭力扳手紧固至 35 N・m。

盘式制动器工作原理

施加制动

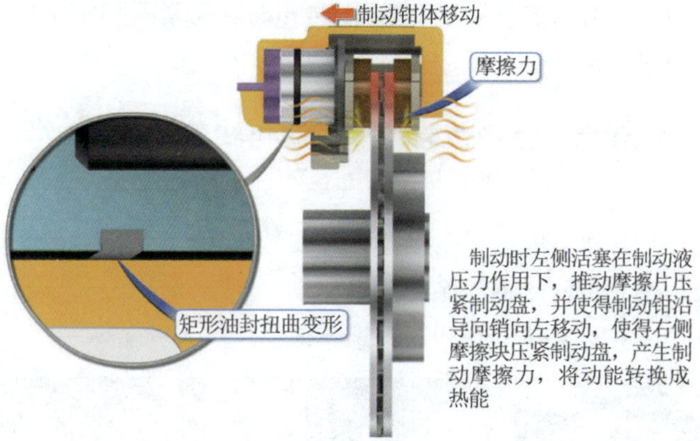

解除制动

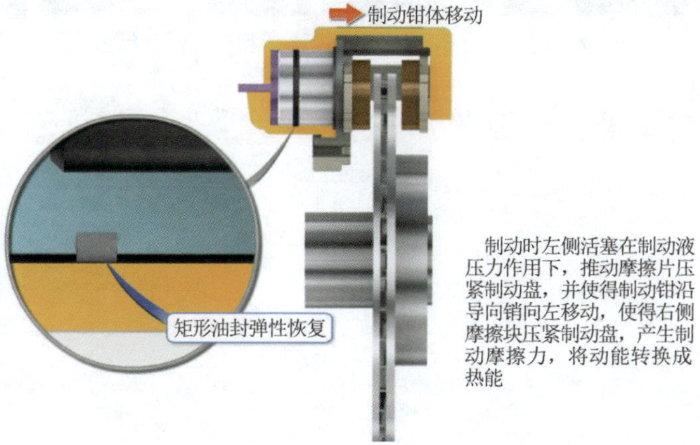

学习笔记

学习笔记

11-1

盘式制动器拆装与检查

11-2

盘式制动器基本原理

11-3

盘式制动器基本结构

步骤九：安装挠性软管

（1）清洁软管周围。

（2）按照维修手册，选用 14 mm 套筒紧固固定螺栓，并紧固至 29 N·m。

步骤十：连接传感器插接器和驻车制动器拉索（见图 11-1-5）

（1）插接传感器插接器，并安装牢固。

（2）安装传感器保护盒。

（3）安装驻车制动器拉索总成。

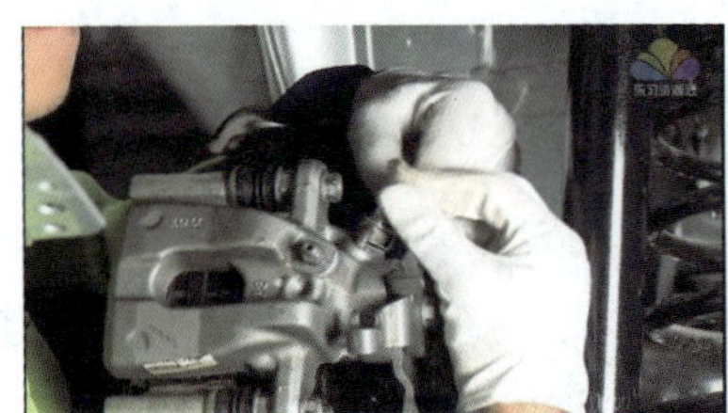

图 11-1-5　连接传感器插接器和驻车制动器拉索

步骤十一：安装车轮

安装车轮具体内容此处略。

盘式制动器检修注意事项

- 盘式制动器衬块支撑板的形状不相同，确保在支撑板上做好识别标记，以便将其安装至各自的原位。
- 使用压缩空气枪时，不要将手或身体其他部位放在活塞前面，防止制动液溢出。
- 拆装过程中不要损坏制动缸内表面或活塞密封凹槽，防止制动液泄漏。
- 换上新的制动摩擦块时，务必检查制动盘的磨损情况。
- 将定位环牢固安装至制动缸的防尘罩上，不要损坏制动缸防尘罩

科学常是在千百次失败后最后一次成功的。

学习笔记

任务测评

一、知识测评

确定本任务关键词，按重要程度进行关键词排序并举例解读。

根据自己对重要信息捕捉、排序、表达、创新和划分权重能力进行自评，满分 100 分（见表 11-1-2）。

表 11-1-2　检修盘式制动器知识测评表

序号	关键词	举例解读	评分自定
1			
2			
3			
4			
5			
总分			

二、能力测评

对表 11-1-3 所列作业内容，操作规范即得分，操作错误或未操作即零分。

表 11-1-3　检修盘式制动器能力测评表

序号	能力点	配分	得分
1	拆装车轮	10	
2	拆卸盘式制动器总成	25	
3	检测与更换制动摩擦片	30	
4	安装盘式制动器总成	25	
5	安装车轮	10	
总分		100	

三、素养测评

对表 11-1-4 所列素养点，做到即得分，未做到即零分。

表 11-1-4　检修盘式制动器素养测评表

序号	素养点	配分	得分
1	设备和工具安全检查	20	
2	车辆安全防护	20	
3	工具清洁、校准、存放	20	
4	工量辅具、零部件、油水液体“三不落地”	20	
5	工位“5S”	20	
总分		100	

四、拓展训练

（1）请列举出在检修盘式制动器过程中易出现的问题，分析产生问题的原因并制定解决问题的措施（满分 20 分）。

（2）现有一辆 2014 款卡罗拉 1.6 L 轿车，行驶过程中制动距离过长，初步判断为前轮制动器出现问题。试制定检修流程并进行检修（满分 30 分）。

（3）最早出现的制动器竟然是鼓式制动器。在 1900 年，威廉·迈巴赫设计出了最早的汽车鼓式制动器。现在流行的盘式制动器在 19 世纪末问世了。1902 年，英国工程师弗雷德里克·威廉·兰切斯特设计出了汽车盘式制动器并申请了专利。什么是路？就是从没路的地方践踏出来的，从只有荆棘的地方开辟出来的。这是一种拓荒精神。

学习笔记

请按图 11-1-6 思维导图格式，总结检修盘式制动器的学习过程，搜集 2 个盘式制动器故障现象，分析故障原因，各做成 500 字的案例，并制作 PPT 进行案例讲解（满分 50 分）。

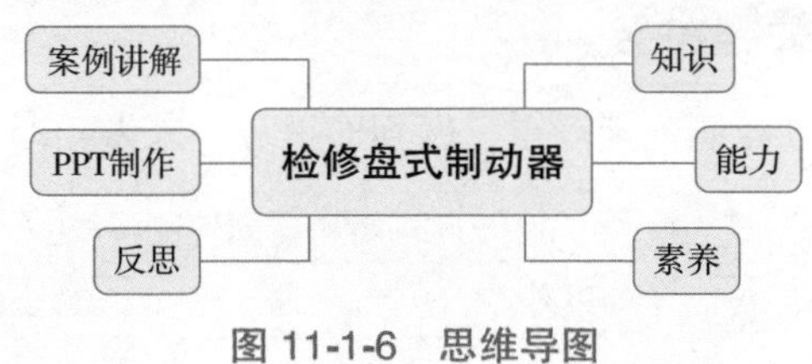

图 11-1-6　思维导图

科学常是在千百次失败后最后一次成功的。

任务二　检修鼓式制动器

职业活动

步骤一：作业准备

1. 作业场地

选择带有消防设施的作业场地。

2. 设备设施

2007 款卡罗拉 1.6 L 手动 GL 型轿车车轮总成、举升机、工具车、零件车、三件套、维修手册等。

3. 工量辅具（见表 11-2-1）

表 11-2-1　检修鼓式制动器工量辅具

常用工具一套	螺丝刀	轮胎扳手
扭力扳手	气动扳手	游标卡尺

4. 耗材

干净抹布、手套。

职业知识

相关技术要求

项目	要求
车轮制动分泵安装螺栓扭矩	10 N·m
鼓式制动器安装螺栓扭矩	7 N·m
制动鼓报废直径	256 mm
制动蹄摩擦衬片最小厚度	1.6 mm

鼓式制动器概述

鼓式制动器主要零件包括制动鼓、制动轮缸、制动底板、制动蹄、摩擦片、回位弹簧等。踩下制动踏板时，来自主缸的压力迫使轮缸活塞向外移动，活塞上的压力传递到制动蹄，推动制动蹄向外移动，压靠到制动鼓。松开制动踏板时，压力下降，回位弹簧将活塞拉回初始位置

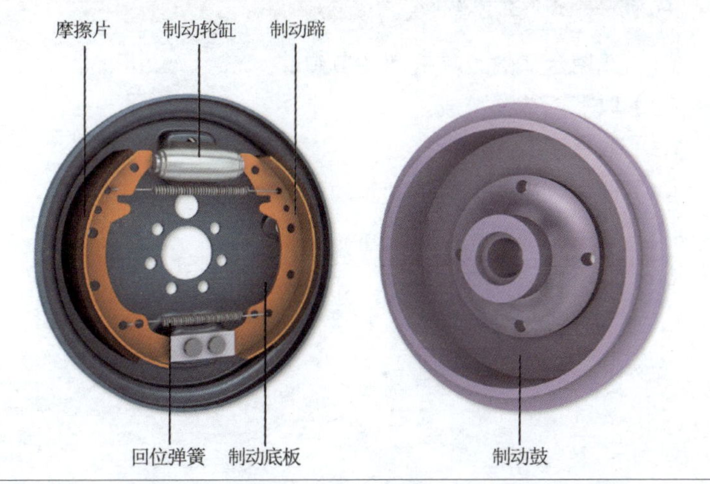

步骤二：拆卸制动鼓

（1）支撑车辆并举升至合适位置。

（2）拆卸车轮总成，用气动工具拆卸轮胎螺栓并取下轮胎如图 11-2-1 所示。

（3）选用棘轮扳手、接杆和 T30 套筒拧松制动鼓固定螺栓。

（4）旋出制动鼓固定螺栓。

（5）取下制动鼓，如图 11-2-2 所示。

图 11-2-1　拆卸轮胎

图 11-2-2　取下制动鼓

步骤三：拆卸制动蹄

（1）选用合适的工具拆卸调节弹簧。

（2）取下调节器总成。

（3）取下调节器执行杆。

（4）选用合适的工具拆卸制动蹄片限位弹簧。

（5）取下制动蹄片限位弹簧。

（6）取下制动蹄片。

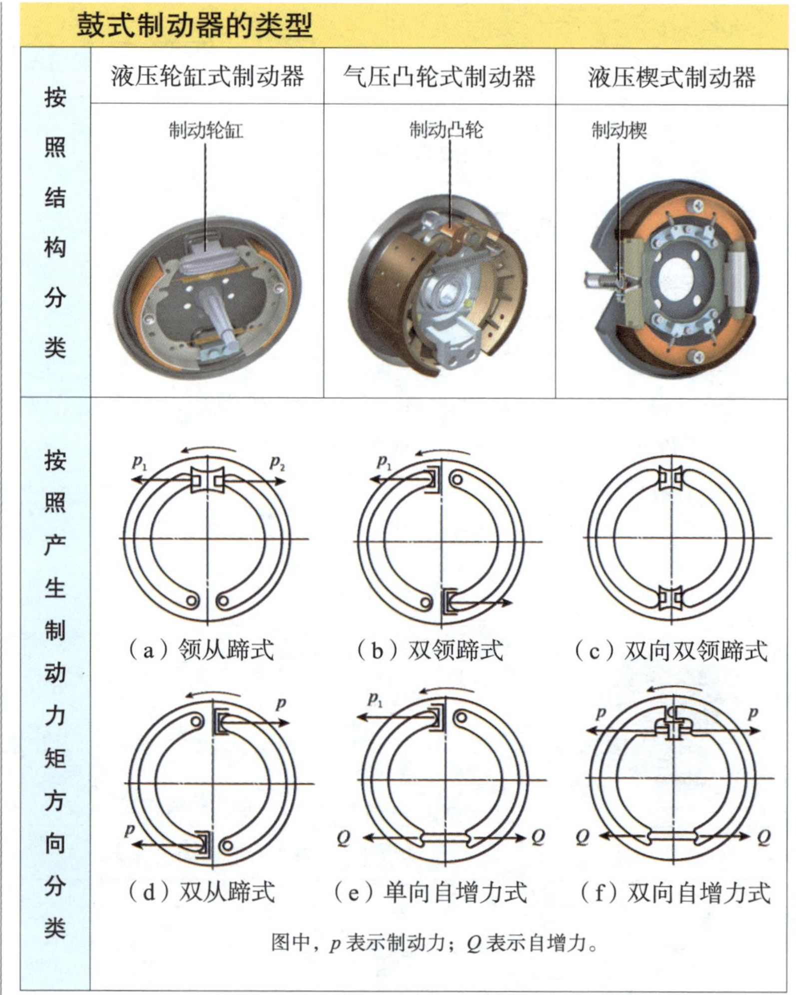

鼓式制动器的类型

	液压轮缸式制动器	气压凸轮式制动器	液压楔式制动器
按照结构分类	制动轮缸	制动凸轮	制动楔
按照产生制动力矩方向分类	（a）领从蹄式	（b）双领蹄式	（c）双向双领蹄式
	（d）双从蹄式	（e）单向自增力式	（f）双向自增力式

图中，p 表示制动力；Q 表示自增力。

什么是路？就是从没路的地方践踏出来的，从只有荆棘的地方开辟出来的。

步骤四：拆卸制动轮缸（见图 11-2-3）

（1）拆下驻车制动器拉索。

（2）拆下轮速传感器。

（3）拆下制动油管，取下制动轮缸总成。

（4）拆下紧固螺栓，取下制动底板。

图 11-2-3　拆卸制动轮缸

步骤五：检查鼓式制动器总成

（1）清洁制动鼓。拆卸制动鼓后必须使其清洁无杂物，并且，制动鼓工作面不能遗留任何油污。

（2）用内径卡尺检查制动鼓内径，超过极限值必须更换制动鼓，使用游标卡尺测量制动蹄片的厚度，如图 11-2-4 所示。

（3）用仪器测量制动鼓内圆柱面的圆度误差，制动鼓内表面的圆度误差不得大于 0.15 mm，圆柱度误差不得大于 0.05 mm。超过极限应更换新件。

图 11-2-4　制动鼓和制动蹄片的测量

典型鼓式制动器的结构

- 旋转部分：制动鼓，安装在车轮上，随着车轮一起旋转。
- 固定部分：制动底板和制动蹄。制动底板固装在车桥的凸缘盘上，通过支承销与制动蹄相连。
- 促动装置：常用的促动装置有凸轮或制动轮缸，作用是对制动蹄施加力使其向外张开。
- 间隙调整装置：推杆和弹簧。作用是保持和调整制动蹄和制动鼓间正确的相对位置

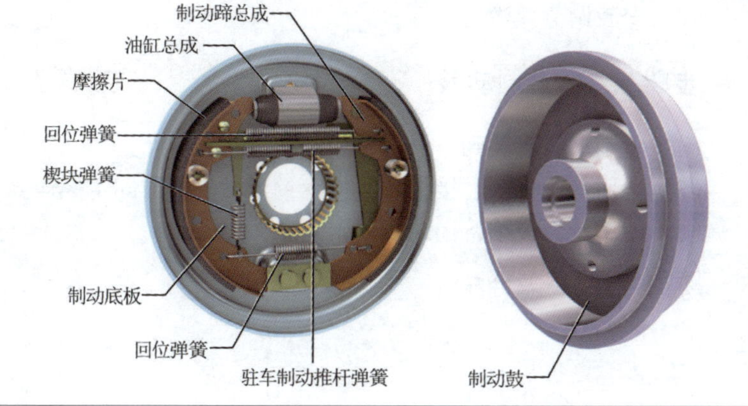

学习笔记

学习笔记

步骤六：安装制动轮缸

（1）安装制动底板、制动轮缸。
（2）安装轮速传感器。
（3）安装驻车制动器拉索。

步骤七：安装制动蹄

（1）安装制动蹄片。
（2）安装限位弹簧、弹簧帽、弹簧销。
（3）安装调节器执行杆、调节器总成。
（4）安装调节弹簧。

步骤八：安装制动鼓

（1）将制动鼓安装到车上，安装制动鼓固定螺栓。
（2）选用棘轮扳手、接杆和 T30 套筒预紧制动鼓固定螺栓。
（3）使用扭力扳手将固定螺栓紧固至 7 N·m。
（4）安装车轮总成。

11-4 鼓式制动器拆装与检查

11-5 鼓式制动器工作原理

鼓式制动器的工作原理

踩下制动踏板	制动时，轮缸活塞在制动液压力的作用下向外推动制动蹄，制动力克服复位弹簧的弹力使制动蹄向外张开，压向制动鼓，产生制动力矩使汽车制动	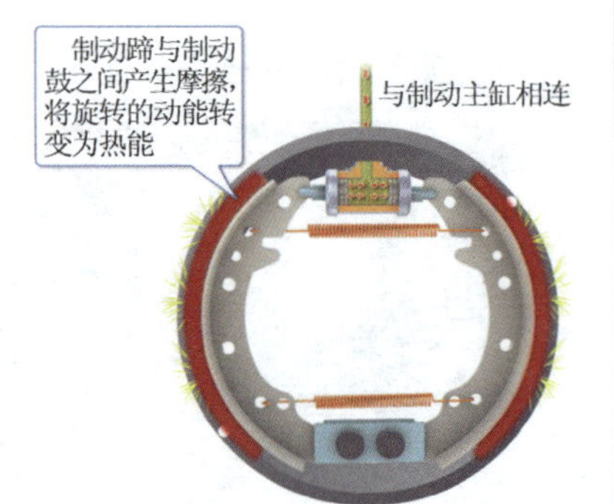
松开制动踏板	解除制动时，制动液压力消失，在复位弹簧的作用下制动蹄复位	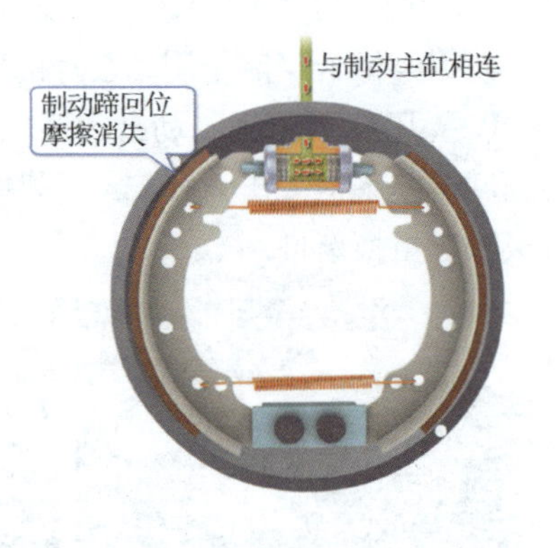

什么是路？就是从没路的地方践踏出来的，从只有荆棘的地方开辟出来的。

任务测评

一、知识测评

确定本任务关键词，按重要程度进行关键词排序并举例解读。

根据自己对重要信息捕捉、排序、表达、创新和划分权重能力进行自评，满分 100 分（见表 11-2-2）。

表 11-2-2　检修鼓式制动器知识测评表

序号	关键词	举例解读	评分自定
1			
2			
3			
4			
5			
总分			

二、能力测评

对表 11-2-3 所列作业内容，操作规范即得分，操作错误或未操作即零分。

表 11-2-3　检修鼓式制动器能力测评表

序号	能力点	配分	得分
1	拆卸制动鼓	10	
2	分解鼓式制动器总成	25	
3	检测与更换制动摩擦片	30	
4	组装鼓式制动器总成	25	
5	安装制动鼓	10	
总分		100	

三、素养测评

对表 11-2-4 所列素养点，做到即得分，未做到即零分。

表 11-2-4　检修鼓式制动器素养测评表

序号	素养点	配分	得分
1	设备和工具安全检查	20	
2	车辆安全防护	20	
3	工具清洁、校准、存放	20	
4	工量辅具、零部件、油水液体“三不落地”	20	
5	工位“5S”	20	
总分		100	

四、拓展训练

（1）请列举出在检修鼓式制动器过程中易出现的问题，分析产生问题的原因并制定解决问题的措施（满分 20 分）。

（2）现有一辆 2014 款卡罗拉 1.6 L 轿车，行驶过程中制动距离过长，初步判断为前轮制动器出现问题。试制定检修流程并进行检修（满分 30 分）。

（3）研读自动驾驶的历史不难发现，自动驾驶是近 10 年汽车领域的一个热词，越来越多的公司进入该领域。我国后来居上，与美国处于并驾齐驱状态。但是安全问题一直是人们诟病的问题。摆在各国工程师面前的是如何设计出安全、稳定的制动系统。

学习笔记

请按图 11-2-5 所示思维导图格式，总结检修鼓式制动器的学习过程，搜集 2 个鼓式制动器故障现象，分析故障原因，各做成 500 字的案例，并制作 PPT 进行案例讲解（满分 50 分）。

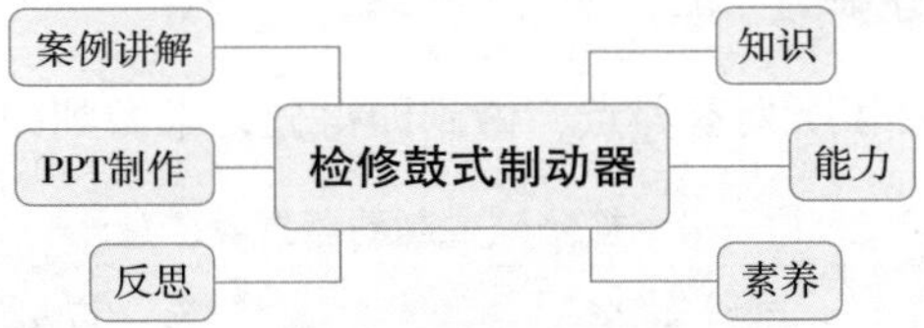

图 11-2-5　思维导图

学习考评

一、考评项目

请制定出 2019 款别克凯越 1.6 L 轿车车轮制动器的检修计划并实施，完成考评报告。

二、实施准备

1. 学生准备

学生按照教学进度计划，已经完成了以下学习任务并达到了 75 分以上，可进行该学习考评的实施。

（1）理解并掌握学习考评需要的相关知识和方法，得分大于 75 分。

（2）运用学习考评需要的相关知识和方法进行作业，得分大于 75 分。

（3）按时、按质、按量完成相应作业，得分大于 80 分。

（4）具有自觉遵守技术标准和要求规定、规范操作、安全、环保、“5S”作业、团结协作的好习惯，得分大于 80 分。

（5）能制定 2019 款别克凯越 1.6 L 轿车轮制动器的检修方案。

2. 教师准备

（1）在安排学生实施学习考评前，通过课堂问题研讨、作业、实训、考核及其他方式，确认学生已经具备了实施学习考评所需的知识、技能和素养，并确保学生在安全状态下独立进行。

（2）对协助教师进行测评的学生进行测评和监督方法的培训，确保测评结果的准确性和公平性。

（3）准备好测评记录。

三、验证方法与标准

（1）每位测评人员负责对 2 名学生进行定点、全过程的监控和测评。

（2）详细记录学生在实施学习考评过程中的相关信息、数据、结果、操作方法、完成时间，以及出现错误、事故等情况。

（3）学习考评的作业过程和数据记录等，要求在 90 min 内完成，时间不足，可在即将结束时，口述剩余部分的作业方法。

（4）考评内容及评分标准见下表。

考评内容及评分标准

评分项	得分条件	评分标准	配分	得分
职业素养能力	（1）能进行工位 5S 操作（5 分）。 （2）能进行设备和工具安全检查（3 分）。 （3）能进行工具清洁、校准、存放操作（3 分）。 （4）能进行三不落地操作（4 分）	依据得分条件进行评分	15	
专业技能操作能力	（1）能够拆装车轮（5 分）。 （2）能够拆装盘式制动器总成（7分）。 （3）能够分解和组装盘式制动器总成（8 分）。 （4）能够检测和判断制动摩擦片磨损情况（8 分）。 （5）能够拆装鼓式制动器总成（8 分）。 （6）能够分解与组装鼓式制动器总成（8 分）。 （7）能够检测和更换制动盘和制动鼓（6 分）	依据得分条件进行评分	50	

学习笔记

续表

评分项	得分条件	评分标准	配分	得分
信息查询处理能力	（1）能正确使用维修手册查询资料（2分）。 （2）能在规定时间内查询所需资料（3分）。 （3）能正确记录所查询资料章节页码（2分）。 （4）能正确记录所需维修信息（3分）	依据得分条件进行评分	10	
工具选择使用能力	（1）能正确选用维修工具（2分）。 （2）能正确使用维修工具进行拆装（2分）。 （3）能正确使用游标卡尺（2分）。 （4）能正确使用专用工具（2分）。 （5）能熟练使用办公软件（2分）	依据得分条件进行评分	10	
分析判断能力	（1）能判断车轮制动器是否可以继续使用（5分）。 （2）能判断制动摩擦片是否符合标准（5分）	依据得分条件进行评分	10	
表单填写能力	（1）语句通顺（2分）。 （2）无错别字（1分）。 （3）无抄袭（2分）	依据得分条件进行评分	5	
总计			100	

四、考评报告

说明：考评分为理论考评和实操考评，理论考评根据项目要求以及考评模板格式制定项目实施方案，方案经教师审核合格后，方可进行实操考评。考评报告模板详见附录A。

学习笔记

拓展阅读——自动驾驶技术进化史

自动驾驶是近 10 年汽车领域的一个热词，越来越多的公司进入该领域。我国后来居上，与美国处于并驾齐驱的状态。

国际自动工程协会（SAE）将自动驾驶分为 L1 ～ L5 级。

L1 级：辅助驾驶。可以实现车辆对极少一部分功能的操作，其余的功能还需要驾驶员来操作。

L2 级：半自动驾驶。可以实现车辆对多项功能进行操作，比如全速自适应巡航、自动泊车、主动车道保持、自动变道、限速识别等功能，其余少部分功能需要驾驶员来操作。

L3 级：条件自动驾驶。车辆可以实现对绝大部分的功能操作，比如加减速、变道超车等，而且面对大部分情况，车辆也能够自己去应付，但是驾驶员还是要始终保持注意力，在出现紧急情况时需要随时接管车辆。

L4 级：高度自动驾驶。在限定环境中真正做到“无人”驾驶，不需要驾驶员操作。

L5 级：全自动驾驶。在任何场景、任何天气下，都不需要人来操控。

1925 年，发明家弗朗西斯·霍迪纳展示了一辆无线电控制的汽车，他的车在没有人控制转向盘的情况下在曼哈顿的街道上行驶。

1973 年，斯坦福大学研发了一台 Stanford Cart，它可以利用摄像头和早期的人工智能系统来绕过障碍物，但它面临的一个大问题是每移动 1 m 需要 20 min 的时间。

1995 年，卡内基梅隆大学的研究人员驾驶着配备半自动驾驶的样车，该车用风窗玻璃的摄像头来寻找车道线，人负责踩加速踏板和制动踏板。

1992 年，国防科技大学成功研制出中国第一辆真正意义上的无人驾驶车，从而实现了 100% 的自动驾驶。

2011 年，红旗 HQ3 无人驾驶汽车完成了从武汉到长沙 286 km 的高速公路全程无人驾驶试验。

2018 年，宇通客车宣布，已具备面向高速结构化道路和园区开放通勤道路的 L4 级别自动驾驶能力。

2013 年，百度公司启动无人驾驶汽车项目。其核心技术是“百度汽车大脑”。截止到 2020 年，百度 Apollo 的路测足迹遍布全球 27 个城市，总测试里程超过 600 万 km，累计服务乘客超 10 万人次，而且做到了安全零事故。

思考

有人说，人工智能使汽车不再是一台机器，而是软件定义的终端，自动驾驶给汽车插上了智慧的翅膀。请你发挥想象，写出不低于 5 个智能汽车应用场景。

学习笔记

项目十二　检修驻车制动系统

一、项目描述

完成 2007 款丰田卡罗拉 1.6 L 手动 GL 型轿车驻车制动系统检修作业。

二、项目要求

依据 2007 款丰田卡罗拉 1.6 L 手动 GL 型轿车维修手册和汽车运用与维修 1+X 职业技能等级证书（中级）标准相关要求，正确使用工具，安全规范地完成如下检修作业：

检修机械式驻车制动系统。

三、学习目标

（1）准确识别驻车制动系统的主要部件；

（2）正确说明驻车制动的工作过程及原理；

（3）熟练检查与更换驻车制动系统零部件；

（4）养成自觉遵守技术标准和要求规定、规范操作、安全、环保、“5S”作业的好习惯；

（5）体验头脑风暴和开放思维的优势；

（6）体验创新和梦想带来的力量。

四、学习载体

2007 款丰田卡罗拉 1.6 L 手动 GL 型轿车驻车制动系统如下图所示。

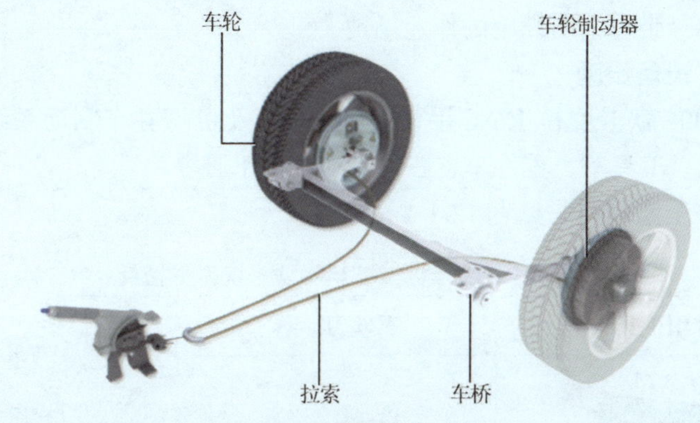

驻车制动系统示意图

驻车制动系统是汽车制动系统的重要组成部分，它有别于行车制动系统，但该系统一般和行车制动系统共用车轮制动器。本项目将以驻车制动拉索的拆装为载体来进行学习。

学习笔记

任务　检修机械驻车制动系统

职业行动

步骤一：作业准备

1. 作业场地

选择带有消防设施的作业场地。

2. 设备设施

2007 款卡罗拉 1.6 L 手动 GL 型轿车及机械驻车制动系统、举升机、工具车、零件车、三件套、维修手册等。

3. 工量辅具（见表 12-1-1）

表 12-1-1　检修机械驻车制动系统工量辅具

常用工具一套	螺丝刀	轮胎扳手
扭力扳手	气动扳手	游标卡尺

4. 耗材

干净抹布、手套。

职业知识

相关技术要求

标准驻车制动行程	200 N·m 时 6～9 个槽口
紧固锁紧螺栓扭矩	6 N·m
制动缸操作杆和止动器间隙	不大于 5 mm

驻车制动系统功用

- 使停驶后的汽车驻留原地不动。
- 便于坡道起步。
- 当行车制动失效后临时使用或配合行车制动器进行紧急制动

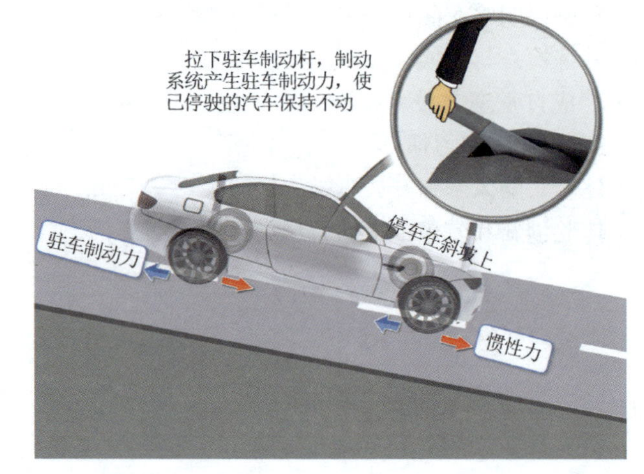

12-1
驻车制动器功用

没有异想天开，就没有出奇制胜。

步骤二：检查驻车制动杆行程

（1）用力拉住驻车制动杆。

（2）松开驻车制动器锁，并将驻车制动杆放回到关闭位置。

（3）缓慢将驻车制动杆向上拉到底,并计算“咔嗒”声的次数。

步骤三：调整驻车制动杆行程

（1）拆下后地板控制台总成。

（2）完全松开驻车制动杆。

（3）松开锁紧螺母和调整螺母，以完全松开驻车制动器拉索（见图 12-1-1）。

（4）发动机停机时，完全踩下制动踏板 3 ～ 5 次。

（5）转动调整螺母，直到驻车制动杆行程修正至规定范围内。

（6）紧固锁紧螺母，扭矩为 6.0 N • m（见图 12-1-1）。

（7）操作驻车制动杆 3 ～ 4 次，并检查驻车制动杆行程。

（8）检查驻车制动器是否卡滞。

（9）安装后地板控制台总成。

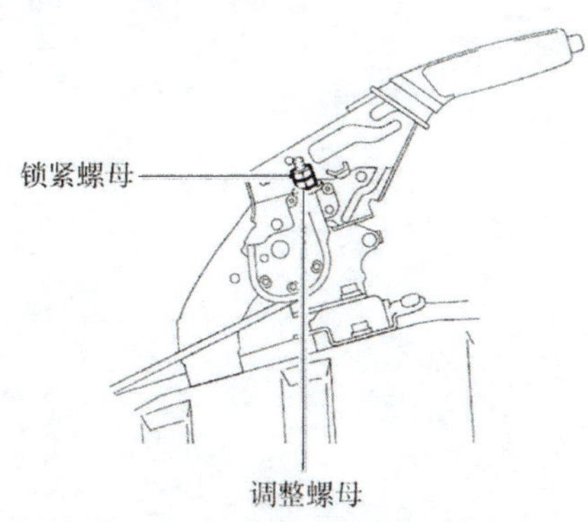

图 12-1-1　锁紧螺母、调整螺母位置

驻车制动系统类型

按操纵方式分类		
按操纵方式分类	手驻车制动，也就是俗称的“手刹”，操纵手柄一般安装在变速杆附近，其操纵方式也很简单，直接拉起即可；按住手柄端部的按钮稍微向上提，推回原位即可释放“手刹”	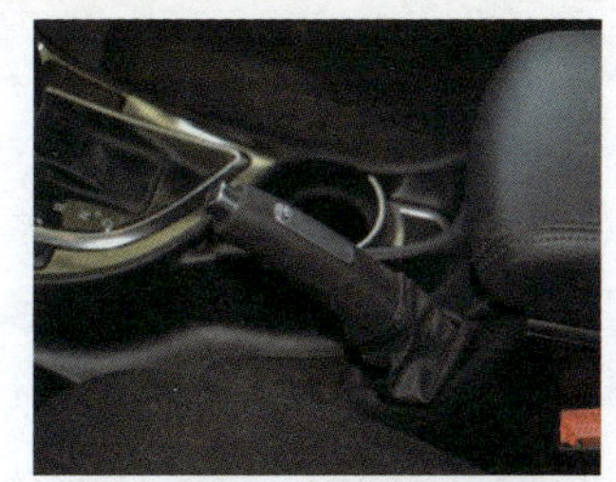
	脚控式驻车制动，左脚一脚将踏板踩到底，即可起效；左脚再用力一踩，然后松开，即可释放驻车	
	电子驻车制动，是由电子控制方式实现停车制动的技术，其工作原理与手驻车制动相同，均是通过制动盘与制动片产生的摩擦力来达到控制停车制动，只不过控制方式从之前的机械式驻车制动拉杆变成了电子按钮	

学习笔记

学习笔记

步骤四：检查后盘式制动器制动缸操作杆和止动器间隙

（1）松开驻车制动杠杆。

（2）检查并确认后盘式制动器制动缸操作杆和挡块之间的间隙测量值在规定范围内。

（3）如果间隙不在规定范围内，更换后盘式制动器制动钳总成。

步骤五：拆卸驻车制动器拉索（见图 12-1-2）

（1）使用一字螺丝刀撬开变速杆下方饰板。

（2）使用 13 mm 套管拆卸饰板固定螺栓，将中央饰板前侧两边卡子掀起，用力抬起后侧饰板，将饰板拆下。

（3）用 8 mm 套管拆卸驻车制动手柄饰板固定螺栓，抬起饰板向前抽出，取下饰板。

（4）使用 10 mm 套管和呆扳手拆卸驻车制动手柄自锁螺栓，松开驻车制动手柄，使用 10 mm 套管拆卸调整螺栓。

（5）拆卸鼓式制动器。

（6）使用一字螺丝刀具拆卸后桥上驻车制动器拉索固定卡子，将驻车制动器拉索从制动鼓和排气管上放拉索安装管中抽出，取下制动拉索。

（7）将驻车制动器拉索插进排气管上方安装管及制动鼓安装孔中，安装后桥上驻车制动器拉索固定卡子。

（8）安装鼓式制动器，安装轮胎。

（9）将驻车制动器拉索与驻车制动手柄后端安装片连接，安装驻车制动器拉索调整螺栓，并用 10 mm 套管进行预紧。

驻车制动系统类型（续）

<table>
<tr><td rowspan="2">按安装位置分类</td><td>中央驻车制动器安装在变速器输出端，通过对传动轴制动实现驻车制动
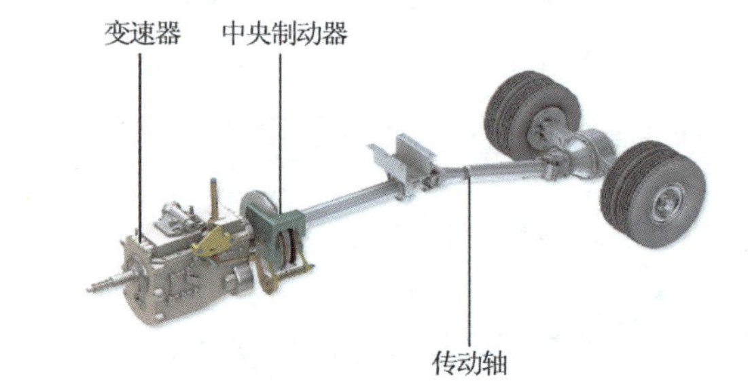
</td></tr>
<tr><td>车轮驻车制动系统与行车制动系统共用一套制动器，通过对车轮制动实现驻车制动
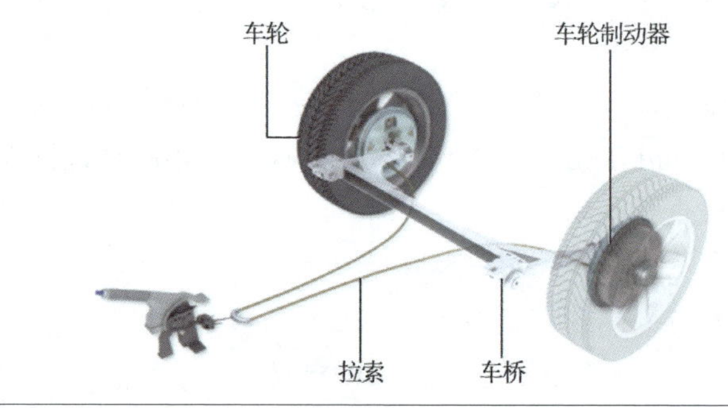
</td></tr>
</table>

没有异想天开，就没有出奇制胜。

步骤六：调整驻车制动器拉索（见图 12-1-3）

（1）松开驻车制动手柄，并用力踩一次制动踏板，把驻车制动手柄拉过 4 个棘齿。

（2）使用 10 mm 套管拧紧调整螺母，直到用手转不动两个车轮为止。

（3）安装调整螺栓前端自锁螺母，使用 10 mm 套管和呆扳手紧固。

（4）松开驻车制动器，检查两个车轮是否转动自如。

图 12-1-2　拆卸驻车制动器拉索

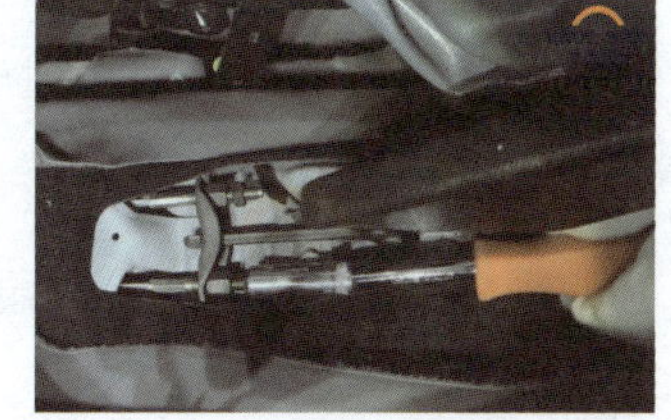

图 12-1-3　调整驻车制动器拉索

驻车制动系统的组成

推杆促动式	制动轮缸　驻车制动推杆 摩擦片 楔块 制动底板 楔块拉力弹簧 前制动蹄 制动蹄回位弹簧 驻车制动杆　后制动蹄　定位销
凸轮促动式	①—壳体；②—制动凸轮；③—驱动杆；④—膜片弹簧；⑤—自调螺套；⑥—矩形油封；⑦—扭簧；⑧—防护套；⑨摩擦片；⑩—制动钳体；⑪—驻车制动杆；⑫—活塞

12-2

驻车制动拉索拆装与更换

没有异想天开，就没有出奇制胜。

学习笔记

任务测评

一、知识测评

确定本任务关键词，按重要程度进行关键词排序并举例解读。

根据自己对重要信息捕捉、排序、表达、创新和划分权重能力进行自评，满分 100 分（见表 12-1-2）。

表 12-1-2　检修机械驻车制动系统知识测评表

序号	关键词	举例解读	评分自定
1			
2			
3			
4			
5			
总分			

二、能力测评

对表 12-1-3 所列作业内容，操作规范即得分，操作错误或未操作即零分。

表 12-1-3　检修机械驻车制动系统能力测评表

序号	能力点	配分	得分
1	检查驻车制动杆行程	10	
2	调整驻车制动杆行程	25	
3	检查后盘式制动器制动缸操作杆和止动器间隙	30	
4	拆装驻车制动拉索	25	
5	调整驻车制动拉索	10	
总分		100	

三、素养测评

对表 12-1-4 所列素养点，做到即得分，未做到即零分。

表 12-1-4　检修机械驻车制动系统素养测评表

序号	素养点	配分	得分
1	设备和工具安全检查	20	
2	车辆安全防护	20	
3	工具清洁、校准、存放	20	
4	工量辅具、零部件、油水液体“三不落地”	20	
5	工位“5S”	20	
总分		100	

四、拓展训练

（1）请列举出在检修机械驻车制动系统过程中易出现的问题，分析产生问题的原因并制定解决问题的措施（满分 30 分）。

（2）现有一辆 2014 款卡罗拉 1.6 L 轿车，驻车过程中有溜坡现象，初步判断为驻车制动系统出现问题。试制定检修流程并进行检修（满分 40 分）。

（3）很难想象未来的汽车是什么样子。请认真阅读拓展阅读的内容，畅想一下未来汽车。未来已来，中国汽车工业正与传统汽车强国在智能汽车发展的赛道上并驾齐驱。

没有异想天开，就没有出奇制胜。

学习笔记

这门课程已到尾声，你对汽车底盘以及底盘常见故障了解多少？积累了多少个案例？掌握了几个思维工具？能够熟练地书写维修案例吗？搜集 2 个机械驻车制动系统故障现象，分析故障原因，各做成 500 字的案例，并制作 PPT 进行案例讲解。把这门课学习过程给你留下最深印象的两件事或者最深的感受或者最大的收获，总结成两个词，填到图 12-1-4 所示思维导图空格里，并做说明（满分 30 分）。

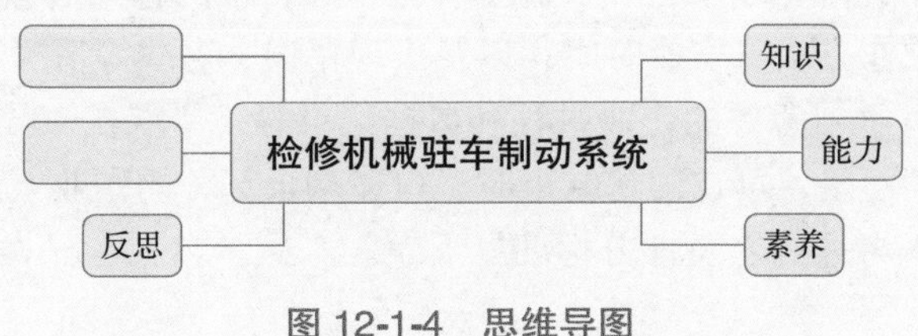

图 12-1-4　思维导图

学习笔记

学习考评

一、考评项目

请制定出2019款别克凯越1.6 L轿车驻车制动系统的检修计划并实施，完成考评报告。

二、实施准备

1. 学生准备

学生按照教学进度计划，已经完成了以下学习任务并达到了75分以上，可进行该学习考评的实施。

（1）理解并掌握学习考评需要的相关知识和方法，得分大于75分。

（2）运用学习考评需要的相关知识和方法进行作业，得分大于75分。

（3）按时、按质、按量完成相应作业，得分大于80分。

（4）具有自觉遵守技术标准和要求规定、规范操作、安全、环保、“5S”作业、团结协作的好习惯，得分大于80分。

（5）能制定2019款别克凯越1.6L轿车驻车制动系统的检修方案。

2. 教师准备

（1）在安排学生实施学习考评前，通过课堂问题研讨、作业、实训、考核及其他方式，确认学生已经具备了实施学习考评所需的知识、技能和素养，并确保学生在安全状态下独立进行。

（2）对协助教师进行测评的学生进行测评和监督方法的培训，确保测评结果的准确性和公平性。

（3）准备好测评记录。

三、验证方法与标准

（1）每位测评人员负责对2名学生进行定点、全过程的监控和测评。

（2）详细记录学生在实施学习考评过程中的相关信息、数据、结果、操作方法、完成时间，以及出现错误、事故等情况。

（3）学习考评的作业过程和数据记录等，要求在90 min内完成，时间不足，可在即将结束时，口述剩余部分的作业方法。

（4）考评内容及评分标准见下表。

考评内容及评分标准

评分项	得分条件	评分标准	配分	得分
职业素养能力	（1）能进行工位5S操作（5分）。 （2）能进行设备和工具安全检查（3分）。 （3）能进行工具清洁校准存放操作（3分）。 （4）能进行三不落地操作（4分）	依据得分条件进行评分	15	
专业技能操作能力	（1）能够检查驻车制动杆行程（8分）。 （2）能够调整驻车制动杆行程（8分）。 （3）能够拆卸驻车制动拉索（8分）。 （4）能够安装驻车制动拉索（8分）。 （5）能够调整驻车制动拉索（10分）。 （6）能够检查后盘式制动器制动缸操作杆和止动器间隙（8分）	依据得分条件进行评分	50	

学习笔记

续表

评分项	得分条件	评分标准	配分	得分
信息查询处理能力	（1）能正确使用维修手册查询资料（2分）。 （2）能在规定时间内查询所需资料（3分）。 （3）能正确记录所查询资料章节页码（2分）。 （4）能正确记录所需维修信息（3分）	依据得分条件进行评分	10	
工具选择使用能力	（1）能正确选用维修工具（2分）。 （2）能正确使用维修工具进行拆装（2分）。 （3）能正确使用游标卡尺（2分）。 （4）能正确使用专用工具（2分）。 （5）能熟练使用办公软件（2分）	依据得分条件进行评分	10	
分析判断能力	（1）能判断驻车制动杆行程是否符合标准（5分）。 （2）能判断驻车制动拉索是否可以继续使用（5分）	依据得分条件进行评分	10	
表单填写能力	（1）语句通顺（2分）。 （2）无错别字（1分）。 （3）无抄袭（2分）	依据得分条件进行评分	5	
总计			100	

四、考评报告

说明：考评分为理论考评和实操考评，理论考评根据项目要求以及考评模板格式制定项目实施方案，方案经教师审核合格后，方可进行实操考评。考评报告模板详见附录A。

学习笔记

拓展阅读——未来汽车畅想

未来已来，未来无限。

随着人工智能和自动驾驶的真正实现，未来汽车的外形也许不再特别重要，汽车更接近一个可乘坐的移动空间。乘坐者们更关心的是这个移动空间的内部使用功能，就是能为乘坐者在乘坐期间提供什么样的乘坐服务或体验。

未来所有行驶在道路上的汽车可能都要被分配路权，车辆会自动根据你的行驶目的自动为你分配车速和快慢车道。如果你去医院看急诊或去机场、火车站搭乘飞机或火车可能你会得到优先的路权;普通的正常通勤上下班,可能你的路权也会相应地被限制。

未来可能只有少数人会拥有自己的车辆，绝大多数人根本不需要拥有自己的车辆，每天你只需要去租赁，就会有相应最合适的车辆送到你的出行地点。

如果你需要在前进的路途中办公，可能是一辆类似工作室一样的移动空间来到你面前，这里面会有你需要的所有办公的硬件和软件，满足你的办公需求。

如果你在路上是要打发时间进行娱乐，那有可能你会预订一辆某娱乐品牌出品的特制移动空间，你一进入，你的空间就是一个 360° 的环形大屏的影音娱乐室,你可以在这里看影视剧、唱歌、欣赏美术作品等。

如果你是一位正在求学的学生,你搭乘的移动空间就可以是一个学习的场所，有虚拟的教师在屏幕上等着你，你可以利用行驶的路途完成一堂课的学习，全世界最好的老师可以在屏幕上向你讲解某一知识理论。

如果你是一个游戏迷，那么来接你的移动空间，就可以是一个巨大的、虚拟的游戏场，你一进入之后可以带上 VR 眼镜在虚拟空间进行游戏探索。

如果你在行驶的路上需要休息，你就可以预订一个休憩的移动空间，一个可以媲美豪华五星级酒店的超级睡床摆放在里面，你在那里可以得到一个很好的休整。

未来的汽车可能形状怪异、功能独特并完全定制。从某种意义上说，已经和我们现在通行概念上的汽车没有很大关系了。

思考

请你最大限度发挥想象，写一篇 500 字的关于未来汽车畅想的文章，看看你能为汽车赋予什么样的令人惊叹的能力。

附录 A

考评报告

项目名称：		考核时间：理论（60 min）+ 实操（90 min）	
姓名：	班级：	学号：	教师签字：
自评：□合格 □不合格	互评：□合格 □不合格	师评：□合格 □不合格	
日期：	日期：	日期：	

检修方案

第一部分　车辆信息记录

品牌		整车型号		生产日期	
发动机型号		发动机排量		行驶里程	
车辆识别码					

第二部分　场地安全、设备设施和工量辅具准备

序号	名称	规格	数量
1			
2			
3			
4			

第三部分　检修项目

序号	检测项目	检测数据	标准值或极限值	检查结果	维修措施
1					
2					
3					

第四部分　更换和调整资料查询记录

序号	作业项目	紧固和调整标准
1		
2		
3		
4		

第五部分　项目总结

注：表格不足可加行。

学习笔记

学习笔记

参 考 文 献

[1] 蒋勇 . 汽车底盘构造与拆装 [M]. 北京 ：中国铁道出版社，2016.

[2] 上海景格科技股份有限公司 . 汽车传动系统检修 [M]. 上海 ：华东师范大学出版社，2018.

[3] 上海景格科技股份有限公司 . 汽车行驶、转向与制动系统检修 [M]. 上海 ：华东师范大学出版社，2018.

[4] 上海景格科技股份有限公司 . 汽车底盘构造与拆装 [M]. 上海 ：上海师范大学出版社，2018.

[5] 祁翠琴 . 汽车构造与拆装 ：下 [M]. 北京 ：外语教学与研究出版社，2015.

[6] 沈锦 . 汽车底盘技术与检修 [M]. 北京 ：机械工业出版社，2014.

学习笔记